MONSIEUR ÉRIC

DU MÊME AUTEUR

AZF. Une affaire au sommet de l'État, Éditions du Rocher, 2013
La Chute des idoles, Michalon Éditions, 2015
« Président, la nuit vient de tomber », Le Cherche midi, 2017
Et si le parrain était une femme, Seuil, 2019

ARNAUD ARDOIN

MONSIEUR ÉRIC

Robert Laffont

ISBN : 978-2-221-25898-9
Dépôt légal : janvier 2022
Éditions Robert Laffont – 92, avenue de France 75013 Paris

Pour ma fille Astrid et Delphine,
sans qui rien ne serait possible...

J'implore ta pitié, Toi, l'unique que j'aime,
Du fond du gouffre obscur où mon cœur est tombé.
C'est un univers morne à l'horizon plombé,
Où nagent dans la nuit l'horreur et le blasphème.

BAUDELAIRE, *DE PROFUNDIS CLAMAVI*, XXX

Tout comme l'immortalité de l'âme,
l'amitié est trop belle pour y croire.

RALPH WALDO EMERSON

1

Pigalle, 1974.

La rue Frochot était encore déserte. Les tapineuses venaient de lever le camp, épuisées par la nuit. Une nuit de pleine lune qui métamorphosait les hommes en Belzébuth lubriques, une nuit où ils ne comptaient plus leurs billets. Les gagneuses de jour n'avaient pas encore pris leur service. Pas une voiture de flics en civil en vue. Les laitiers venaient de passer. Les bouteilles attendaient sagement leurs propriétaires dans leur casier en métal, devant les portes cochères. Dans ce petit interstice, très court, la rue pouvait presque ressembler à une artère bourgeoise sans histoires.

Monsieur Éric, auquel certains accrochaient le titre pompeux d'empereur des bordels de Pigalle, aurait aimé figer cet instant. Ne plus bouger. Arrêter le temps. Il chassa immédiatement cette pensée : comment pouvait-il se laisser gagner par la poésie de cette rue fourbue alors qu'il avait fait fortune grâce à son tumulte et à sa débauche ? Plus il y avait de coups de klaxon, de cris, de tintamarre nocturne, plus il y avait de clients ; et plus il y avait de clients, plus il gagnait. Il poussa la porte de son coiffeur attitré, Giovanni – « Coiffeur pour hommes » écrit en lettres gothiques sur la vitrine –, un Napolitain arrivé à Pigalle dans les années trente. Il avait tout vu, tout entendu. Il avait passé la lame de son coupe-chou sur le cou de tous les parrains, proxénètes, gros poissons du quartier. Sa main n'avait jamais tremblé – heureusement pour lui. Même lorsqu'on lui posait une valise remplie de billets sur le comptoir pour l'encourager à trancher la carotide d'un concurrent… ce qui expliquait sans doute sa longévité dans ce quartier où les hommes ressemblaient aux éphémères, ces petits insectes au vol lent qui meurent vingt-quatre heures après avoir éclos.

On n'entrait pas chez Giovanni comme dans un moulin. Il fallait être coopté par un membre de ce cercle fermé. Dans l'arrière-boutique, le coiffeur napolitain avait disposé une petite salle. Elle offrait toute la discrétion requise pour des réunions secrètes, pour des veillées d'armes, et servait aussi de tripot clandestin. La police fermait les yeux. Dans le quartier, Giov était une figure intouchable. Les Corses, qui en temps normal n'aimaient pas les Italiens, assuraient sa protection sans lui réclamer leur obole. Il pouvait ainsi laisser sa voiture devant sa boutique avec les clés sur le contact. Il portait toujours sa blouse bleue en toile épaisse. La moustache parfaitement taillée, les cheveux blancs coupés court légèrement dégarnis sur les tempes, il avait les yeux clairs, à tel point que, lorsqu'il se mettait en colère, on ne pouvait rien lire dans sa pupille. Secret et mutique. Toujours élégant, toujours la main sur la poignée de la porte pour vous l'ouvrir et la fermer. Il n'avait pas son pareil pour épousseter avec son balai-plumeau aux poils souples les petits cheveux agrippés aux cachemires ou aux étoffes de soie prisées des voyous du quartier. Car, lorsqu'ils venaient s'asseoir sur les fauteuils de Giov, c'est parce qu'ils avaient un rendez-vous, parfois galant, souvent d'affaires. Les cheveux bien coupés, la moustache taillée, les ongles manucurés étaient des symboles de puissance. Des cheveux en bataille, des mains sales étaient des indices qu'exploitait le camp d'en face, la preuve que l'adversaire était en état de faiblesse ou aux abois, qu'il n'avait pas eu le temps de passer chez Giov. Qu'au fond sa belle routine s'était enrayée, qu'il était mûr pour tomber.

Monsieur Éric ne manquait jamais son rendez-vous chez celui qui était depuis le temps devenu un ami. À vingt-cinq ans, il avait vu débouler ce petit mec dans son salon. Il était déjà tiré à quatre épingles. Giov ne saurait l'oublier : pour lui laver les cheveux, il avait dû placer sur le fauteuil un coussin rehausseur, afin que sa tête puisse toucher le bac de lavage. Ce jour-là, il s'était dit qu'un si petit homme ne pouvait pas survivre à Pigalle, ou alors qu'il devait être doté d'une force et d'une énergie hors du commun. Quinze ans plus tard, il était toujours là, à rouler des mécaniques dans ses manteaux de fourrure et ses voitures de sport, avec ses chaussures sur mesure à talonnettes qui lui ajoutaient quelques centimètres, son joli sourire et ses yeux verts. Il faisait partie des « beaux mecs » du quartier – les flics les appelaient comme ça –, toujours fourrés chez le coiffeur, à changer de fringues deux fois par jour… Comme si son élégance très bling-bling avait des chances de faire oublier sa petite taille qui, il fallait bien le reconnaître à ce stade, pouvait être considérée comme un handicap – et lui avait d'ailleurs valu d'être baptisé « Rase-mottes » par le quartier. Pour ne pas avoir à humilier chaque semaine son client, l'un des plus fidèles, Giov avait demandé à un artisan plombier d'abaisser l'un de ses bacs, afin qu'il puisse s'allonger sur le fauteuil comme tous les autres clients.

« Éric, quel plaisir de te voir, *tutto va bene ?* »

Les deux hommes se faisaient la traditionnelle accolade accompagnée de petites tapes dans le dos. Giov le débarrassait de son manteau de fourrure, lourd, très lourd, lesté par des liasses de billets de banque qui débordaient de ses poches.

« Ouais on fait aller. Tu me sers un petit café ? C'est ici que je bois le meilleur, y a pas à dire, les Ritals, vous avez du goût…

— *Ristretto ?*

— Oui, sans sucre, s'il te plaît…

— La soirée d'hier a été bonne ? À la fermeture, j'ai croisé Marcel et Alain, ils traînaient du côté de chez toi…

— Ah oui, ils faisaient quoi ?

— Ils parlaient avec Lola sur le trottoir devant le Sulky. »

Il n'en dit pas davantage. Dire un mot de plus, c'était prendre le risque de passer pour une balance. Il suffisait que Monsieur Éric décide d'aller trouver les deux flics de la Mondaine pour que Giov se retrouve dans le viseur… le début d'un sac de nœuds pour trois mots jetés comme des confettis.

« Carmen va bien ?

— Ouais, elle travaille beaucoup dans les hôtels, y a tellement de choses à faire, et puis il faut les tenir, toutes ces gonzesses, elles ont les dents longues, de drôles d'oiseaux, tu sais, et puis les clients sont de plus en plus exigeants. Il faut tout, tout de suite… Putain de société de consommation.

— Ah, les clients, m'en parle pas… Les gamins, ils se croient déjà arrivés ; ils voudraient que j'aie fini avant d'avoir commencé la coupe… “Et plus court ici et plus long là, avec un petit dégradé dans la nuque…” Le quartier n'est plus ce qu'il était. Je peux te dire que du temps du père Cuc, ils ne bougeaient pas une oreille, ces merdeux !

— Oui, tu as raison, depuis sa mort, on n'a jamais retrouvé un juge de paix comme lui. J'en ai ras le bol de ces fils à papa à cheveux longs qui se la jouent gauchistes, ils n'ont pas fait la guerre, ça se voit ! C'est pas bon pour le commerce, y a des flics partout depuis que ces beatniks viennent danser à Pigalle… Il faudra que tu viennes dîner avec ta femme dans mon nouveau restaurant, tu vois où c'est ? Je te promets que tu vas te régaler, c'est moi qui ai fait la carte !

— On m'en a parlé, c'est un bel établissement, il paraît, mais moi, tu sais, je bouge pas beaucoup d'ici… huit heures-dix-neuf heures, accroché à mes ciseaux… Ma vitrine, c'est ma fenêtre sur le monde, pas besoin de partir en voyage… Et puis, j'ai mes airs d'opéra pour me tenir compagnie… Ah, tu vois, si c'était à refaire, j'aurais essayé de faire carrière dans la chanson !

— Comme Johnny ! lui lance Monsieur Éric. Tu sais qu'une fois, y a quoi, dix ans, j'ai failli lui en mettre une sur la gueule ! Complètement bourré, il voulait pas payer la fille, soi-disant qu'il aimait pas ses seins… Tu le crois ? Alain le Gitan est venu lui frictionner les oreilles. Il a jeté les billets sur le comptoir, il a pas demandé son reste. Carmen l'a traité de tous les noms, il est pas près de revenir…

— Ne bouge pas comme ça, je vais finir par te blesser. Il t'a mis dans tous tes états, le rockeur de la rue Pigalle… »

Giov avait maintenant terminé la barbe. Il avait essuyé son long coupe-chou à la lame luisante et l'avait rangé dans son étui en cuir. Il avait taillé la moustache d'Éric à la mode des années soixante-dix, fine et effilée en ses extrémités. À cet instant, deux hommes entrèrent dans la boutique. Un troisième attendait sur le trottoir. Giov les dévisagea. Il ne les connaissait pas. Le premier était corse, il n'y avait aucun doute. Peau brune, cheveux de jais, deux yeux noirs de gros calibre, un col roulé porté sous un long manteau gris, l'air suffisant de celui qui sort accompagné de son artillerie… Le second ressemblait à une petite frappe sans envergure. Blouson de cuir aviateur avec col en fourrure, jean délavé et paire de bottes en cuir noir, à peine trente ans. Le troisième était un gros bras. Giov l'avait déjà croisé rue Fontaine, à l'époque où il était l'un des hommes de main de Jo Attia, avant que ce dernier ne casse sa pipe, deux ans auparavant. Mort de sa belle mort, une prouesse pour un caïd de son envergure.

Jo Attia était une figure du milieu. Avec sa gueule de boxeur et sa carrure de déménageur, il fut de tous les gros coups. Après la guerre, il monta le gang des Tractions avant avec son ami Pierrot le Fou, rencontré aux Bat' d'Af, les Bataillons d'Afrique, un corps disciplinaire où l'armée envoyait les fortes têtes sous le soleil de ses colonies. Dans les années soixante, Jo s'acheta une conduite en devenant propriétaire du Gavroche, un restaurant-cabaret aux Abbesses où le Tout-Paris aimait s'encanailler. Avoir serré la main de Jo Attia était pour cette faune des beaux quartiers comme un gage de protection, cinq doigts divins… En 1972, il mourut dans son lit. Fin de l'histoire – enfin, pas tout à fait. Deux de ses associés prirent le relais : racket, extorsions, braquages. Cette petite bande d'écervelés ne pensait qu'au fric facile, ignorant que le boss et sa petite troupe de voyous avaient aussi été les supplétifs des services secrets français, chargés des sales besognes pendant la guerre d'Algérie, lorsque les barbouzes chassaient les activistes de l'OAS partout où ils se trouvaient.

Giov les salua poliment comme il le faisait avec tous les clients. La petite frappe faisait semblant de regarder les shampoings exposés sur un présentoir près du comptoir. Le gros bras jetait de temps à autre un coup d'œil vers l'intérieur du salon. Il était si large d'épaules et de cou qu'il tenait davantage du buffle que de l'homme.

« Vous avez pris rendez-vous, je ne vous vois pas sur mon carnet ? demanda Giov comme s'il s'agissait de clients lambda.

— Il coûte combien, votre shampoing ?

— Lequel ?

— Celui à la lavande, j'aime bien la lavande ! ricana-t-il en se retournant vers son acolyte comme s'il venait de faire un bon mot.

— Huit francs ! »

Monsieur Éric n'avait pas bougé. Il en était d'ailleurs incapable, engoncé qu'il était dans la grande serviette blanche qui le recouvrait, donnant l'impression qu'il s'apprêtait à déguster un repas gargantuesque. Il avait juste eu le temps de passer sa main sous le drap blanc et de la faire glisser vers la poche gauche de son pantalon pour poser ses doigts sur le manche en nacre de son cran d'arrêt. Ce matin-là, il n'avait pas jugé utile de prendre son Browning 6.35, un petit pistolet six coups très maniable, qu'il pouvait glisser dans l'une des poches de son manteau de fourrure. Il s'était dit que, chez Giov, il n'avait rien à craindre. Ici, on était comme dans une ambassade, en terrain neutre. Et puis le Napolitain avait de quoi recevoir sous le comptoir ! Il attendait calmement que le Corse lui déroule son baratin. Ce qui ne tarda pas à venir. Il vint s'asseoir sur le deuxième fauteuil légèrement plus haut que l'autre et se recoiffa dans la glace pour se donner une contenance. Monsieur Éric le voyait maintenant dans le reflet du miroir et pouvait aussi surveiller l'autre qui tripotait les flacons de parfum. Il aurait bien aimé que le coiffeur sonne la fin de cette mascarade. Mais quelque chose l'en empêchait. Il n'arrivait pas à comprendre pourquoi. *Peut-être que ces mecs ont un gros pedigree. Ça va tellement vite, à Pigalle.*

« On se connaît pas, amorça le Corse. Enfin vous, vous ne me connaissez pas ! Moi, je sais évidemment qui vous êtes : Henri Botey. Officiellement, un homme d'affaires sans histoires, amoureux de bonne cuisine et de belles voitures, qui aime rouler vite ! En fait, vous êtes le plus gros proxénète de Pigalle, marié à Carmen Vallet, et vous êtes un bon ami de la police, dit-on.

— Tu veux aussi connaître ma pointure et mon tour de cou ?

— J'en ai pas besoin ! »

Sur ces mots, le coiffeur s'était discrètement éclipsé dans son arrière-boutique.

« Quel est ton nom ?

— Angelo.

— Angelo comment ?

— T'as pas à le savoir…

— Tu veux quoi ? Perdons pas de temps, j'ai des rendez-vous ce matin. Je vais te dire, je suis pas sûr que tu fasses la taille. Ça fait vingt-cinq ans que je suis ici, que je tiens le pavé. Pas une égratignure, pas une embrouille. Je vais pas bouffer dans l'assiette des voisins, si tu vois ce que je veux dire, et je trempe ni dans la poudre ni dans l'héro.

— Te justifie pas, Rase-mottes, on sait comment tu gagnes ton oseille. Et ces derniers temps, ça gagne bien ! »

Le Corse vit Botey bouger la main sous le linge blanc, dans une rage contenue. Jamais personne ne l'avait affublé de ce sobriquet en public, car tout le monde savait que cela le rendait fou de rage.

« Ne t'avise plus de me traiter comme ça, face de dégénéré ! »

La petite frappe, derrière, avait posé son flacon de shampoing. Il faisait glisser sa main sous son cuir entrouvert. Botey n'était pas en position de force.

« Tu vas écouter ce que je vais te dire, Rase-mottes : t'es un condé, tu balances aux poulagas pour protéger ton business. Et en plus tu te mets à investir dans du légal pour faire croire que t'es un monsieur respectable ! Mais il faut payer pour ta protection, même pour des affaires propres… Un resto, c'est fragile, et ta brasserie gare du Nord, elle est pleine tous les soirs. On m'a dit qu'y avait Le Pen qu'était avec toi, le jour de l'inauguration. Tu fricotes avec du beau linge.

— Laisse mon ami Jean-Marie de côté, si tu veux bien… J'ai pas besoin de tes services, j'ai déjà ce qu'il me faut, je suis bien protégé…

Putain, cette petite fiente est trop sûre d'elle pour ne pas avoir un gros bonnet qui tire les ficelles derrière. Ou alors ce mec est une tête brûlée, il joue solo et demain il est mort.

— Pour le restaurant, c'est cinq mille francs par semaine livrés chaque samedi soir. Et puis, pour les deux tapins que tu as donnés aux flics parce qu'elles prenaient de l'héro, tu vas nous donner deux filles, deux gagneuses, ce que tu as de mieux. On a des affaires à Abidjan, et là-bas ils adorent les petites Françaises. Tu seras notre tapineuse. On aura juste à ramasser ton pognon, le cul dans nos fauteuils en cuir.

— Je ne sais pas qui tu es, mais j'ai peur que tu regrettes tout ce que tu viens de me dire. »

Le Corse avait légèrement ouvert l'un des pans de son manteau, laissant luire la crosse de son flingue. Le coiffeur était revenu dans sa boutique sans faire un bruit. Il avait une tasse de café à la main. Il s'éclaircit la voix et vint jouer les arbitres.

« Messieurs, j'ai un client dans cinq minutes. Si vous n'avez plus rien à vous dire, je vous demanderai de partir. Toujours intéressé par le shampoing à la lavande ? »

Le Corse fit un signe de tête à son acolyte. « Combien ?

— Huit francs, le prix n'a pas changé... »

Le jeune caïd sortit un pascal tout chiffonné de la poche avant de son jean et le lui jeta sur le comptoir. « Gardez la monnaie... »

Les trois hommes étaient maintenant sur le trottoir. Ils firent mine de prendre leur temps, comme s'ils étaient à la campagne et qu'ils humaient le bon air ou qu'ils profitaient d'un beau paysage. Monsieur Éric s'était levé, dénouant la grande serviette qu'il portait autour du cou sans attendre Giov.

« Attends un peu, dit le coiffeur. Laisse-les partir, pas la peine de prendre de risques. »

Botey resta debout dans la boutique sans trop savoir ce qu'il devait faire. Les trois hommes se séparèrent. Le Corse et le jeune voyou remontèrent à droite, le gros bras partit sur la gauche en direction de la place Pigalle.

« Tu les connais ?

— Non, enfin si, celui qui était dehors, il bossait pour Attia, il était un de ses lieutenants avant qu'il casse sa pipe.

— Oui, je m'en souviens, il s'est pas remis du viol de sa fille le soir de la tuerie au Gavroche. Tu imagines que ce type, cette pourriture, a commis ce crime uniquement parce qu'il voulait impressionner Attia ? Un sacré mec, ce Jo. On n'a pas toujours roulé du même côté, mais j'ai du respect pour lui ! Mais qu'est-ce que son lieutenant est venu faire aujourd'hui ? C'était une visite sur commande ?

— J'ai passé un coup de fil pour essayer d'avoir le pedigree du Corse : Angelo Minetti. Un nom italien, mais il est corse. Il traîne avec les Marseillais des Trois Canards, il sert à Marius de poisson-pilote. Il l'envoie tâter le terrain pour jauger la résistance du mec racketté et ensuite il passe à l'action. Ils ont faim, ils cherchent de la fraîche.

— Mais pourquoi un ancien mec de chez Attia était là ? Les Trois Canards, logique, mais lui, qu'est-ce qu'il gagne dans cette affaire ?

— Il bosse peut-être à la petite semaine. Avec ses allures de brute épaisse, il a deux gosses, je crois, sa bonne femme a foutu le camp. Une vie bancale, quoi… »

Botey regardait la rue Frochot. La lumière avait changé, quelque chose d'infime, mais il ne la retrouvait pas telle qu'il l'avait quittée avant d'entrer chez Giov. La poésie avait foutu le camp. La réalité lui serrait la gorge. Tout cela n'annonçait rien de bon. Il avait comme un mauvais pressentiment. Les filles avaient commencé à envahir le trottoir. Toutes belles, toutes neuves avec leurs jupes en skaï, leurs bas résille ajourés, leurs fourrures en synthétique pour se protéger du froid et leurs clopes qui fumaient comme des locomotives.

Il y avait de nouvelles têtes. Des indépendantes, elles étaient de plus en plus nombreuses. Mai 68 était passé par là. D'autres étaient prises en main par un julot casse-croûte qui attendait dans un troquet du coin que leur pouliche lui rapporte le pactole à la fin de la journée. Il jeta un coup d'œil panoramique pour voir si personne ne le planquait et rejoignit la rue Fontaine. Les bars à bouchon avaient encore leurs rideaux tirés. Il coupa la rue Pigalle qui plongeait en pente douce. Deux ivrognes se tenaient par le col. Ils titubaient en proférant des insultes qu'eux seuls étaient en mesure de comprendre.

Il remonta la rue de Douai avec son enfilade de bars américains et ses néons lumineux comme des attrape-mouches, dont une poignée continuaient de clignoter. Mais, à cette heure-là, les mouches se faisaient rares. Il préféra prendre cet itinéraire au lieu de piquer vers la place Pigalle, le royaume d'Hélène Martini et de ses hommes de main, qui lui avait fait comprendre qu'il valait mieux pour lui qu'il évite la place. « Notre patronne fait des spectacles, toi t'es juste un exploiteur », lui avaient-ils glissé à l'oreille un soir qu'il buvait un verre au Pigall's. Il ruminait cette humiliation depuis des semaines. *Comment cette Polaque qui joue les dames du monde peut-elle m'accabler ainsi ? Elle fait la même chose que moi. Ses filles, après le service, terminent leur nuit dans mes hôtels, à l'horizontale. Elle s'imagine quoi ? Qu'elles rentrent chez elles, enfilent leurs patins et préparent un bon repas pour leurs maris ? Quel monde de faux culs !*

Gilou, le patron du tabac, était assis à sa table attitrée. Il avait les yeux encore gonflés d'une nuit agitée. Comme chaque matin, il buvait son petit café et observait la rue, ses va-et-vient. Ici, on marchait sur les morts. Le bitume leur servait de pierre tombale : Foeta, Sallicetti, Tortorelli, des âmes sombres qui n'avaient pas leur étoile gravée dans le marbre d'Hollywood, comme les vedettes de cinéma. Il ne restait d'eux que leur légende : elle passait de bouche en bouche, et la peur qu'ils inspiraient encore faisait parler les vivants à voix basse. Botey avait choisi son camp, fier d'avoir grimpé les marches sans prendre une balle. Il était devenu incontournable. Il était à sa place, comme le gendarme au carrefour, l'instituteur devant son tableau noir ou le boulanger à son fournil.

À l'endroit où était assis Gilou, il pouvait à la fois scruter la rue de Douai et la rue Fontaine qui remontait vers le Moulin-Rouge, et découvrir en oblique la rue Mansart. Si Pigalle avait été un corps humain, Gilou se serait tenu à la place du cœur, là où circulait sans discontinuer l'énergie du quartier. Tout le sang de ce corps brûlant passait là, un sang gavé d'alcool, d'opium, d'héroïne, un sang bouillonnant, un sang rouge vif comme la folie des hommes.

« Un café, s'te plaît, et une boîte de Crème.

— T'en fais une gueule ! »

Gilou la Balafre était comme un gardien de phare. Il était une petite lumière qui, de jour comme de nuit, guidait les matelots en perdition et les ramenait au port. Son père, Raymond, tenait le tabac avant guerre. Il était né là, Pigalle était son berceau, il serait son linceul. Quarante-cinq ans de Pigalle sans pause, sans petites parenthèses au bord de la mer, sans dimanches à la campagne. Du bitume, du bruit et des courants d'air. Pigalle partout, par tous les temps, par tous les pores de sa peau. Il avait affronté toutes les tempêtes. Les guerres de clans, les descentes de police, les tabassages. Jamais il n'avait baissé les yeux, jamais il n'avait laissé une fille se faire démonter devant son échoppe. Son corps parlait pour lui. L'été, quand il portait ses débardeurs blancs, les clients découvraient, lorsqu'il leur tournait le dos pour attraper leur paquet de cigarettes ou leur boîte de cigares, une grande estafilade qui traversait tout son flanc gauche, comme si un médecin fou avait méticuleusement rayé son corps avec un scalpel. Sur son avant-bras gauche figurait un tatouage d'un bleu délavé, celui d'une femme nue aux traits grossiers.

« Alors, comment vont les affaires ?

— Tout va bien.

— J'ai vu que ton nouveau resto marchait du tonnerre ! Serge m'a dit que c'était très bon ! Je suis sûr que tu leur casses les couilles tous les soirs en cuisine.

— Tu sais d'où je viens ! Si j'avais pas bossé à Pigalle, j'aurais fait carrière en cuisine, peut-être même que je serais devenu un grand chef étoilé. Ce resto, c'est pour le plaisir, pour les amis ! Comme Michel, tu sais, mon pote qui a ouvert Le Pot-au-feu à Asnières. Il a fait un carton, il vient de se barrer dans le Sud. On va entendre parler de lui.

— La vie, ça va, ça vient ! Toi aussi, tu vas cartonner avec ton bouclard. Tu sais ce que dit Madame Claude ?

— Non, je sais pas !

— Pour réussir dans la vie, y a deux moyens : la bouffe et le sexe ! Toi, t'as les deux, t'es un veinard.

— Dis donc, tu connaîtrais pas un dénommé Angelo, un Corse qui traîne aux Trois Canards ?

— Ouais, il fume des Craven A sans filtre, il m'achète chaque lundi sa cartouche. Il est passé la prendre ce matin très tôt. Il a deux ou trois nanas qui bossent pour lui en bas de la rue Pigalle. Drôle de mec, il est tombé pour vol à main armé et recel, et depuis sa sortie il traîne dans le coin avec une petite frappe, un nerveux qui cogne sur tout ce qui bouge.

— Y a moyen de te rencarder sur ce qu'il cherche ? Il roule pour qui ?

— Je vais demander à mes voisins, j'ai de bonnes relations avec eux – heureusement, d'ailleurs, sinon je serais pas là pour te parler ! »

Gilou la Balafre se retourna soudain vers son employé derrière le comptoir : « Tu comptes servir le monsieur ou tu veux que je me déplace ?

— Je veux bien que tu te renseignes ! Tu l'as déjà vu bosser avec une armoire à glace genre Maghrébin, large d'épaules avec un feutre sur la tête ?

— Cassius, l'ancien bras droit de Jo Attia... Il est à la ramasse depuis la mort de son boss ; il est l'ombre de lui-même ! Eh, tu m'inviterais pas dans ton resto ? J'emmènerais bien Marie-Ange… ça fait un bout que je ne l'ai pas sortie.

— Si tu paies en sortant, y a pas de souci, mon ami ! Sinon, je t'envoie le Gitan pour te faire un peu de rangement dans ta boutique.

— D'ailleurs, ton Alain le Gitan, il est souvent chez mes voisins au Lizieux, je sais pas ce qu'il fout. T'es en affaire avec eux ?

— Il a repéré une nana ! Tu sais qu'il aime bien changer, le Gitan !

— Pourtant, il a du choix, chez toi. Pourquoi aller chez les Benaïm ? Tu sais, on se fait toujours baiser par ses plus proches… »

Voyant le visage de Botey se crisper, Gilou passa à autre chose.

« Enfin, je dis ça ! J'me mêle de c'qui m'regarde pas… Bon, t'as vu Giscard, ça va nous changer du Pompidou. Il se la raconte, Monsieur les-bonnes-manières ! Il va finir par nous faire couler le quartier, déjà que ça a déjà pas mal baissé…

— Tout beau, tout nouveau, il va bien devoir se mettre au pas. Il est pas né, celui qui va détruire Pigalle. Et puis tout le monde a quelque chose à cacher. Je suis sûr que lui a des petits secrets pas très avouables. Ah, Giscard… On lui a tout donné. Notre fric, nos hommes pour le faire grimper à la plus haute marche, et voilà comment il nous remercie. On va lui expliquer qu'on joue pas avec nous.

— Oui, j'espère que tu dis vrai ! Mais, depuis son arrivée, toutes les filles se font embarquer. Les flics leur collent des amendes salées, ils essaient de les asphyxier financièrement, elles vont pas tenir longtemps à ce rythme-là. Certaines commencent à compter leurs clopes, c'est pas bon signe !

— Je peux passer un coup de fil ?

— Ben oui, tu sais où c'est… »

Botey n'avait pas besoin de se baisser pour entrer dans le petit box téléphone vissé au mur. À croire qu'il avait été pensé pour sa taille. Être petit n'avait pas que des inconvénients.

« Alain, c'est Éric.

— …

— Ouais, tu es avec qui tu veux, mais tu bouges ton cul, tu réveilles Roger. »

Il tenait le combiné fermement collé à son oreille.

« Comment ça, Roger n'est pas là ? Quoi, il s'entraîne au tir au centre de la rue des Martyrs ? Mais putain, y a pas que le SAC dans la vie, faut tourner la page !

— …

— Non, je ne veux rien savoir ! On a des ennuis, vous rappliquez fissa dans vingt minutes dans mon bureau au Rembrandt, et pas un mot à Carmen. »

2

Quand Monsieur Éric entra dans le bureau de son hôtel le Rembrandt, son couple n'en avait plus que les apparences. Elle et lui n'étaient plus qu'un des éléments du décor de Pigalle, une carte postale. Telles deux étoiles mortes, ils continuaient à envoyer de la lumière, mais l'astre tout là-haut dans le ciel était éteint. Ils continuaient à jouer la comédie pour se protéger des rapaces et de tous ceux qui attendaient un faux pas, qui cherchaient la faille pour le dévorer lui et sa fortune colossale, mais le soir, quand ils se retrouvaient, c'était l'auberge des culs tournés. Il fallait dire que Monsieur Éric aimait les femmes, et pas seulement la sienne.

Officiellement, pour l'état civil, Henri Botey et Carmen Vallet étaient mari et femme depuis juin 1965. Ils s'étaient passé l'anneau à la mairie du 9e arrondissement de Paris. Lui mesurait un mètre cinquante, petit homme râblé, visage passe-partout ; elle, un mètre soixante-dix, grande et charpentée, dotée d'un gros tarbouif. Vingt centimètres les séparaient, le mont Blanc et le puy de Sancy. Cette différence de taille disait beaucoup de leur intimité.

Une autre différence sautait aux yeux. Carmen était beaucoup plus âgée que lui. Elle avait quarante-neuf ans, lui trente et un lorsqu'il lui promit secours, assistance et fidélité... du bout des lèvres. Comme si Henri Botey, né le 13 mai 1934 à Belfort (une ville que personne ne connaissait, hormis ceux qui y habitaient et s'y ennuyaient), s'était marié avec sa mère, sans avoir jamais réussi à couper le cordon, comme si son corps le maintenait dans un statut d'enfant.

Les mauvaises langues de Pigalle ne s'étaient pas privées de railler ce couple, dès le jour de leur mariage. Au fond de la salle, on riait sous cape de voir ce petit bonhomme épouser cette matrone aux épaules de fort des Halles. Si Carmen n'avait eu cette choucroute sur la tête qui la grandissait encore de quelques centimètres, un curieux, passant par là, aurait pu facilement croire, en les voyant de dos, qu'un homme bien bâti avait épousé un petit brin de femme aux cheveux courts. D'autres avaient la dent plus dure encore : pour eux, Botey avait décroché le gros lot. Carmen était en effet un peu grosse, mais elle était propriétaire d'hôtels de passe et avait bâti au fil des années un petit empire grâce aux subsides de son mari Maurice, un voyou qui avait trempé dans la prostitution et le trafic international de cocaïne. Elle en divorça en 1964. N'ayant pas signé lors de leur union à Pigalle, en 1954, de contrat de mariage, Carmen avait pu récupérer une partie du pactole.

Carmen et Henri, c'était l'alliance des contraires, la combinaison d'atomes qui, isolés, ne provoquaient rien, mais qui, associés, dégageaient une puissance tellurique : alchimie d'ambition, de roublardise, de médiocrité, de rage, de cupidité, d'une toute petite pincée d'humanité – sans oublier une grande rasade de désir de revanche sur la vie pour venir pimenter leur destin.

*

Carmen était née en 1915 à Boulogne-sur-Mer, un port de pêche aux confins du pays. Sa mère était couturière – plutôt repriseuse –, son père chaudronnier chez un artisan. Une armoire à glace d'un mètre quatre-vingt-dix, ce qui expliquait la taille de sa fille. Un type porté sur la bouteille, toujours à braire contre les « fumiers de patrons » et les « curetons en soutane », toujours à « tripoter l'orpheline » sans jamais s'occuper des veuves. Après le turbin, il allait au café boire la paie et jouait aux cartes avec ses copains, jusqu'à pas d'heure. Si Carmen, parce que sa mère lui en avait donné l'ordre, venait demander à son père de rentrer, juste en lui faisant un signe timide derrière la vitrine, elle risquait une volée mémorable, dans la rue même, devant les passants. Et il suffisait que la mère oublie le sel pour que les claques pleuvent de plus belle. Carmen fut donc élevée à la dure, et elle quitta le nid dès qu'elle le put – c'est-à-dire sitôt son certificat de coiffeuse en poche.

Le 12 juin 1931, elle laissa Boulogne pour s'installer à Paris, dans une soupente de la rue de Clignancourt. Pour son père, elle n'était qu'une « shampouineuse de gland », une « bonne à rien », une « souillon ». Tels furent ses mots pour la féliciter de ses brillants résultats.

Ce genre d'existence vous pousse quasi inévitablement dans les bras du premier venu, pour peu qu'il vous dise deux ou trois mots gentils et ne lève pas la main sur vous pour un oui ou pour un non. D'autant que Carmen avait connu la guerre. Ses privations, ses couvre-feux, ses petites magouilles pour récupérer un morceau de margarine, une miche de pain – tout juste de quoi survivre, une vie de cloporte. Une chance pour elle, elle avait toujours aimé l'odeur du bitume après la pluie. En 1942, elle posa les ciseaux pour enfiler les talons hauts et les jupes courtes. Les clients étaient toujours là, seuls les soins prodigués différaient. Pendant plusieurs mois, elle arpenta les trottoirs de Pigalle, puis réussit à trouver un tabouret dans un bar montant de la rue Victor-Massé, le territoire des Corses. Elle gravit rapidement les échelons jusqu'à devenir gérante pour le comptable et maquerelle pour le type au-dessus qui empochait les liasses. Maquerelle par rapport à un « tapin », c'était un peu ce que le contremaître était à l'ouvrier. Plus besoin de tenir les outils ni de se tuer à la tâche ; en contrepartie, il fallait serrer la vis, surveiller, contrôler, réprimander, enfiler le costume de la peau de vache tout en gardant le sourire quand les clients affamés montaient les escaliers.

Sans oser se l'avouer, Carmen dut cette belle ascension à son foutu paternel, qui rendit les armes en 1939, juste avant le début de la guerre, lui, l'éternel déserteur. D'abord parce que son père lui avait transmis sa taille de Viking ; et puis toutes les volées qu'elle avait reçues, les brimades, les petites humiliations qu'elle avait ravalées pendant son enfance s'étaient comme calcifiées pour se transformer en une épaisse carapace, une peau de crocodile qui la protégeait de la violence du monde extérieur. Si son enveloppe était parfois un peu lourde à porter, ses épaules, sa carrure lui rendaient souvent service pour estourbir un client vicelard ou un mauvais payeur, ou juste pour corriger une fille qui ne voulait pas baisser les yeux. À la fin de la guerre, Carmen avait trente et un ans. Elle avait acquis un solide bagage, diplômée de survie, experte en géopolitique de Pigalle, ambassadrice de la dissimulation, ministre des Voyous, présidente de la rue Fontaine.

Carmen était une femme libre – enfin, pas tout à fait. Comme toutes les filles de Pigalle, elle avait couché avec des Allemands, inévitables pour continuer à faire tourner les cabarets. Les seuls clients français étaient au mieux des petits trafiquants enrichis avec le marché noir, au pire des collabos, des amis du nazisme et de la Gestapo. La guerre. Chacun le sait, l'argent n'a pas d'odeur. Pour faire prospérer ses affaires, avant 1939, il fallait graisser la patte aux amis du préfet. À partir de 1940, on devait non seulement se montrer très généreux avec les hommes de Pierre Bousquet, mais aussi serviable avec le général SS Carl Oberg, chargé de la police allemande, et proposer le meilleur champagne aux nervis de la Gestapo qui aimaient se retrouver le soir place Pigalle au Chantilly et à L'Heure bleue, devenus leur QG. Au fond, rien n'avait changé. Les casquettes allemandes avaient remplacé les feutres des truands, voilà tout. Pour faire plaisir, Carmen appuyait sur le déclencheur de l'appareil d'un officier en tenue d'apparat qui posait devant son cabaret. Souvenir de Paris glissé dans sa vareuse, qu'il regarderait avant de mourir sur le front russe. Pigalle couchait avec l'Allemagne, et personne ne s'en plaignait. Les truands s'étaient adaptés. Les Corses avaient navigué, question de survie. Ils avaient travaillé en sous-main pour la Carlingue, un groupe de durs affectés aux sales besognes de la Gestapo. Beaucoup avaient joué double jeu, le matin avec les ennemis des nazis et le soir à les servir comme des princes.

Vivre à Pigalle, c'était comme jouer à la roulette. Noir, tu perdais ; rouge, tu gagnais. Il fallait savoir pousser sa chance. La gamine du Pas-de-Calais avait misé sur la bonne couleur. Il s'appelait Maurice Adriaen. Il était né à Lille et se présentait comme commerçant – ce qui voulait tout et rien dire. On ne connaît pas de voyou qui inscrive sur son acte de mariage « truand », « bandit » ou « tenancier de bar à putes ». Al Capone lui-même était, pour la vitrine, un honorable commerçant. Maurice portait beau, il était riche et aimait le montrer. Il possédait une fortune amassée dans différents trafics juteux. Il faisait davantage homme d'affaires que truand. Il se donnait des airs de grand monsieur, avec ses costumes et sa canne à pommeau de cristal, et Carmen pavoisait à son bras. Il aimait la politique, en parlait beaucoup, surtout quand il était question de cracher sur les socialistes et de maudire les « cocos », une sale race dont il fallait se méfier. Ce monsieur foutait une paix royale à Carmen et l'entretenait généreusement. Une petite gâterie de temps en temps, et le tour était joué.

Maurice lui avait acheté un immeuble rue Fontaine, qu'à grands frais il avait transformé en hôtel pour touristes, bien sûr. Jamais elle ne l'avait entendu prononcer le mot « bordel », toujours très sourcilleux sur le vocabulaire à utiliser. Même si le mot n'appartenait pas au catalogue lexical de Maurice, Carmen dirigeait un hôtel de passe : vingt-cinq chambres, occupées chaque jour, vingt-quatre heures sur vingt-quatre ou presque, par vingt-cinq filles qui recevaient des clients par roulement de trente minutes. Ce n'était pas une maison close où les « demoiselles » attendaient le client, lascives et affriolantes, sur des canapés en velours rouge. Chez Carmen, on montait, on descendait, on entrait et on sortait comme dans un moulin. Lorsque les échassières avaient ferré un client sur le trottoir, ou dans un bar à bouchon, elles lui faisaient cracher ses billets et venaient terminer le délestage de bourse dans une des chambres de cet hôtel qui n'en avait que le nom.

Officiellement, Carmen était une loueuse de chambres, pas une proxénète. À raison de quarante à cinquante francs la nuit, Carmen n'était pas riche, elle croulait sous l'argent. Ses préférées pouvaient jouir des piaules avec cabinet de toilette, les autres – le tout-venant – disposaient d'un lavabo et avaient le droit de se rincer les parties intimes devant le client en train de lacer ses chaussures. Carmen empochait le prix de la chambre et un petit supplément pour le service (serviette, eau, savon fournis par la maison). Les filles reversaient une partie de leurs gains à Carmen. Ses revenus devenaient astronomiques. Pensez ! tout en liquide, sans aucune taxe. Du cash prêt à dormir dans les valises. Quarante-huit passes par jour et par chambre. Chaque mois, elle gagnait plus d'un million de francs. Il fallait bien sûr retirer de cette somme les enveloppes distribuées aux policiers et à tous les fonctionnaires de la préfecture pour les aider à fermer les yeux. Et puis il y avait les faux frais, car il fallait aussi donner aux voyous qui vous tournaient autour en vous proposant leur protection, sans oublier les chauffeurs de taxi pour qu'ils déposent leurs clients devant le bon numéro – à Pigalle, la concurrence était rude, et parfois les taxis étaient un peu étourdis.

Aujourd'hui, pour repousser les voleurs, on installe une alarme coûteuse reliée à des maîtres-chiens qui déboulent ventre à terre au volant de leur camionnette. À Pigalle, pas besoin d'un tel système : il suffisait de payer une bande de types armés qui intervenaient au moindre coup dur. Enfin, si tout allait bien.

*

En 1945, Carmen rasait les murs. Comme tant d'autres, elle cherchait à échapper aux résistants de la dernière heure qui avaient décidé de tondre les femmes en leur recouvrant le crâne de goudron. Il leur fallait exhiber leur trophée au milieu de la rue pour faire croire à la populace qu'ils étaient d'authentiques patriotes.

Botey, qui ne s'appelait pas encore Monsieur Éric, avait onze ans. Son père était mort en héros l'année précédente. Au fond, Henri était un jeune plouc qui avait fait la guerre dans les jupes de sa mère. Un gosse de la campagne qui se destinait à faire des pains et des croissants toute sa vie, comme son père. Mais à dix ans, le 6 septembre 1944, il l'enterra. Il devint pupille de la nation. Sa vie avait basculé en quelques mois.

Le 15 août 1944, l'armée de De Lattre de Tassigny avait débarqué en Provence et fonçait vers le nord. Les Allemands se replièrent. Les troupes d'Hitler tentèrent dans un ultime sursaut d'éradiquer les poches de résistance qui s'étaient formées dans la région de Montbéliard et ses environs, là où habitait Botey. Le danger était partout. Un beau matin de janvier 1944, le boulanger de Dampierre-sur-le-Doubs avait posé le tablier pour rejoindre le maquis de Lomont. Il avait marché une nuit entière pour atteindre le plateau coincé entre le Jura et le Territoire de Belfort. Lomont était un espace déboisé : vu du ciel, il ressemblait à une grosse assiette posée en équilibre sur les parois douces de la montagne, véritable tour de guet, idéale pour les parachutages. Le 5 septembre 1944, les Allemands lançaient une offensive pour déloger les neuf cents « terroristes » cachés sur le plateau, ravitaillés la veille en armes, vivres et médicaments par les avions de la Royal Air Force. Avec Marcel, une vieille connaissance venue d'Héricourt, la ville où il avait fait son apprentissage de boulanger, Botey tint un poste de tir, chargé d'approvisionner la mitrailleuse. Ils se dissimulèrent derrière des branchages, dans un virage sur une petite route entre Pierrefontaine-lès-Blamont et Vilars, à quelques pas du cimetière, protégé de son grand mur toujours impeccablement blanc. Ils faisaient face à la onzième *Panzerdivision*. La bataille était évidemment inégale. Les obus et les mortiers allemands fauchèrent soixante-seize combattants des FFI. Son père était parmi eux.

Aux yeux du gamin, le père Armand, ainsi qu'on l'appelait dans le village, était un héros pas seulement parce qu'il avait confectionné les meilleures baguettes de pain et les plus délicieuses religieuses au chocolat de Dampierre-sur-le-Doubs et peut-être de tout le département du Doubs, mais parce qu'il avait été un résistant, un vrai. De cet homme qui avait porté, été comme hiver, un béret, il ne gardait que de lointains souvenirs. Bourru parfois, taiseux souvent, et toujours une paire de claques cachée dans son tablier à portée de ses grosses paluches.

Être boulanger, c'était vivre en décalé, travailler une partie de la nuit, dormir l'après-midi et se coucher tôt pour ouvrir le fournil à deux heures du matin. Et recommencer le lendemain. Il gardait en mémoire les odeurs du pain exhalant ses arômes, le craquement des baguettes lorsqu'elles sortaient du four. Parfois, quand son père avait le dos tourné, il trempait son doigt dans la pâte à choux qui allait lui servir pour la fabrication des éclairs.

Un jour, il s'aventura à se confier à son père alors qu'il faisait tomber les sacs de cinquante kilos de farine dans le pétrin.

« À l'école on se moque de moi. Ils disent que je suis un nain et que je devrais aller dans une école pour les nains. »

Le père, qui lui non plus n'était pas bien grand, fit comme s'il n'avait pas entendu. Il continua à déverser les kilos de cette poudre blanche dans son gros chaudron en métal, provoquant un nuage de poussière, comme de la neige qu'une machine infernale aurait pulvérisée. Le petit Botey était resté planté là. Il avait décrété qu'il ne bougerait pas tant que son père n'aurait pas répondu quelque chose, et ce quels qu'en soient les risques.

« Reste pas dans mes pattes, tu vois bien que je travaille, bon Dieu ! »

Le gosse n'avait pas réagi. Son silence, son attitude passive, il le savait, pouvaient être des motifs de représailles. À tout moment il pouvait recevoir une gifle sur le coin du museau. Mais il avait décidé de prendre son risque, parce que personne – ni sa mère Juliette ni ses grands-parents, François-Alfred et Marie-Augustine – ne parlait de sa taille en sa présence.

« Tu sais comment ça va se finir ? T'as pas autre chose à faire que de poser des questions que j'peux pas répondre, te tortiller la tête comme ça, te faire des nœuds ! Qu'est-ce que tu veux que je dise ! Y a des gros, y a des maigres, des moches, des beaux, faut prendre ce qu'on te donne, voilà ce que j'pense… »

Voyant que son fils n'était pas du tout convaincu par ses explications, somme toute très superficielles, il termina par ce qui se voulait être un trait d'esprit : « Et puis tu sais ce qu'on dit ? Le plus important, c'est d'avoir les deux pieds qui touchent par terre, et c'est ton cas, non ? Va voir ta mère à la boutique pour savoir si elle a besoin de miches. Je vais les sortir du four. Allez, file ! »

Il avait déguerpi, moins vite que d'habitude, en méditant les mots de son père. Il se glissa, comme il le faisait depuis son enfance, à quatre pattes entre les jambes de sa mère, pour observer les clients qui lui tendaient leur ticket de rationnement – ou parfois pour se protéger des coups de colère de son père. En fait, il était triste. Il aurait bien aimé l'entendre dire qu'il allait corriger les gamins de son école ou au moins le signaler à leurs parents, il les connaissait tous, ils venaient à la boutique. Mais ce gamin de neuf ans ne pouvait pas saisir le message que contenait ce silence. Car, si son père était intervenu, même une seule fois, il aurait reconnu officiellement que son fils était exagérément petit, et ça, il ne voulait pas s'y résoudre.

Henri fit son apprentissage de boulanger. C'était prévu avant que son père ne disparaisse. Le peu qu'il garda de lui, ce sont des phrases définitives qu'il jetait comme ça à la fin d'un repas, sans crier gare. « Il faut que tu fasses un métier dont les gens auront toujours besoin, et y en a pas trente-six. On aura toujours besoin de pain, on aura toujours besoin de couvreurs ou de maçons. Une maison sur ta tête et un bout de pain, et avec ça tu vis. Et, comme je suis artisan boulanger, tu seras boulanger. » Le gosse écoutait ses sentences sans broncher. À cette époque, il ne venait à l'esprit d'aucun gamin de sortir de sa condition d'enfant, d'essayer de jouer les fanfarons en tenant tête à son père.

Armand Botey s'intéressait beaucoup à la politique. Il avait douloureusement vécu le Front populaire. Lui, l'artisan qui ne se sentait ni réellement patron ni véritablement ouvrier, regardait ces hordes laborieuses avec un certain mépris. « Toujours à piailler, à réclamer, ce sont les rouges qui leur montent le bourrichon ! » s'exclamait Armand lorsque, sur le coup de dix heures, il faisait une pause casse-croûte avec pâté, vin rouge et journal du jour.

Quelle différence y avait-il entre Armand et tous ceux qui descendaient dans la rue pour réclamer de meilleurs salaires ? Lui aussi, tous les matins, il devait produire du pain à la chaîne. Faire à peu de chose près les mêmes gestes. Mais lui était libre. Libre de s'arrêter entre deux fournées pour fumer sa cigarette ou boire un café, libre de prendre deux minutes pour aller pisser, ce qui était évidemment impossible aux ouvriers des usines automobiles Peugeot de Montbéliard et de Sochaux, rivés à leurs chaînes de montage.

Le boulanger de Dampierre avait aussi une profonde aversion pour les socialistes. Ils étaient, selon lui, des suceurs de sang, des sans-vergogne. C'étaient les seuls moments où Henri voyait son père se mettre en colère. Mais, plus que tout, il détestait les communistes, leur façon de le regarder quand ils venaient acheter leur baguette comme s'il était un traître, un ennemi du peuple, un allié du grand capital alors que, depuis 1943, sa boulangerie servait de boîte aux lettres pour la Résistance. « Les rouges sont des girouettes, ils suivent les instructions de Moscou comme des petits toutous. Un jour avec Hitler, le lendemain contre. » « Petits toutous », ça faisait rire Henri, qui ne comprenait pas grand-chose à tout ça. Son père, disait-il, n'avait jamais changé de cap. Il avait le drapeau tricolore cousu sur le cœur. Il aimait la France pour ses paysages, ses conseils municipaux et ses petits cafés au comptoir en zinc. Il ne connaissait le pays qu'à travers les monts et plaines du Doubs, qui était en miniature ce que la France pouvait offrir de plus beau, pensait-il. Le tilleul centenaire planté dans l'arrière-cour était pour lui une source d'émerveillement, un symbole de pureté et de liberté. Il aimait le printemps, quand les fleurs blanches faisaient leur apparition et que leurs effluves puissants se répandaient jusque dans la boutique. Alors, il se sentait revivre. Parfois même, au cœur de la nuit, avant que son ouvrier n'arrive, il parlait à l'arbre. Des mots simples, des incantations comme des petits secrets qu'il lui glissait à l'oreille alors que tout le monde dormait encore. Le dialogue mystique s'était définitivement interrompu sur cette petite route du Doubs, quelques semaines avant que le tilleul ne commence à perdre ses feuilles.

À la Libération, les temps furent difficiles. L'absence d'Armand se fit durement sentir. Juliette, sa veuve, avait dû embaucher un boulanger, ce qui diminuait leurs revenus. Henri était en âge de commencer son apprentissage. Il aimait le métier. Il travaillait vite, savait les gestes sans que l'ouvrier ait besoin de les lui montrer. Il était tombé dedans tout petit. Juliette mettait la main à la pâte. Elle enroulait les croissants, préparait les pains aux raisins et les chocolatines. Mais ce qu'aimait Henri par-dessus tout, c'était la pâtisserie. De tout le canton, on se déplaçait pour déguster ses charlottes aux poires et ses opéras café ou chocolat, un délice. Les clients faisaient des kilomètres en voiture, à cheval ou même à pied pour acheter ses gâteaux, qui étaient un petit rayon de soleil le dimanche, dans cette période sombre de l'Épuration.

Le corps de son père avait enfin été transféré au cimetière de Dampierre. On organisa une vraie cérémonie, à la hauteur de ses actes, avec le maire, enroulé dans son écharpe bleu-blanc-rouge, tout le conseil municipal, les résistants alignés comme au régiment et le village silencieux. On sculpta un monument aux morts sur lequel on grava le nom du héros. Quelques lettres incrustées dans la pierre, noyées au milieu de dizaines d'autres noms inconnus d'Henri. Il revoyait son père en souvenir avec son maillot de corps, son pantalon blanc et son béret noir. Ce père qui lui avait toujours dit : « Avec un métier comme ça dans les mains, tu peux aller où tu veux, à condition de travailler avec de bons produits et de ne pas avoir peur de t'lever tôt. »

Un matin glacial de janvier 1956, Henri Botey monta dans le car de ligne, direction Paris. Il dit au revoir à sa mère, à Guy l'ouvrier boulanger. La veille, dans l'après-midi, malgré le vent et le froid, il avait fait un dernier tour de vélo, dont il avait baissé la selle au maximum pour que ses pieds puissent toucher le sol, et il avait roulé jusqu'au cimetière de Pierrefontaine-lès-Blamont, là où son père avait été fauché par un obus allemand. Une sorte de pèlerinage, histoire de ne pas oublier d'où il venait. Il était resté là, au bord de la route, à regarder le silence, a essayé d'imaginer la guerre, sans y parvenir. Ensuite, il était passé voir Louise, sa petite amie, pour lui promettre qu'il lui écrirait chaque semaine, même si les mots n'étaient pas son fort. Il se hissa discrètement sur un rebord de trottoir et l'embrassa fougueusement, glissant avec difficulté la main sous son corsage. Henri avait connu deux fois l'amour, ce qui, pour l'époque et vu sa taille, n'était pas si mal. Deux étreintes à la va-vite, derrière une ferme la première fois, gardant son pantalon et ses chaussettes de peur de se faire surprendre par le père de la jeune fille. La seconde fois fut plus agréable, ils prirent le temps de se déshabiller. Il sentit malgré ses maladresses et son manque d'expérience que l'amour physique offrait aux hommes une bien douce récréation.

Il monta avec sa valise rouge et un petit baluchon dans le dos dans lequel sa mère avait placé des provisions pour le déjeuner et le dîner. Elle était triste, en bonne veuve qui voit partir son fils vers la capitale. Comme si le Bon Dieu lui imposait un nouveau deuil. Henri portait la canadienne en toile de son père avec le col fourré, patinée par le temps et ses escapades de résistant. Dans son portefeuille, il avait glissé une photo de son paternel prise par Marcel la veille de sa mort. Il était en bras de chemise, on apercevait le canon d'un fusil derrière son dos et la lanière en cuir qui lui barrait le torse. Lorsque Marcel avait appuyé sur le déclencheur, Armand marchait sur un chemin légèrement pentu, le regard vers l'objectif. Le béret comme d'habitude bien enfoncé sur la tête et une paire de croquenots à clous que son père utilisait le dimanche pour aller à la chasse. Il se colla à la vitre arrière du car, qui lâchait une grosse fumée noire. Il vit sa mère lever la main droite et se passer l'autre sous les yeux, comme pour cacher ses larmes à son fils, qui était déjà bien trop loin pour apercevoir quoi que ce soit. Il regarda défiler les paysages. Il essaya d'imaginer Paris, ses voitures, le bruit, la foule sur les Grands Boulevards, les bars, les cabarets, des choses qu'il n'avait qu'entrevues dans les journaux ou les illustrés qu'il feuilletait parfois au bureau de tabac. Henri était attendu en fin de journée dans un foyer de jeunes travailleurs rue Caulaincourt, dans le 18e arrondissement, au pied de la butte Montmartre, une adresse recommandée par un ami de son père dont le fils y logeait depuis trois mois.

Henri avait vingt-deux ans quand il posa pour la première fois le pied à Paris. Le car de ligne l'avait déposé à la grande gare routière d'Austerlitz. Il avait aperçu la Seine, il avait dévalé les marches du métro. Les Parisiens le croisaient, le frôlaient sans même lui jeter un regard, personne ne se souciait de sa taille ni même de sa tenue vestimentaire. Malgré les restrictions, les femmes étaient moulées dans des jupes crayon, certains hommes portaient des costumes cintrés dans des étoffes qu'il n'avait jamais vues auparavant. Il se sentit immédiatement chez lui. En sortant du métro, il n'avait déjà plus le même visage, comme si dix stations l'avaient fait entrer dans l'âge adulte. Il faisait mine de se tenir droit, marchait sans hésiter alors qu'il ne savait pas exactement où il allait. La nuit envahissait les rues. La butte Montmartre était un monstre sombre, au pied duquel on se sentait minuscule. Enfin, le 52 de la rue Caulaincourt. Il sonna et poussa la porte. Derrière une guérite vitrée, une femme le dévisagea. Henri était planté dans le hall de l'immeuble, la valise à ses pieds, toisé par le regard sournois de la gardienne.

« Qu'est-ce que vous voulez ?

— J'ai rendez-vous au foyer des jeunes travailleurs. »

Elle souffla et leva les yeux au ciel. Henri ne comprenait pas bien pourquoi. Elle le savait bien.

« Quel âge tu as ? »

Elle le détailla de la tête aux pieds, comme si elle devait l'acheter.

« Vingt-deux ans.

— Tu les fais pas, ou alors c'est parce que t'es plus petit que la moyenne, dit-elle en lui tournant le dos – petit coup de pied de l'âne pour lui montrer qu'ici, le patron, c'était elle.

— Le plus important c'est que mes deux pieds touchent par terre, lui rétorqua Henri alors qu'il était déjà en train de marcher. »

Le foyer était un bâtiment de cinq étages au fond de la cour. À la fenêtre, des types fumaient leur cigarette et observaient du coin de l'œil le petit nouveau, au sens propre du mot. Il grimpa les escaliers pour rejoindre le premier étage. Un surveillant en blouse grise l'accueillit d'un sourire forcé, la gauloise au coin de la bouche. On ne lui donnait pas d'âge. Il avait un grand nez busqué, une petite bouche et un front exagérément large. Henri remarqua ses oreilles, grandes, décollées et très fines à leurs extrémités. On aurait dit des pavillons de tourne-disque. Henri se sentit soudain moins seul. Lui et sa petite taille, le surveillant et ses deux grandes feuilles de laitue collées à sa tête : deux éclopés de la vie bien forcés de faire avec ce qu'on leur avait donné.

« Quel est votre nom ?

— Henri Botey, je viens d'arriver.

— Tu seras au quatrième étage. Tu partageras ta chambre avec Chalumeau.

— Chalumeau, c'est son nom ?

— Non, t'arrives d'où ? T'es à Paname ici, on a tous un surnom. Chalumeau parce qu'il est soudeur chez Bertier, un atelier du boulevard de Clichy. C'est un mec sympa, il a la gueule un peu rouge, c'est pas le pinard, mais à force de souder à l'arc, ça lui cuit le museau, même s'il repousse pas la chopine.

— D'accord ! Et pour les colis, ils arrivent quand dans la semaine ?

— Ah, les bons petits plats de môman ! Sa province lui manque. Bon, deux choses qui vont moins te faire rire. Le soir, on ferme les portes à vingt-deux heures. Si tu arrives après, tu dors dehors. Les douches sont sur le palier, et pas question d'y rester trois heures, y a déjà pas assez de flotte pour tout le monde, si tu vois ce que je veux dire. Au fait, c'est quoi ton boulot ?

— Boulanger-pâtissier, comme mon père !

— Ah, ben ça, on en a bien besoin dans le quartier... Le pain des bicots juste à côté est dégueulasse, pas assez cuit, et pour avoir du bon pain il faut marcher une plombe et aller de l'autre côté de la butte. Tu embauches dans le quartier ?

— Non, je vais travailler au Crillon, place de la Concorde, je commence demain à sept heures et demie !

— Mazette, monsieur va faire dans la haute ! Le chic, le bourgeois... De toute ma vie je suis jamais entré au Crillon, j'ai jamais osé prendre le tourniquet en bois... J'aurais pu ! Mais j'ai jamais osé, trop peur de me faire dévisager par les deux types en costard queue-de-pie et leurs grands hauts-de-forme ! Tu vas voir du beau linge, ça va te changer du quartier. Ici, t'as des prolos, des putes, des macs et bien sûr des voyous… Si t'as trop de croissants, tu sais où j'habite ! »

Henri lui avait souri en attrapant la musette qu'il avait posée avec sa valise et s'était dirigé vers l'escalier. Pas malheureux d'être là, finalement… Le surveillant l'avait regardé comme s'il voyait la reine d'Angleterre. Il dodelinait de la tête et se frottait le menton en essayant d'imaginer à quoi pouvait bien ressembler l'intérieur du Crillon. Il se disait, alors qu'il commençait à le perdre de vue, que ce gamin avait beaucoup de chance malgré sa taille et qu'il allait s'en sortir.

3

Le Gitan, le Basané et le Tatoué restèrent debout pendant que le patron donnait ses instructions. Pour ses hommes de main, il était Monsieur Éric, un point c'est tout. Depuis son arrivée à Paris, il était devenu un autre. Henri le boulanger était mort. Il avait ressuscité en homme d'affaires spécialisé dans les hôtels, les restaurants et les montres en or massif. Carmen dans l'intimité l'appelait Éric, ainsi que ses amis – il en avait beaucoup –, son notaire, ses avocats, le concessionnaire Ferrari, ses fournisseurs en champagne, foie gras et caviar, et son fromager de la rue Lepic. Un homme neuf même si, dans l'opération, il n'avait pas pris un centimètre de plus. L'argent ne pouvait pas tout. Ses hommes de main étaient alignés contre le mur. Le patron était en furie. Il éructait, il venait d'être humilié par « trois petites merdes », c'était son insulte favorite.

Ses hommes de main. D'abord, le Gitan qui n'en avait que le nom. Jamais il n'avait dormi dans une roulotte, et le seul mot gitan qu'il connaissait était « Gadjo ». Mais il traînait une réputation de surineur, as du cran d'arrêt quand il fallait régler son affaire à un insolent ou à un gêneur. S'il avait appris le piano, il aurait été baptisé Mozart, mais le Gitan, de son vrai nom Alain Picaud, était né à Vitry-sur-Seine et avait pris des cours de guitare quand il était gosse, d'où son surnom. Il avait déjà un beau pedigree : vol à main armée, recel et proxénétisme. Dans les années soixante, un rabatteur de cabaret, un Serbe, avait été buté un soir rue Pigalle. Picaud travaillait à côté, on le soupçonna de l'avoir éliminé. Mais, faute de preuve, on le relâcha. Ce que personne ne savait, c'est que le Gitan avait fait deux stages en HP. C'était une grenade dégoupillée, toujours entre deux colères, toujours sur le fil du rasoir.

Le Basané, lui, était né en 1940 à Clermont-Ferrand. La famille de Léon Dubosclart était auvergnate depuis quatre générations. Dans les années cinquante, après être monté sur un coup qui avait mal tourné, il décida pour échapper à la police de se teindre les cheveux, histoire de changer de trogne. Erreur fatale : il se retrouva affublé de son surnom, tel le sparadrap du capitaine Haddock, qui le fit se rapprocher bien malgré lui des Arabes de la Goutte-d'Or. Mais en un coup d'œil on percevait qu'il n'avait rien de méditerranéen.

Enfin, pour Marcel Lemetayer *alias* le Tatoué, cela coulait de source. On l'appelait parfois le Nantais, parce qu'il était né à Saint-Nazaire. Père docker et alcoolo, mère employée de nuit dans les bars du port. Des géniteurs qui lui avaient tracé son destin. Il était l'ancien de la bande, né cinq ans avant le patron. Il avait tout connu, la guerre entre les Corses, les Allemands, la Carlingue, la Libération, l'Épuration, un vrai caméléon. Il passait sa vie de l'autre côté du boulevard à se faire trouer la peau avec de petites aiguilles. Son corps était un poème en prose rouge sang. Ces dessins usés, à l'endroit où l'épiderme se ride, étaient une seconde peau. Ils racontaient sa vie, avec ses hauts et ses bas, des cris indélébiles. Sur son ventre, le visage d'une femme s'étalait de tout son long, lascive et sans gêne, souvenir des Bataillons d'Afrique où il avait passé vingt-quatre mois parmi la crème de la voyoucratie. Elle était brune – mais l'était-elle vraiment ou le tatoueur n'avait-il que de l'encre noire sous la main ? Une Sainte Vierge un peu boulotte reposait sur son pectoral droit. Lorsqu'il était torse nu pour une de ses séances de boxe, le visage de la Vierge se déformait, ses joues se gonflaient sous la violence des coups, comme si elle voulait envoyer du vent dans les ailes ciselées de l'aigle royal qui recouvrait tout son dos. Un cœur à l'encre baveuse souillait son avant-bras gauche. Celui-ci, il le regrettait. Il l'avait fait sur un coup de tête, un soir de fête, alors qu'il venait d'embrasser une « splendide » dans un bar de la rue de La Rochefoucauld. À son réveil, il avait compris qu'elle n'avait été qu'un mirage. Le tatouage, lui, était bien réel et lui rappelait chaque jour comme les femmes étaient légères et sans cœur. Enfin, et cela personne sauf le patron et quelques proches ne le savait, Bruno le roi de l'aiguille, un orfèvre en la matière de la butte Montmartre, lui avait tatoué la rétine en lui redessinant une pupille. Quelques gouttes d'encre qui avaient sauvé son honneur en lui évitant de devoir porter un bandeau sur l'œil. Dans le quartier, beaucoup de filles trouvaient son regard étrange, mais à la longue tout le monde s'était habitué.

Éric était assis, ses Berluti posées sur son bureau comme un baron de la pègre américaine. Il adorait se donner des airs de parrain. Pendant un quart d'heure, il avait réclamé la plus grande vigilance à ses hommes. Dans son langage, cela voulait dire : calibres chargés à la ceinture et cran d'arrêt à portée de main, et assez d'hommes pour se défendre. Les coups pouvaient arriver de partout, parce que le type qui l'avait accosté chez Giov était un porteur de bidons. Ce n'était pas lui qui tirait les ficelles. Éric se gardait bien de leur parler de l'homme de main de Jo Attia. Celui-là le tourmentait, car il l'obligeait à se replonger dans les heures sombres de la guerre entre barbouzes de De Gaulle et activistes de l'OAS dont il avait fait partie, à sa manière.

Quand le Basané voulut l'ouvrir, il se fit gentiment remonter les bretelles. Le patron lui reprocha sa coupe de cheveux qui ne collait pas à sa conception de l'esthétique capillaire.

« J'ai pas le choix, putain, c'est le SAC qui me demande d'avoir les cheveux longs pour infiltrer les rouges, sinon tu penses bien que j'irais chez le merlan fissa, je ressemble à rien avec cette coupe de beatnik – encore que les gonzesses sont pas insensibles à ma crinière !

— Ta gueule ! » brailla Éric en tapant du plat de la main sur le bois de son bureau Empire.

Le Gitan, qui faisait office de bras droit, osa une question : « À qui on a affaire, d'après toi ?

— Je sais pas, les temps ont changé. Les Corses de Pigalle ont lâché la rampe… mais il y a des Marseillais qui cherchent à se refaire.

— Tu penses au même ?

— Le Mat', tu crois vraiment qu'il essaie de revenir dans le jeu ?

— Peut-être… »

Le patron se leva, faisant claquer ses fers sur le parquet ciré.

« Rien d'autre ?

— Si ! » dit le Tatoué, qui n'avait pas encore pris la parole. Il alluma sa gitane sans filtre et se lança : « Tu sais, j't'ai parlé d'une fille qui bosse pour toi au Sulky ?

— Oui, qui ? Elles sont nombreuses !

— Ben, Gisèle, enfin Lola, tu la connais sous son blaze de bar, eh ben, elle m'aime bien et moi aussi.

— Putain, tu vas la cracher ta Valda ?

— Eh ben, elle m'a dit que des filles commençaient à s'organiser pour bosser seules. Elles sont en train de se cotiser. Elles font un bas de laine pour acheter leur appartement et monter leur petite entreprise, si tu vois ce que je veux dire ! »

Monsieur Éric resta silencieux, ce qui devant ses hommes ne lui ressemblait pas. Le Tatoué ne parlait jamais beaucoup, ses phrases étaient souvent bancales, mais il visait toujours juste. Depuis que Giscard était au pouvoir, plus rien ne tournait rond. Les hargneuses du MLF faisaient de la propagande pour libérer les femmes des hommes, du bureau, de la maison, des gosses et des bordels aussi. Alors que la cocaïne était en vente libre dans le quartier, les flics ne s'intéressaient plus qu'aux hôtels de passe et à leurs tenanciers, toujours à leur chercher la petite bête. Ce n'étaient plus des flics, c'étaient des bonnes sœurs, des petites mères la vertu. Même en leur graissant la patte, Monsieur Éric sentait que le vent était en train de tourner.

Comme pour se donner une contenance, il alluma le poste de télévision. Grand mal lui en prit. Au journal de la deuxième chaîne, Arlette Laguiller, avec sa petite coupe garçonne et son phrasé bien à elle, expliquait dans un reportage que les travailleuses du sexe étaient des femmes libres, qu'elles devaient maintenant prendre en main leur destin.

« Putain de trotskistes ! Ils sont toujours vivants ! » dit-il en appuyant sur le bouton du poste.

Oubliant ses hommes, il éructa à voix haute :

« Et puis ce Giscard, avec ses airs de grande saucisse, il a perdu la mémoire ? C'est grâce à nous qu'il est monté sur le trône, et le voilà maintenant à jouer la vierge effarouchée. Son parti a pris le pognon sans se pincer le nez… »

Au moment où son patron franchit la porte, le Basané lui glissa que ce soir il arriverait en retard, car il avait entraînement de tir avec ses copains du SAC. Monsieur Éric ne répondit rien et planta ses trois hommes dans son bureau. Il devait faire vite. Il monta dans sa voiture garée devant le restaurant. Il ne remarqua pas les deux types posés contre un réverbère, fumant une cigarette. Il était surveillé.

Le vrombissement de sa Ferrari résonnait sur les façades de la rue Frochot comme les rots d'un ogre, faisant des ricochets sur le bitume. Une place lui était toujours réservée devant chacun de ses établissements, gardée par les tapineuses ou les petites mains du quartier dont la mission était de surveiller. Au 5 de la rue Frochot se trouvait l'un de ses hôtels, le Rembrandt. Le premier d'une longue liste qui constituait son empire du sexe. Il regarda sa montre. Quinze heures. Heure creuse, le moment où les filles se restauraient, se refaisaient une beauté pour attaquer la soirée.

Lorsqu'il entra dans l'établissement, il remarqua cet homme assis sur un petit fauteuil qui, d'habitude, ne servait qu'à décorer l'entrée, parce que ici on ne venait pas faire banquette. Il le salua. L'homme lui rendit la politesse d'un signe de tête. Était-il un client ? En tout cas, il ne l'avait jamais vu. Derrière le comptoir, une femme d'un certain âge, que tout le monde ici appelait Madame Juliette.

« Bonjour, mon Armand », souffla une petite voix derrière le comptoir en bois, long et légèrement arrondi, derrière lequel vingt-cinq petits rectangles abritaient les clés des vingt-cinq chambres.

Il s'approcha du comptoir bien trop haut pour lui, le contourna et se pencha légèrement pour que l'inconnu ne puisse rien entendre.

« Maman, arrête de m'appeler comme ça ! Ici, c'est Éric. Combien de fois je vais devoir te le répéter ?

— Tu sais que c'est pour rire... Et puis, avec ton père, on t'a baptisé Armand Henri ; j'arrive pas à t'appeler Éric. »

Éric chuchotait, maintenant. Il s'était presque allongé sur le comptoir. Sa mère avait poussé les serviettes propres posées en pile sur une petite table – où elle rangeait aussi les préservatifs.

« C'est qui ?

— Oui, il vient d'arriver, j'ai pas pu te prévenir, au Frochot ils m'ont dit que tu venais de partir. »

Elle s'interrompit et reprit une voix normale pour saluer un client qui descendait les escaliers tout en boutonnant sa gabardine.

« Il s'est présenté comme un agent du service des impôts... Il ne m'en a pas dit plus.

— Quoi ? des impôts ? Mais tu lui as offert quelque chose à boire ?

— Il n'a rien voulu prendre, même pas un verre d'eau. Il a l'air drôle comme un fer à repasser.

— Mais il veut quoi ? Il t'a dit quoi ? Parle, bon sang !

— Ho, ho ! t'emballe pas ! Je suis ta mère, ne l'oublie pas ! Il veut voir le gérant de la société. J'ai appelé Léonie chez elle, elle ne répond pas. Jamais là quand on a besoin d'elle. Bonjour, monsieur Gilbert. Comment allez-vous ? Oui, à la 27, comme d'habitude, Flora vous attend. Vous êtes en retard, cette semaine !

— Tu as appelé Carmen ? Elle non plus ne répond pas ! Ces bonnes femmes, toujours bonnes à claquer ton pognon, mais quand il faut aller au charbon… »

Il regarda Juliette, sans trop savoir comment elle allait réagir. Ce n'était pas une farouche féministe, elle ne savait d'ailleurs pas ce que voulait dire ce mot qu'elle entendit pour la première fois de la bouche d'une des filles de l'hôtel, polluée par les discours du MLF. À la maison, d'aussi loin qu'il s'en souvienne, elle ne se laissait jamais faire quand le père Armand montait le ton pour un écart de caisse ou des vols de bonbons, elle savait toujours le remettre à sa place, et lui partait dans son fournil, la queue basse. En même temps, sa mère était aujourd'hui l'employée de son fils, qui l'obligeait parfois à se taire, même si on ne fermait pas le clapet de Juliette aussi facilement.

En 1969, après plus de cinquante ans derrière le tiroir-caisse de sa boulangerie à Dampierre-sur-le-Doubs, elle tira le rideau. Celle qu'on appelait dans le village « la femme du boulanger » eut quelques passades, des clients pour la plupart, mais rien de bien sérieux. Elle n'avait jamais réussi à oublier son héros : « Julien César », le nom de code de son mari dans la Résistance. Au fond, elle n'avait aimé qu'un seul homme – enfin, deux, avec son fils, devenu grand. Disons « adulte ».

Ses jambes la faisaient atrocement souffrir, car elle avait passé sa vie debout à attendre le client. Cette vie lui avait bousillé le corps à petit feu. Elle réussit à vendre les murs et le fonds de commerce. Mais l'acheteur ne voulait rien savoir, il exigeait aussi l'appartement qui se trouvait au-dessus de la boutique. Elle n'avait pas eu le choix. Elle avait besoin de cette somme pour vivre. Car, aux yeux du fisc, la femme d'un boulanger était un fantôme. Juridiquement, elle n'existait pas et n'avait aucun statut, hormis celui d'épouse assidue d'un artisan. Et, quand arrivait l'âge de la retraite, ces femmes découvraient qu'elles n'en auraient pas. Alors, avec son petit pécule, il lui fallait se reloger et vivre ses vieux jours, oubliée du monde, dans un village qui allait devenir son sarcophage. Mais son fils, dont les affaires commençaient à être juteuses, lui proposa de venir à Paris. Il s'engageait à lui trouver un logement et lui offrait, si elle le voulait, une place dans l'un de ses établissements.

Monsieur Éric se redressa d'un coup. Il scruta cet homme qui avait à peine bougé depuis son arrivée. Le fisc, c'était pire que la Mondaine, pire que la PJ. Il fouillait, il fouinait, faisant semblant de ne pas avoir vu l'enveloppe kraft d'où émergeait une liasse de pascals.

« Bonjour, monsieur, en quoi puis-je vous aider ?

— Je cherche le gérant de l'hôtel.

— Ah ! c'est une gérante, Léonie Dupieux. Nous sommes partis la chercher, vous savez, elle travaille dur, c'est un métier où l'on ne compte pas ses heures…

— Peut-être pourriez-vous me montrer vos livres de comptes en attendant qu'elle arrive ? »

Botey hésitait. S'il lui montrait les livres de comptes, il se démasquait. D'autant que les registres de comptabilité étaient stockés au Frochot, dont il n'était pas officiellement propriétaire.

« Je ne vais pas pouvoir vous aider, je préfère laisser la gérante vous les présenter. D'ailleurs, je vais devoir vous laisser, si vous avez besoin de quoi que ce soit, n'hésitez pas !

— Sans abuser de votre temps, d'après nos informations, votre établissement déclare peu, alors que nous avons constaté que celui-ci était toujours plein.

— Ça va, ça vient, vous savez, le commerce, un jour ça marche, le lendemain c'est vide…

— Et vous, vous faites quoi ici ?

— J'ai des amis. La rue Frochot, c'est mon berceau.

— Quelle activité menez-vous ici ?

— Aucune, aucune ! Je donne un coup de main, de temps à autre. Vous savez, Pigalle, c'est une grande famille, on se serre les coudes. »

Botey sentait le piège se refermer sur lui, implacable. Il s'en voulait de ne pas avoir assez arrosé les gros bonnets des impôts. C'était une race à part dans sa clientèle. Discrets, de vrais passe-murailles, jamais à fanfaronner, des hussards du fisc, plus raides que la justice, avec laquelle il y avait toujours moyen de négocier.

*

Léonie était encore au lit. Elle se prélassait, profitant de cette matinée. Elle aimait écouter la radio en chantonnant les airs à la mode, en se peignant les ongles des mains et des pieds. Trois coups secs vinrent la sortir de sa torpeur. Elle se redressa, attrapa sa chemise de nuit et traîna des pieds jusqu'à la porte, en prenant soin d'écarter ses cinq doigts afin de ménager son vernis tout frais.

« Qui c'est ?

— Le Basané.

— Qu'est-ce que tu veux ?

— T'es attendue fissa au 5, rue Frochot, y a un mec du fisc.

— Que veux-tu que ça me foute ?

— La patron est formel, tu t'habilles et tu rappliques !

— Ouais, j'arrive ! Attends-moi en bas… »

En accrochant ses bas, elle se demandait comment elle avait pu se faire avoir comme cela. Ce beau parleur l'avait invitée dans un restaurant chic du 8e arrondissement et lui avait déballé son baratin en lui faisant miroiter beaucoup d'argent si elle acceptait de devenir gérante du Sulky, un hôtel à filles qu'elle connaissait bien. Il était déjà à la tête de la société commerciale qui gérait les murs, il ne lui était pas possible juridiquement – mot dont il articulait chaque syllabe – de prendre les rênes du fonds de commerce de l'hôtel. Il l'assommait de chiffres et de champagne. À la fin du déjeuner, quand un loufiat déposa sur la nappe blanche deux petits verres en cristal remplis de fine, elle accepta de signer. Il lui tendit un mont-blanc lourd comme un lingot d'or et elle griffa les trois pages. Il ne lui vint même pas à l'esprit de lui demander combien elle allait gagner en plus, quelles allaient être ses obligations et surtout ce qu'elle risquait. Gérante de société, pour sûr ses parents agriculteurs dans le Loir-et-Cher allaient être fiers de leur gamine qui, dès son plus jeune âge, voulait monter à Paris pour confectionner de la haute couture ; mais sûr aussi que son père, méfiant comme un paysan solognot, allait lui demander s'il n'y avait pas anguille sous roche. Lui à qui la vie n'avait rien offert ou presque, hormis le droit de s'user la santé à labourer une terre sableuse qui connait deux fois moins que les limons beaucerons, il se défiait toujours des « messieurs » de la ville en costume qui parlaient trop bien pour être sincères… Léonie ne s'était pas méfiée, aveuglée par cette réussite factice.

Elle enfila une robe blanche à pois rouges et choisit une petite paire d'escarpins à talons plats pour ne pas impressionner le monsieur du fisc. La gérante dévala les escaliers, sans imaginer qu'elle courait à sa perte.

4

Botey aimait les femmes. Tout le monde le savait sauf la sienne, encore qu'elle ne fût pas dupe. Une odeur de parfum accrochée à un col de chemise, des effluves capiteux de semence ou tout bêtement une mèche de cheveux mal placée, voire un poil revêche de sa moustache étaient d'imperceptibles indices de son infidélité. Carmen avait cet instinct peut-être plus développé que chez les autres femmes. Atavisme professionnel. Ce soir-là, quand son mari jeta ses clefs sur le petit meuble de l'entrée en bois exotique incrusté d'une marqueterie chargée, elle tricotait près de la fenêtre, côté rue, pour garder un œil sur les allées et venues des clients et des filles. Carmen adorait le tricot, un passe-temps cultivé lorsqu'elle était maquerelle et qu'il fallait faire passer les heures. Elle y avait pris goût. Elle confectionnait des choses inutiles, des écharpes, des bonnets, des pulls qui s'entassaient dans l'armoire – elle n'avait pas d'enfants à qui offrir ces horribles petites choses. Si elle en avait eu, ils auraient été bien couverts, mais voilà, elle n'en avait pas et n'en aurait jamais. Ce n'était pas à soixante ans qu'on entamait une vie de mère.

Elle n'avait pas besoin de lever la tête de ses aiguilles pour savoir qu'Éric ne venait pas de sauter dans son pantalon à la hâte après avoir chevauché une de ses filles. Il avait le pas plus lourd qu'à l'accoutumée. Quelque chose le chiffonnait. Par « Radio Pigalle », Carmen savait depuis la fin de matinée que trois types lui avaient cherché des noises. Elle savait aussi que le Rembrandt recevait des appels anonymes le menaçant. Un maître d'hôtel lui avait confié que cela durait depuis des semaines. Une voix d'homme répétait toujours la même chose : « Si tu continues à baver aux flics, on va te faire la peau, dis-le à ton patron ! » En revanche elle n'était pas au courant pour son face-à-face glacial avec son contact de la préfecture de police.

Il s'était assis sur son fauteuil en velours, sur lequel il aimait, quand tout allait bien, siroter un armagnac. Il n'avait toujours pas décroché un mot. Il regardait Carmen, son visage était éclairé d'une lumière duveteuse. Il la trouvait toujours aussi belle. Quelques petites rides avaient fait leur apparition autour de ses yeux, des ridules d'expression sillonnaient son front large et haut. Malgré les années, elle continuait à se maquiller exagérément les yeux en les cerclant de noir, rehaussé par un fard à paupières tirant sur le turquoise, persuadée que cela faisait ressortir ses yeux vert tilleul. Mais ce masque de pigments synthétiques était la marque des esclaves du trottoir. Carmen n'était pas restée longtemps sur le bitume, elle était vite montée en grade, mais elle en conservait les peintures de guerre, signe d'appartenance à ce monde brutal des tapineuses.

Henri avait bien sûr oublié qu'il devait sortir dîner. La tête ailleurs. Elle, elle l'avait noté sur son agenda. Carmen notait tout sur son calepin à spirale, pour ne jamais être prise en défaut. Une soirée chez un ami restaurateur, membre comme lui de la confrérie de Saint-Michel, le patron des pâtissiers. Il n'avait que des amis en toque et tenue blanches. C'étaient bien là ses seuls amis. Il aimait aller en cuisine, tourner autour des fourneaux, manier la cuillère dans les casseroles en cuivre, goûter un plat, l'assaisonner.

Quand il avait rencontré Carmen, il l'avait séduite en lui confectionnant des dîners de gala, de l'entrée au dessert. Pâtissier de métier, saucier au Crillon, cela vous donnait quelques idées de recettes. Il lui préparait des pâtisseries tarabiscotées à base de pâte d'amande et de nougatine comme Carmen n'en avait jamais goûté de toute sa vie, même quand son ancien mari l'emmenait dîner dans des restaurants chics. Elle tomba sous le charme de cet homme aux doigts en or, plus jeune, plus petit, mais tellement gentil – en tout cas au début. Dans son restaurant, pas une soirée où il ne surveillât lui-même la cuisson des viandes, ne renvoyât un plat, ne vérifiât la présentation d'une entrée, la mise en place des desserts – une plaie pour la brigade d'avoir comme patron quelqu'un de la profession.

Carmen aurait aimé lui tendre la main, comme avant, quand ils formaient un couple et pas seulement une entreprise de sexe et de champagne. Mais elle se taisait. Savait-elle tout de lui, lui avait-il tout raconté ? Dans ce milieu, avait-on le droit d'être sans filtre, même avec sa propre femme ? Elle connaissait la réponse, pas la peine de poser la question. Du coin de l'œil, elle l'observait. Il tripotait sa Rolex en or, faisait tourner le bracelet sur son poignet. Il faisait croire qu'il réfléchissait, alors qu'il en était incapable tant les choses se bousculaient dans sa tête. Il aurait aimé lui raconter son entrevue avec Joël, de la préfecture de police. Mais comment lui dire avec des mots simples que leur monde était en train de basculer ? Leurs certitudes, leur aisance, leur entregent, tout cela risquait d'être réduit en confettis.

Carmen avait posé ses aiguilles. Elle le regardait fixement, maintenant. Il bougeait les lèvres sans qu'aucun son sorte de sa bouche. On aurait dit un automate, seul au monde tel un naufragé, dégoisant un incompréhensible sabir. Comme s'il était sous hypnose. Éric ânonnait de drôles de phrases, enfin des bribes tout éborgnées, coupées n'importe où, et replongeait dans le silence. Il bougeait la tête pour appuyer ses propos indéchiffrables pour un profane. Carmen n'osait plus bouger, comme si elle craignait de réveiller un somnambule, au point même de bloquer sa respiration. Son mari n'était plus que l'ombre de lui-même. Sa belle mécanique était déréglée. La sortie de route semblait imminente.

*

Joël, un vieux flic à l'ancienne, n'avait pas le temps de prendre une bière dans leur bar habituel. Cela aurait dû lui mettre la puce à l'oreille. Il préférait le recevoir dans son bureau, au sixième étage sous les combles. Quand il avait poussé la porte capitonnée, il avait trouvé Joël un peu pâle, lui qui d'habitude avait le teint pied-noir. Leurs rencontres étaient toujours entamées par une accolade fraternelle, un cérémonial donnant l'impression qu'ils ne s'étaient pas vus depuis des années, accompagné d'un : « Voilà mon ami Éric de Pigalle ! » Cette fois-ci, Joël restait derrière son bureau, glacial, presque figé. Botey ne saisit pas sur le coup le sens de cet accueil. Trop concentré sur ce qu'il s'apprêtait à lui raconter. Il n'en avait pas le temps. Joël fit un geste sec lui intimant l'ordre de fermer la porte derrière lui. Le barbot de Pigalle posa ses fesses sur la chaise devant le bureau, sans broncher. Joël commença par lui parler de la guerre des gangs qui sévissait à Pigalle, en lui servant un discours qu'il avait si souvent entendu dans la bouche des policiers, selon lequel les victimes de cette guerre n'intéressaient pas la police. Cette sélection naturelle avait pour vertu de nettoyer les rues de la vermine, donc il n'était pas nécessaire de perdre du temps à enquêter.

Puis Joël attaqua sans détour. Ils se connaissaient tellement, partageaient la même vision du monde, celle de la France éternelle, conquérante, une France nostalgique, accrochée à des rêves rangés dans le grenier de l'histoire depuis l'arrivée de Giscard au pouvoir. Il lui expliqua que le nouveau président de la République ne voulait plus de ces bordels à ciel ouvert. Depuis la fermeture des maisons closes en 1946, les tenanciers s'étaient adaptés : ils avaient acheté des hôtels, des hôtels qui n'en avaient plus que le nom, transformés en « baisodromes », de véritables machines à cash. Botey écoutait, jusque-là Joël avait tout bon. En quoi devait-il se sentir concerné ? Les autres ne savaient pas travailler. Ils faisaient de l'abattage. Ils avaient expédié leurs femmes dans les colonies, là où la loi Marthe Richard ne s'appliquait pas. Lui, au contraire, avait sélectionné les clients et trié les filles. Aucune ne se droguait, pas d'héroïne ni de cocaïne et encore moins d'opium. Il travaillait à l'ancienne, comme le lui avait appris Carmen. Et puis l'assurance-vie de Botey, c'étaient ses excellentes relations avec la police et les politiques : toujours très généreux, il ne comptait jamais ses billets ni tout le reste.

Voyant que Botey ne réagissait pas, Joël se fit plus précis.

« Éric, le pouvoir a changé de mains. Je ne peux plus te couvrir. Moi-même, je suis dans l'œil du cyclone. Tu as beaucoup donné, je sais, mais c'est le sauve-qui-peut ! Je vais gentiment partir à la retraite et je vais fermer la porte derrière moi sans faire un bruit… »

C'est à peine si Botey parvint à lui répliquer :

« Mais je ne te demande pas de me couvrir, je te demande de faire ton boulot, de me faire décaniller les Corses qui veulent me faire chanter, ils me tournent autour depuis quelque temps.

— Éric, je sais ce que tu as fait pour nous, mais tu l'as d'abord fait pour toi, pour protéger ton empire. Ça vient d'en haut, de tout en haut, et ça me tombe dessus. Tu comprends ? »

Botey était sonné. Le fisc, les Corses, le pouvoir dont il avait nourri la gueule vorace avec des liasses de billets. Tout tournait dans sa tête à toute vitesse. C'était ainsi qu'on le remerciait. Il resta silencieux. Joël retrouva le sourire, enfin libéré. Tout juste s'il ne se levait pas pour aller chercher au bar deux verres de whisky, histoire de trinquer à sa déchéance. Botey songeait à Madame Claude. Quelle injustice ! À l'autre bout de Paris, dans les quartiers chics, elle faisait chanter la classe politique, les émirs, les hommes d'affaires, les présidents africains, branchée en direct aux tuyaux de la police judiciaire, de la DST et du SDECE. À elle, personne ne disait rien. Une intouchable – plus pour très longtemps, mais Botey, tout à sa peine, ne le savait pas.

Et moi, on va me tomber dessus parce que, là-haut, on a décidé de nettoyer les écuries d'Augias avec les chevaux et les palefreniers.

Joël ne lui avait pas tout dit. Botey avait passé l'âge. Il était devenu un jouet en bois poussiéreux quand les gosses n'aspiraient plus qu'à des cochonneries en plastique. Il y avait aussi ses relations troubles avec l'OAS, les activistes de l'Algérie française, tout cela lui revenait en boomerang. Il avait fricoté non seulement avec le milieu, mais aussi avec les patriotes, tous ceux qui allaient constituer bientôt l'extrême droite française. Il était persuadé que cette bande qui lui tournait autour cherchait autre chose que ses liasses de billets toutes neuves, ils voulaient se venger de ce qu'il incarnait, défendait et prophétisait… Ce n'était pas Botey que l'on voulait tuer, mais ses idées. Joël essayait de détendre l'atmosphère en forçant sur son accent pied-noir pour mettre un peu de soleil dans ce bureau tout gris. Botey était dans le flou. C'était à peine s'il arrivait à tenir la tête droite. Il cherchait au plus profond de lui-même les raisons de cet épouvantable échec. Les mots de Joël produisaient un bruit de fond, une musique disharmonieuse dans laquelle il percevait confusément des propos rassurants concernant les voyous qui lui tournaient autour.

« On va faire en sorte de les calmer. »

Mais le mal était fait. Dans quelques minutes, il serait livré à lui-même, seul face aux prédateurs, peut-être même finirait-il en cabane. Il avait encore ses hommes de main, mais ils ne faisaient pas le poids. Comment pouvait-il être abandonné alors qu'il avait donné tant d'informations ? À lui tout seul, il avait été une « cellule de renseignement », lui avait dit un jour Joël, en lui tapant dans le dos comme on flatte le flanc d'un chien de chasse tenant un faisan dans sa gueule baveuse. Un braquage en préparation, un « clandé », une fumerie d'opium, un dealer trop gourmand, un fournisseur proche du parti communiste, tous avaient été balancés par Botey, tous s'étaient retrouvés fichés, suivis, arrêtés, sans trop savoir qui les avait dénoncés. Autant d'efforts pour en arriver là. Joël ne pouvait pas tout lui dire, parce que même de son poste de commissaire à la préfecture de police, il ne savait pas grand-chose.

Des rumeurs indiquaient que Lecanuet, le ministre de l'Intérieur, avait obtenu carte blanche pour fermer tous les hôtels de passe et faire tomber leurs patrons. Ce n'était pas la première fois que le pouvoir rêvait de mettre un large coup d'éponge sur la grande table de la prostitution, mais à la fin il restait toujours des miettes. Il y avait aussi un député d'Eure-et-Loir, genre catho pratiquant, qui s'était fourré dans la tête de donner aux associations de lutte contre la prostitution le droit de traîner en justice les proxos en se portant partie civile.

Joël lui aussi faisait figure de vieille baderne. Les nouveaux patrons de la police étaient issus de la nouvelle génération, blancs-becs drôles comme une porte de prison, exigeant des carbones et des traces écrites pour chacune des descentes dans les bars à filles ou les hôtels. Comme si les types de la Mondaine avaient le temps de remplir des formulaires. Ils faisaient tous copain-copain, ne rechignaient pas sur une petite enveloppe glissée dans la poche du veston, une noix de caviar et quelques gouttes de champagne pour se rincer la bouche et, pour se rincer l'œil, ils n'avaient que l'embarras du choix.

*

Carmen brisa le silence et lui demanda s'il voulait toujours aller dîner chez son ami. Botey retrouvait son visage, plissant les yeux comme s'il venait de se réveiller en sursaut. Il hésitait, bâillait, tel un chat d'appartement reprenant contact avec le monde réel. Elle comprit qu'elle n'en tirerait plus rien. Peut-être aussi qu'ils étaient arrivés au bout du chemin. Au fond, ils étaient si différents. Elle aurait aimé lui dire qu'elle savait tout. Ses yeux qui brillaient lorsque sa grande Véronique aux jambes de gazelle montait l'escalier d'un pas souple et indolent, sa passion pour les toiles de maîtres, cette façon de jouer au riche sans en avoir véritablement les codes. Après tout, elle aussi avait succombé.

Il s'était mis à tomber un crachin, très bon pour leur commerce, déployant un rideau gris devant la fenêtre. Botey se leva d'un bond, regarda Carmen, s'approcha d'elle et lui posa un énigmatique baiser sur le front. Elle se contenta de lui sourire.

Il remontait la rue Frochot, voûté, à la fois pour se protéger de la pluie et parce qu'il était accablé. Il entra au Rembrandt et fit son manège, comme si de rien n'était. Il intima au maître d'hôtel l'ordre de défaire les plis des nappes sur les tables et d'aligner les couverts, réprimanda une serveuse pour une tache sur son tablier. Elle baissa la tête. Le chef était de dos quand il entra en cuisine. Il s'agaça sur des légumes mal taillés, qu'il jeta d'un geste sec dans une grosse poubelle. Il baissa le feu, remit en place deux couteaux qui traînaient sur le plan de travail. Botey s'accrochait à ce qu'il pouvait pour se faire croire qu'il était encore le patron. Le chef avait bien senti qu'il cherchait à créer des étincelles. Il fit comme s'il ne l'avait pas vu. Botey entendit alors la voix de Léonie. Il jeta un œil à travers le passe-plat. Elle était debout au milieu de la salle, comme une enfant sans mère. Ses cheveux mouillés pendouillaient en paquets filasse comme des nouilles trop cuites et, surtout, elle semblait effrayée. Le maître d'hôtel faisait barrage de son corps, l'empêchant de se diriger vers la cuisine. Botey sortit et lui fit signe de venir. Elle ne marchait pas, elle courait.

« Je viens de quitter l'inspecteur des impôts, il m'a pas lâché, la situation est grave ! »

Sans lui laisser le temps de terminer sa phrase, il la prit par le bras et l'emmena dans l'arrière-salle, derrière un rideau qui se fermait et s'ouvrait au gré de la clientèle. Elle se laissa faire.

« Tu es folle de venir ici, tu sais que ce restaurant n'a rien à voir avec mes autres activités, je te l'ai dit dès le départ.

— Je le sais, je le sais, mais il va éplucher toute la comptabilité et il a déjà tout compris avant d'avoir ouvert le premier classeur… Et moi, il m'a déjà expliqué la procédure.

— Quoi ! tu sais pas encore comment ils fonctionnent, ces cloportes, ils te font peur pour que tu craches. Mais si tu la fermes, il t'arrivera rien !

— Éric, tu te fous de moi, c'est du pénal, je peux finir en taule… Ils sont au parfum. Il avait l'air très sûr de lui. Je vais devoir payer des millions d'arriérés de TVA et de taxes alors que je ne suis au courant de rien. »

Botey n'avait pas besoin de ça. Le fisc, c'était le coup de grâce. Quand on n'arrivait pas à faire tomber un beau mec de Pigalle, on le touchait au portefeuille. Si ce petit fonctionnaire savait déjà tout, c'était parce que les flics surveillaient ses hôtels. Peut-être même qu'il y avait une fille qui faisait la taupe. Mais qui ?

Il avait bien une petite idée. Patricia, la nouvelle. Des jambes comme des lianes, un visage fin et une peau de marbre blanc. Tout le monde se l'arrachait. Elle se présentait comme une étudiante en droit. Les capotes d'une main, le code civil de l'autre, le genre à exiger des pauses syndicales et à la ramener quand il ne le fallait pas. Quelques jours plus tôt, elle était même venue lui réclamer un statut – et pourquoi pas un contrat de travail avec des congés payés ? Et si elle était allée baver à l'inspection du travail et avait monté les filles contre le patron qui empoche sans rien distribuer ? Encore une communiste. C'était peut-être elle ou alors une autre, discrète, de la catégorie passe-muraille, la plus dangereuse parce que échappant aux radars du quartier. Ça ne pouvait pas être Véronique, sa préférée. Grande, élégante et de longs cheveux qui lui tombaient au creux des reins, la femme de ses rêves, le genre qu'il n'osait pas approcher. Défilait dans sa tête une galerie de femmes, ses femmes, des chevaux de course qui lui rapportaient des millions.

Léonie le regardait, attendant une réponse, une solution à son problème. Il ne pouvait rien lui dire de plus, sinon la baratiner.

« Rentre chez toi, ne parle à personne de cette histoire, je vais aller voir mon avocat et l'expert-comptable. Je dois te laisser, y a un souci à l'hôtel rue Fontaine… Foutu métier ! »

Léonie essayait de se recoiffer, ses cheveux ne voulaient rien savoir… Ils refusaient de l'aider. Apeurés eux aussi. Avec la pluie, son rimmel avait coulé, elle n'était plus que l'ombre d'elle-même. Prise au piège.

Botey avait filé. Il se demandait s'il n'était pas encore temps d'emmener Carmen dîner pour retrouver un peu de chaleur, comme deux vieux complices. Ils pourraient aller grignoter quelque chose au Magenta, sa brasserie. Esther, la gérante, avait toujours le sourire, toujours le petit mot qui vous remontait le moral.

*

À partir de la place Blanche, la rue Fontaine descendait en pente douce. Il entra dans son hôtel et vit le Basané qui tenait par le col un homme d'une quarantaine d'années de type maghrébin, le visage mal rasé. Il portait un pantalon trop court, des souliers éculés et une canadienne antédiluvienne.

« Il a pas voulu payer ! Je suis allé le chercher dans la chambre, la 24.

— Il était avec qui ?

— Ghislaine, dit le Basané en faisant une moue.

— T'as pas d'argent ? Ou tu veux pas payer ?

— Si, j'ai de la fraîche, mais quand je paie, j'en veux pour mon argent, et là, ta gonzesse, elle donne rien !

— Tout dépend ce que tu lui demandes ! Tu sais où t'es ? T'es rue Fontaine. T'es pas dans un bordel de la Goutte-d'Or avec tes putes arabes… »

Botey s'agaçait, pas seulement parce que ce pauvre type s'était trompé d'endroit, mais surtout parce que ces petits tracas du quotidien n'étaient plus de son niveau. Il n'était plus là pour faire la plonge et sortir les poubelles, il était devenu un homme d'affaires et présidait aux destinées d'un empire. Le client se redressa, attendant qu'on lui demande de partir, en aller simple, plus hardi que son apparence ne le laissait paraître :

« Méfie-toi, ici, bientôt, ça sera chez nous ! Tu te crois tout permis, fils de… »

Il n'eut pas le temps de terminer sa phrase qu'il recevait une violente gifle derrière la tête, si forte que tout son corps se plia. Dans le choc, son nez cogna son genou. Le sang coula instantanément. Il tourna la tête en se mouchant au passage sur son froc et les défia du regard. Botey le foudroyait, plongeant une fraction de seconde dans des souvenirs enfouis, ceux de la guerre d'Algérie – sa guerre d'Algérie. Des regards comme ça, il en avait croisé des dizaines, des yeux noirs de fellaghas fougueux, habités, sans aucune lueur de peur malgré le canon du pistolet-mitrailleur collé sur leur tempe. En dépit de l'asymétrie des forces, ces hommes ne baissaient pas les yeux. Orgueilleusement triomphants, parce qu'ils savaient que les éléments jouaient en leur faveur – soleil, vent, soif.

Botey resta absent de longues secondes. Les empires étaient des corps humains, ils naissaient, prospéraient, inventaient, brillaient puis déclinaient pour définitivement plonger dans les ténèbres. Il ne s'était jamais senti aussi fragile. Un frisson lui parcourut le dos.

« Donne-moi tes papiers.

— J'en ai pas ! »

Quand le Basané leva la main très haut, le type sortit son portefeuille.

« Rue Myrha, tu crèches au 15, rue Myrha, t'as perdu ta langue ?

— Ouais, si c'est écrit dessus, alors j'habite là !

— Qui t'envoie ?

— Personne.

— T'as l'embarras du choix pour les filles, pourquoi venir nous faire chier ici ? Tu veux faire fuir la clientèle, c'est ça ? Si tu reviens, je te crame ton immeuble avec toi dedans ! T'as compris ? »

Alors que Ghislaine descendait les escaliers, sur la pointe des pieds, le client en profita pour prendre congé à pas rapides, sans oser tourner la tête vers la vitrine, enfonçant ses mains bien profondément dans les poches de son manteau. Ghislaine restait figée sur l'avant-dernière marche de l'escalier, la jupe de travers et les cheveux en désordre. Le patron était là avec le Basané, alors elle se méfia. Chacun s'observait. Elle était mariée depuis quelques mois et, depuis qu'elle avait la bague au doigt, elle prenait soin de ranger son sac avant le turbin, faisait des manières avec les clients. Elle les choisissait, fixait des règles de plus en plus strictes. Elle pinaillait. À tel point que plusieurs chasseurs de bars montants ou de cabarets de Pigalle lui avaient interdit l'accès aux établissements. « La Comptable », c'était son surnom, était devenue une source d'ennuis ; et les ennuis, à Pigalle, ça voulait dire policiers ; et avec les policiers, ça se terminait souvent par une fermeture administrative. Elle essaya de prendre un air détaché. Botey avait les mains sur la taille, les pans de son manteau de fourrure formaient autour de ses hanches comme une jupe ridicule qui aurait dévoilé ses parties intimes s'il n'avait porté un pantalon. Il dut s'en rendre compte, puisqu'il descendit les bras pour laisser la fourrure l'envelopper et retrouver une allure normale.

« Qu'est-ce qui s'est passé ? »

Le Basané, accoudé au comptoir de l'accueil, lui adressa un petit mouvement de tête pour l'inciter à parler. Elle minauda, se contorsionna comme le faisaient toutes les filles de la rue lorsqu'elles ne trouvaient pas les mots pour se défendre. Et, après avoir minaudé, en général elles plongeaient dans l'hystérie pour, espéraient-elles, pouvoir échapper aux coups.

« Accouche, merde, le patron a pas que ça à faire !

— Il voulait m'embrasser !

— Quoi, tu rigoles, j'espère ! »

Le Basané s'était redressé. Il n'attendait qu'un regard du patron pour lui en retourner une ou deux.

« Partout, il voulait m'embrasser partout, moi, je veux pas ! C'est tout… J'en ai marre d'être de la chair à canon, j'ai mon mot à dire, je suis pas de la bidoche. »

Comme prévu, Ghislaine hurla – ou plutôt aboya comme un chien terrifié. Un pied sur le carrelage et un autre sur les marches, prête à monter l'escalier pour échapper au Basané.

« Tais-toi. Elles font comment, les autres ? Elles choisissent ? Non, elles prennent, et en plus elles font pas d'histoires. Moi, je vais te dire, t'es tricarde à Pigalle, plus personne veut de toi, tu vas finir sur le bitume, ça va te changer de musique. Et tu sais comment ça va se terminer ? Je vais te le dire : une croix de Pigalle sur ta gueule ! Tu pourras retourner faire de la comptabilité dans les beaux quartiers avec la tronche refaite ! »

À l'évocation de cette « croix de Pigalle », Ghislaine mit spontanément la main sur son visage. Pour les filles récalcitrantes, un peu comme lorsqu'on marquait une bête à abattre, on lui dessinait une croix sur la joue – « dessiner » n'étant pas le terme le plus approprié : on la défigurait avec un rasoir ou un cran d'arrêt, on la tuait symboliquement et on la transformait en paria.

À Pigalle, elles étaient nombreuses à avoir reçu cette marque indélébile, l'empreinte des rebelles lorsqu'on était dans le camp des filles, la marque des traîtres quand on était un proxénète.

Le Basané avait mis la main à sa poche, il tripotait son couteau. Sous l'étoffe, elle le voyait caresser le manche de son instrument de souffrance. Des larmes coulèrent sur son visage et firent fondre le masque qu'elle portait depuis le début de l'échange. Soudain, tel un taureau en furie n'ayant plus rien à perdre, elle fonça tête baissée vers le danger, inconsciente :

« Tu penses que tu me fais peur ? Je suis plus grande que toi ! Et tu sais ce qu'on dit dans le quartier ? Tu fais plus le poids, t'es juste une balance qui essaie de sauver son cul. »

Le Basané fonça à son tour sur elle, pour la faire taire, sans que le patron bouge une paupière. Botey avait l'impression d'être sur un îlot instable ballotté par les flots. Tous ses repères s'évanouissaient. Il dérivait vers un monde inconnu et inhospitalier, incapable de regagner la terre ferme. Ghislaine tenta de déguerpir en grimpant les marches deux par deux, mais le Basané lui attrapa une jambe et la fit descendre sur le flanc, tel un pantin désarticulé et rebondissant. Dans un réflexe reptilien, elle se colla les paumes sur les joues, essayant d'en recouvrir toute la surface de ses doigts, pour ne laisser aucun morceau de chair accessible au couteau. Le Basané lui attrapa les cheveux – elle ressemblait à un derviche tourneur, toute petite chose entre les mains de son bourreau. Alors qu'elle perdait le contrôle d'elle-même, le Basané posa lourdement un genou sur son flanc et de l'autre lui bloqua la main droite tel un mouton avant la tonte. D'un geste sûr, il sortit son arme. Un petit geste sur le manche et voilà la lame dressée, luisante, presque scintillante, dangereusement raide.

Botey avait juste pris le temps de fermer la porte. Le Basané fit descendre la lame, dans un rituel macabre. Il fallait d'abord qu'elle la voie, afin d'imaginer sa souffrance. Ghislaine ne pleurait plus, ses yeux étaient exorbités d'effroi. Elle pensa à son mari, soudeur qui venait de tomber dans le chômage, à l'enfant qu'elle allait avoir, à sa vie minable, à ses rêves de gosse qui sombraient dans le caniveau. Elle sentait maintenant la lame froide sur sa joue, dont l'intégrité ne tenait plus qu'à un fil. Le Basané n'avait qu'à terminer le travail, la bête était sans défense.

« Arrête, laisse-la partir. Elle a compris la leçon. »

Le Basané resta figé sans relâcher sa proie, au cas où le patron changerait d'avis. Ghislaine tourna son regard sans trop comprendre ce qui lui arrivait. Ce n'était pas logique, ça ne se passait pas comme ça, d'habitude. D'abord, le chef ou un de ses hommes de main châtiait, puis la sentence tombait, violence rouge vif. Ensuite, la rumeur se répandait telle une suie poisseuse qui s'immisçait par tous les pores des murs et des portes. Enfin, les filles, terrorisées, attendaient le client en offrant beaucoup plus qu'elles n'avaient donné la veille.

Botey descendait la rue Fontaine. Le froid lui glaçait les os, malgré son manteau de fourrure. Quelque chose ne tournait plus rond, tout semblait lui échapper. Il pensait à sa mère qui devait être au comptoir du Sulky, du Lorelei ou du Rembrandt, encaissant consciencieusement – ce qu'elle faisait le mieux. D'autant qu'il n'était pas arrivé au bout de ses peines, loin de là.

Combien de fois lui avait-elle dit qu'il était né sous une bonne étoile, jusqu'à l'agacer, à la longue ? Pour n'importe quoi, elle en appelait à la puissance des astres : une invasion de poux à laquelle son petit avait échappé à l'école ; la « polio » qui frappait à l'aveugle mais avait épargné son fils ; des huîtres pas fraîches qui retournaient le ventre de tous ceux qui en avaient mangé, sauf le petit Henri qui n'avait pas eu droit au supplice. Et, chaque fois, sa mère levait les bras au ciel et lui assenait cette sentence définitive : « Toi, mon fils, on peut dire que tu es né sous une bonne étoile. » Pour lui, c'était juste le hasard, d'autant que cette fameuse étoile aurait pu lui apporter quelques centimètres supplémentaires… Mais de cela, sa mère ne parlait jamais, comme s'ils s'étaient passé le mot, avec son mari.

En fait ses ennuis avaient commencé quelques années plus tôt. Le jour où ce mantra maternel un peu encombrant trouva son véritable écho dans l'esprit de Botey était le 21 décembre 1966. À cette époque, Monsieur Éric était au sommet. Il tenait ses troupes en rangs serrés. On le surnommait l'empereur des bordels, et personne n'osait encore l'appeler Rase-mottes. Le général de Gaulle dirigeait la France en bon militaire. L'Algérie avait arraché son indépendance depuis seulement quatre ans. Dans la grande marmite de Pigalle bouillonnaient des désirs de revanche, de vengeance, de sombres desseins portés par des hommes qui aimeraient réécrire l'histoire, voire la refaire. Et l'empereur Botey, grand comme un nain de jardin, découvrit ce jour-là ce que voulait dire « être né sous une bonne étoile ».

5

Dans les années soixante, Pigalle était une place forte. Pour en sortir, il n'y avait que deux issues : le chemin du cimetière de Montmartre pour les plus pressés ou une route plus longue, qui menait à la prison de la Santé. Botey savait ce qu'il risquait chaque jour qui passait. Et chaque jour qui passait était un jour gagné. La carrière, ici, ne durait jamais bien longtemps. En raison des risques, il aurait aimé diversifier ses activités, investir dans des brasseries et ouvrir de nouveaux restaurants, vitrines légales. Si, de là-haut, son père jetait de temps en temps un œil sur sa vie, il était probable qu'il avait envie de descendre pour remettre son rejeton sur le bon chemin.

En cette fin d'année 1966, le « proxo » avait la fureur de vivre : rien ne lui résistait, ni les femmes ni l'argent. Rien n'était un problème, tout s'achetait, tout se vendait. La vie lui souriait. Botey le petit brun ténébreux et Carmen la femme de tête affichaient une réussite insolente. En 1964, elle était divorcée de son premier mari. Ils étaient libres et riches. Surtout riches…

La guerre et les privations étaient loin, tout le monde était heureux – en apparence. Mais, avec l'aisance et le confort, la jeunesse commençait à dire merde à ses parents. Elle n'avait pas encore envahi le Quartier latin ni jeté des cocktails Molotov sur les CRS, mais cette bande de beatniks gavés de LSD, aux cheveux longs et vestes de treillis dégueulasses, avaient choisi Pigalle pour passer leurs nuits. Botey les croisait souvent quand il faisait la tournée de ses hôtels. C'était tout juste s'ils ne lui marchaient pas dessus, agglutinés rue Fontaine devant le Bus Palladium, rêvant de croiser Dalí, leur dieu du moment. Ils avaient griffonné dans leur dos des slogans pacifistes, les filles avaient des fleurs dans les cheveux à la Janis Joplin. Quand la drogue leur bouffait la tête, ils éructaient des slogans antimilitaristes et anarchistes ; ils hurlaient à la mort en dansant comme des Indiens autour d'un feu. S'il ne s'était pas retenu, Botey leur aurait collé une paire de baffes et les aurait mis dehors du quartier. « Pas besoin de cette vermine communiste chez nous. » En plus, ces hallucinés faisaient fuir la clientèle des hôtels, pensait-il alors que le froid lui mordait le visage.

Trois mois auparavant, le quartier n'avait pas vu pareille agitation depuis des lustres. Les beatniks, les hippies, tout ce que la France comptait de gens bizarres était venu rendre un dernier hommage à André Breton, le père du surréalisme. Ils avaient tous levé la tête en direction de son atelier comme des sauvages d'Amazonie vénérant une de leurs divinités. Botey s'était fondu dans la foule. Il avait tendu l'oreille. La vie du poète se dévoilait telle qu'il ne l'avait jamais entendue auparavant. Botey l'avait seulement connu de vue. Il l'avait toujours appelé « le vieux poète », sans trop connaître l'histoire de ce drôle de bonhomme à la crinière abondante toujours tiré à quatre épingles. Au fond, même s'ils n'avaient pas navigué sur les mêmes océans, le proxo l'avait bien aimé. Un soir, il avait même essayé de lire sa poésie. Tellement surréaliste que Botey s'était endormi sur le recueil sans pouvoir en tirer un rêve. Quand il était encore vigoureux, Breton était monté une ou deux fois dans ses hôtels. Le pas traînant, le regard lointain, comme s'il faisait de la poésie en marchant. Coucher avec un poète, c'était prendre le risque de finir à l'horizontale sur une feuille blanche, soumise à la plume de l'artiste.

En ce mois de décembre 1966, la rue Fontaine avait retrouvé un semblant de calme, glacial et venteux. Botey rejoignait son bureau à l'étage du Rembrandt, son havre de paix, l'endroit où il prenait ses décisions. Son bureau en bois noble occupait le fond de la pièce. Dans son dos, une grande étagère où se mêlaient des documents administratifs, des livres de cuisine et toutes sortes de choses – des assiettes, des couverts, des bouteilles de vin blanc et rouge à tester avant de les proposer à la clientèle. Ici, il était un restaurateur respectable. Il s'assit calmement, attrapa le coupe-papier et commença à ouvrir son courrier, un passe-temps comme un autre. Des factures de fournisseurs, des publicités. Sur le pan de mur opposé à son bureau, une grande photo encadrée d'une baguette noire mordorée. La brigade du Crillon au grand complet et lui au premier rang, juste à côté des chefs portant fièrement leurs grandes toques – non qu'il occupât une position hiérarchique quelconque, mais parce qu'il était petit et que c'était la seule place où Botey pouvait être vu. Machinalement, il attrapa un colis enveloppé de papier kraft posé sur le côté gauche de son bureau. Chaque jour ou presque, un commercial déposait un échantillon, un jour des serviettes, un autre des nappes, des verres ou des ustensiles de cuisine. Ces colis faisaient partie de son quotidien. Il déchira le papier. Sous le kraft, une boîte en bois des îles, genre petit coffre à cigares. C'était à cet objet qu'il pensa spontanément lorsqu'il essaya de l'ouvrir. Le couvercle résista. Il se saisit de son coupe-papier et glissa la lame dans l'interstice pour faire levier, en l'accompagnant d'un mouvement d'épaule. Au moment où la boîte céda, elle lui explosa au visage. Une explosion sourde, comme le son d'un gros mousquet. Botey fut propulsé en arrière, il perdit connaissance et s'affala. Une fumée épaisse envahissait le bureau. Maurice, le maître d'hôtel, fut le premier à lui porter secours. Le patron n'était pas mort, il bougeait les paupières. Il le redressa comme il put, écarta du pied la chaise du bureau pour libérer de l'espace. Au moment où il essaya de le redresser, Botey émit un cri de bête. Maurice attrapa un coussin, le jeta sur le tapis pour y poser la tête de son patron. Une petite foule s'était agglutinée à la porte, on se poussait des coudes pour voir l'animal blessé.

« On n'est pas au spectacle, foutez-moi le camp… », ahana Maurice.

Le souffle et la flamme de la bombe lui avaient déchiré l'épaule. La veste était déchiquetée, des lambeaux de tissu noirci pendouillaient. La doublure et les coussins des épaulettes étaient à nu. Maurice était penché au-dessus de lui. Il s'approcha de sa bouche pour savoir s'il respirait toujours. Il ne s'était jamais tenu si près de son patron. Il sentit un infime filet d'air sur la joue. Au moment où il essaya de lui attraper la main pour lui prendre le pouls, le patron hurla un grand coup. Ses mains étaient brûlées. Les paumes avaient pris une teinte marron foncé. La peau à cet endroit était craquelée, elle ondulait comme des petites gaufrettes Delacre. Les lignes de sa main avaient comme fondu, il n'avait plus d'avenir. Maurice s'assura que les secours étaient bien en route. La fumée était retombée. Le bureau était recouvert d'une fine couche de poussière grise. À droite de la boîte dans laquelle était cachée la bombe, Maurice découvrit une enveloppe aux coins noircis. À l'intérieur, une lettre. Mais ce qui attira en premier son regard, ce fut un objet en métal. Il l'extirpa et le posa sur le bureau. Une balle de toute évidence de 9 mm, constata-t-il, lui qui avait fait l'Algérie. Il sortit ensuite la lettre, la lut de dos pour qu'aucun salarié n'essaie de lire au-dessus de son épaule : « Pour les moutons, tu dois savoir ce qu'on leur réserve. Voilà l'échantillon. Cocu. »

Maurice avait toujours voulu rester loin de tout ça. Bien malgré lui, il se retrouvait témoin d'une tentative de meurtre. Évidemment, au Rembrandt, tout le monde savait que le patron n'était pas un homme d'affaires comme les autres. Il se chuchotait que le couple battait de l'aile, mais chacun cloisonnait et faisait semblant de ne rien voir, ni les parrains qui venaient se faire rincer au restaurant, ni les policiers, ni les quelques huiles de la politique, tous très proches du patron. Les secours arrivèrent en même temps que Carmen. Le brancard ne passait pas dans l'escalier, les pompiers portaient Botey comme ils pouvaient. Avec ses mains à vif, il lui était impossible de s'agripper aux épaules des soldats du feu. Carmen observait la scène sans trop savoir si elle devait rire ou pleurer. Parce que, au bout de longues minutes, le plus costaud des deux pompiers attrapa Botey et le porta comme s'il était un nouveau-né. C'était d'un ridicule…

Tout le monde descendit l'escalier, telle une messe d'enterrement. Et Botey, nourrisson rondouillard, les yeux mi-clos, entrevoyait par intermittence le menton anguleux en contre-plongée du pompier, transformant l'empereur des bordels en une petite chose fragile. Peut-être avait-il encore assez de conscience pour se remémorer la prédiction de sa mère ? Au fond, elle n'avait pas tort, il était né sous une bonne étoile. On le posa sur une civière à roulettes. Tout Pigalle était au balcon. Les filles sur le trottoir s'étaient figées. Carmen restait en retrait. L'ambulance fila vers l'hôpital Lariboisière, sirène hurlante et gyrophare tournoyant. Le quartier pouvait reprendre son souffle et retourner au turbin.

Personne ne se demanda qui pouvait bien en vouloir à Botey, parce que tout le monde connaissait la réponse. Tous ou presque avaient une bonne raison de lui vouer une solide rancune. Avec ses airs de beau parleur, ses grosses bagnoles hors de prix, cette façon de se croire plus malin que les autres… Et puis Botey était un mouton, c'était écrit en grosses lettres dans la lettre anonyme. Dans l'argot de Pigalle, cela voulait dire « balance », c'est-à-dire un type capable de dénoncer le voisin pour protéger ses petites affaires. Forcément, cela finissait par se savoir.

Une fois le blessé expédié à l'hôpital, la police judiciaire s'installa dans le bureau pour faire sa petite enquête – même si, grimpant les marches pour rejoindre le lieu de l'explosion, les inspecteurs savaient que personne ne parlerait. Maurice avait laissé le bureau tel quel. L'inspecteur attrapa la boîte et la porta à son nez. Il détecta immédiatement du chlorate. Dans le commerce, on l'achetait pour désherber les jardins.

Les caïds l'utilisaient pour se débarrasser de leurs ennemis. Au contact d'une étincelle, le produit devenait hautement explosif. Le second inspecteur souleva des papiers consumés, écarta des débris de verre et se saisit d'un morceau de métal ayant servi de canon avertisseur. La partie technique était bouclée. Dans une enveloppe, il glissa la balle de 9 mm. Les deux policiers se firent un clin d'œil. Affaire classique à Pigalle. Dossier classé.

Avant de prendre le contrôle d'un établissement, on pratiquait une menace graduelle. D'abord, on envoyait des types consommer, qui partaient sans payer. Petite provocation, puis, un autre soir, on venait glisser un mot à l'oreille du patron. À sa tête, on comprenait qu'on ne lui déclamait pas des alexandrins. Enfin, s'il n'avait pas compris, on lui mitraillait sa façade ou on lui posait une bombe, plutôt une bombinette. Celle de Botey n'avait pas été destinée à le tuer, juste à l'effrayer. Il ne restait plus qu'à gentiment demander au gérant de ne plus fermer l'œil pendant des semaines, de cracher ses billets pour assurer sa protection avec l'aide de ceux qui justement le menaçaient. Paniqué, il ne voyait plus que les racketteurs et les protecteurs travaillaient en fait pour la même entreprise.

Les deux policiers en civil en avaient terminé avec la scène de crime. Il fallait maintenant sortir le calepin et se coltiner les salariés du restaurant, les anciens employés, le voisinage, la famille, les proches. À tour de rôle, tout le monde passait sur le gril. Ils racontaient et faisaient d'interminables digressions sur la manière dont ils avaient atterri dans ce restaurant, sur le caractère de leur patron, qui était un passionné de cuisine et surtout de desserts. Quel temps de perdu ! Pigalle était une pelote de laine, un méli-mélo d'histoires, de légendes, de querelles, de jalousies, de solidarités, une petite civilisation du mensonge et du secret. Les deux policiers posaient inlassablement la même question :

« Henri Botey, oui, enfin, Éric, puisque vous l'appelez tous comme ça, avait-il des ennemis ? »

Un ancien barman, un dénommé Barreaud qui venait de quitter Pigalle, se montra plus bavard que les autres. Parmi les ennemis de Botey, il y avait, croyait-il se souvenir, les frères Ettouati, des chasseurs de cabaret. Deux loulous dont le métier était d'attirer les clients vers les établissements pour lesquels ils travaillaient. Ils usaient de tous les subterfuges de la langue. Ils faisaient les jolis cœurs dans leurs costumes de parade, enjolivaient, mentaient parfois sur un spectacle, divulguaient les mensurations d'une des strip-teaseuses devant des provinciaux éberlués et leur faisaient croire qu'une coupe de Dom Pérignon leur serait offerte dès qu'ils seraient entrés dans le cloaque… Autant de baratin ne servant qu'à leur vider le portefeuille. Ils savaient doucement vous attraper par la manche et vous orientaient vers le bon endroit, tels des bonimenteurs du plaisir et de la luxure. Trois ans plus tôt, en 1963, l'un des frères, qui n'usait pas que de la parole, avait agressé Botey. Les inspecteurs notèrent, ils vérifieraient plus tard. L'homme avait la langue bien pendue. Cet attentat pouvait venir aussi d'un dénommé Trujilo. Sa femme avait été licenciée par Botey. Licenciée n'était pas le mot juste : Botey, mal luné, l'avait foutue dehors comme une malpropre. Le soir même, le mari, un peu sanguin, était venu demander quelques explications au patron. Le gabarit de Botey n'était évidemment pas un atout pour se lancer dans une cavalcade héroïque et passer aux yeux de sa femme pour un chevalier sans peur et sans reproche. Trujilo avait élevé la voix. Des cris et des menaces de mort avaient résonné dans la cage d'escalier, se souvenait Barreaud, un esclandre suffisamment puissant pour en faire profiter tous les salariés du restaurant. Quand un des inspecteurs lui demanda si le couple Carmen et Botey était solide, le barman ne se fit pas prier. Il se mit à table comme s'il attendait cette question depuis des années. Il parla d'un couple « bizarre », en regardant droit dans les yeux les deux policiers qui ne comprenaient pas le sous-entendu. Puis il éclata de rire en leur dévoilant le surnom dont le personnel avait affublé le couple : « Laurel et Hardy ». Il se tapait sur les cuisses, tellement il trouvait ça drôle.

« Cela leur va si bien, le petit homme et la grosse dame ! »

Barreaud confia aussi ce que tout le monde savait à Pigalle : Botey trompait Carmen. Elle était au courant, ça ne faisait aucun doute. Un couple libre, comme il en existait beaucoup dans ce quartier. L'homme se mit à se frotter le menton. Les inspecteurs levèrent le stylo et trempèrent leurs lèvres dans la bière qui avait tiédi. Rien de tout ce qu'il leur avait raconté n'irait bien loin. Des petites histoires de quartier, des personnages sans envergure, incapables de monter une telle opération. Pour eux, Botey était victime de son succès, et il avait payé pour cela. Banal… Après cette pause interrogative, le barman ouvrit une autre piste : lorsqu'il était encore au restaurant, il avait surpris Carmen, un soir, en grande conversation avec un homme plus âgé qu'elle, élégant, cheveux gris et manteau de cachemire. Il parlait à voix basse et essayait de lui attraper la main. Elle le repoussait, non pas qu'elle refusât son contact, mais le lieu ne s'y prêtait pas. Carmen semblait gênée, elle lançait des regards dans tous les sens. Lorsque le dandy avait quitté le restaurant, une ancienne de l'établissement avait collé un nom sur ce visage. Il s'agissait de l'ancien mari de Carmen, son pygmalion. Sans lui, elle n'aurait jamais pu monter tous ces hôtels de passe. Il vivait à Neuilly, dans un somptueux hôtel particulier. Carmen lui devait tout, et pourtant elle l'avait quitté pour ce nabot. Barreaud se demandait d'ailleurs à voix haute ce qu'elle avait bien pu lui trouver, à ce Botey. La serveuse, mémoire du quartier et langue de vipère, était même allée jusqu'à lui confier que sa séparation avec Carmen l'avait beaucoup peiné et que, disait-on, il cherchait par tous les moyens à la reconquérir…

Les deux inspecteurs ouvrirent de nouveau leur petit carnet. Ils décapuchonnèrent leurs stylos et noircirent les pages. Ils pensaient avoir fini la journée, ils allaient devoir faire des heures supplémentaires. Ils tenaient peut-être un mobile solide. Mais pourquoi Carmen se serait-elle amusée à jouer avec le feu, au risque de se faire surprendre par Botey ? Barreaud se leva, serra poliment la main des deux inspecteurs en leur indiquant qu'il se tenait à leur disposition. Les policiers esquissèrent un léger mouvement de bras vers le haut pour lui attraper la main et se rassirent sur la banquette en moleskine. Ils le regardèrent sortir. Le type avait relevé le col de son manteau pour se protéger du vent et s'était dissous dans l'agitation de la rue Fontaine.

Foutu pour foutu, ils commandèrent une nouvelle tournée, histoire de prendre le temps de se glisser dans les habits de la Mondaine – une race à part, dans la police. Les deux poulets savaient pertinemment que cette affaire n'irait pas bien loin. À peine de retour au 36, leur commissaire leur ferait comprendre qu'il y avait plus urgent. Inutile de perdre du temps avec des règlements de comptes entre proxénètes. Si Botey avait été tué par l'explosion, l'affaire aurait pris une autre tournure. La brigade criminelle aurait été saisie, sans présager de l'issue de l'enquête. Après tout, cela faisait un proxénète en moins…

Pour le 36, ces types de Pigalle étaient des pions, juste bons à balancer des infos permettant aux flics de coincer les gros poissons sans trop se fatiguer, en rêvant de faire une belle prise pour donner un coup de pouce à leur carrière. Les inspecteurs contemplèrent le manège dans la rue : les filles, grimpées sur des échasses, se déhanchaient devant la vitrine. On se serait cru au petit théâtre de Guignol. Il manquait juste le gendarme en tenue avec sa matraque. Les deux flics savourèrent le spectacle. La seule chose qu'ils pouvaient faire, c'était mettre les Renseignements généraux sur le coup. Ils auraient pu en parler au cinquième bureau des RG, même s'ils ne se faisaient aucune illusion : parmi ces policiers, nombreux étaient ceux qui n'avaient pas accepté la capitulation de De Gaulle en Algérie, la rafle des leaders de l'OAS parqués dans un camp posé au milieu d'un champ de cailloux dans le Gard, traités comme des terroristes. Confusion de l'histoire. Quelques années auparavant, ces mêmes officiers « Algérie française » se battaient contre l'Allemagne nazie aux côtés du Général. Il était leur sauveur et l'homme providentiel. Dix-sept ans plus tard, il était devenu leur fossoyeur. Pourquoi iraient-ils chercher des noises à Botey, qui pensait comme eux ? Dans la police, les plaies ne s'étaient pas refermées. Il y avait les communistes, une minorité, qui avaient aidé le FLN, et puis il y avait tous les autres, soutiens passifs ou actifs de l'OAS. Et les pauvres filles sur le trottoir avaient été les instruments de cette guerre. Les millions de francs récoltés par les proxénètes et par Botey en particulier furent des butins dilapidés pour lutter contre le FLN, car une guerre secrète coûte une fortune… Et la police les avait laissés travailler sans encombre avec, si on pouvait dire, la bénédiction de la préfecture. Botey avait été, lui, un petit soldat qui ouvrait son tiroir-caisse pour payer les munitions. Il achetait la paix, assurait sa fortune, mais en plus il y croyait. Dur comme fer, convaincu que de Gaulle les avait lâchés. Sans sa trahison, l'Algérie serait encore française.

Quand cette guerre meurtrière se termina, les bombes artisanales, les colis piégés remisés dans les catacombes de l'histoire, les combattants déchus se retrouvèrent tous à Pigalle. Toute une faune qui cherchait un nouveau débouché à sa vie. Des voyous, des officiers supérieurs, des paras, des collabos, des pétainistes, des barbouzes sans emploi, des artificiers aux mains vides, des gros bras, des têtes brûlées, des anciens de l'Indo – une petite armée désœuvrée – venaient s'amuser et trouver du réconfort dans les bras de la luxure, pour oublier la médiocrité de leur défaite. Botey les croisait, les amusait, les arrosait, les utilisait. Ils constituaient un petit village gaulois dans ce quartier grand comme un timbre-poste. Dans la pénombre des bars montants et des cabarets à strip-tease, dans les alcôves enfumées des hôtels de passe ou dans les arrière-salles strictement interdites au public, ils refaisaient le monde, ruminaient inlassablement leur guerre, celle d'hier et celle de demain. Ils vomissaient le communisme en même temps que leur whisky dans la cuvette des toilettes. Les Juifs, les Arabes, les francs-maçons étaient de tous leurs fantasmes éthyliques et sanguinaires. Leurs mots étaient d'une effrayante cruauté.

Pigalle était un grand plumard où se vautraient chaque nuit des hommes qui ne se souciaient que de leur plaisir, aux frais du prince Éric. C'est à Pigalle qu'Éric rencontra Jean-Marie Le Pen, un pupille de la nation comme lui. Entre eux, le courant passa immédiatement. Leurs deux pères étaient morts pendant la guerre, l'un en combattant les Allemands, l'autre en repêchant une mine allemande. Ils avaient la haine du communisme chevillée au corps et une âme de soudard. Le Pen était légèrement plus grand que lui. Ainsi, personne ne se sentait humilié. Il avait fait les paras en Algérie. À son retour, il était toujours député avec Poujade. La fois suivante, il perdait les élections. Fini le luxe. Jean-Marie se retrouvait sur la paille. Pour faire bouillir la marmite, il créa la Société d'études et de relations publiques, la SERP, qui, comme son nom ne l'indiquait pas, était une maison d'édition phonographique. Le Pen et ses associés se passionnaient pour les musiques militaires allemandes et les chants nazis mais pas seulement. Des cassettes, des vinyles, sur lesquels ces fanas mili s'amusaient à faire des coups. Ils reproduisaient des enregistrements clandestins du célèbre procès de Bastien-Thiry, ce colonel commanditaire de l'attentat du Petit-Clamart, défendu par Tixier-Vignancour, un ténor du barreau. Et le soir, pour se détendre, l'ancien para descendait à Pigalle et traversait la nuit entre ivresse et bagarre.

*

Les policiers avaient fini leur bière sans trop savoir ce qu'ils allaient bien pouvoir faire de cette tentative de meurtre. La lumière s'était légèrement tamisée. Des filles, en apparence de simples clientes, avaient posé leurs fesses sur les tabourets devant le bar, une jambe tendue de façon à dévoiler légèrement leur entrecuisse. On commençait à tourner la tête dans leur direction. Les filles chuchotaient en se demandant pourquoi ce n'étaient pas les flics habituels de la Mondaine. Les clients se tenaient à l'écart, ne sachant pas précisément à qui ils avaient affaire.

Pendant ce temps, l'empereur des bordels somnolait, assommé par la morphine qui lui coulait dans le bras en intraveineuse. Il n'était pas mort, mais il souffrait. Il portait un pyjama bleu comme celui des bagnards. On aurait dit un boxeur dans les vestiaires, juste avant d'enfiler les gants de cuir. Ses mains étaient enveloppées de bandages jusqu'aux poignets, ce qui l'empêchait de faire quoi que ce soit, et en particulier de manger. L'explosion lui avait décapé la partie droite du crâne, lui dessinant une coupe à l'iroquoise. Son épaule droite, immobilisée, était, elle aussi, bandée.

Carmen l'avait veillé quelques heures. Ses blessures étaient superficielles, lui avait expliqué le médecin : « Dans deux jours, il est de retour chez vous. » Elle hésita à lui répondre qu'ils ne partageaient plus grand-chose, mais à quoi bon. Elle se contenta de lever les yeux au ciel. La mère de Botey, affolée, tenait un gros cabas rempli de vêtements et de victuailles. Elle croisa Carmen dans le couloir. Les deux femmes se saluèrent. Juliette avait les larmes aux yeux… De tristesse, peut-être aussi de rage. Elle fusilla du regard sa belle-fille, qui la dépassait de deux têtes. Comme si Carmen l'aînée avait entraîné son fils adoré sur le mauvais chemin et que tout soit de sa faute. Dans les familles, les aînés avaient toujours tort, et les petits derniers étaient logiquement de pauvres victimes.

6

Antoine le Boxeur – tout le monde l'appelait ainsi, à Pigalle – était accoudé au bar des Trois Canards, rue de La Rochefoucauld. Une place forte du milieu. Des paluches comme des battoirs, des épaules larges, des biceps à déchirer les manches de sa chemise et une gueule d'ange malgré son nez cabossé, souvenir d'un combat contre le champion Belattar, au Maroc, dans les années cinquante, son pays natal dans lequel il n'avait plus le droit de vivre. Il tournait son petit noir en tendant l'oreille. Toujours tiré à quatre épingles, le pli impeccable sur le pantalon en flanelle grise, une chemise blanche au col raide comme du marbre et des souliers de milord si bien cirés que l'on pouvait se voir dedans. Il écoutait, c'est ce qu'il faisait de mieux. Personne ne se méfiait de lui, car c'était un ami du grand Jo, Jo Attia, un passeport pour la vie et parfois pour les ennuis. Les trois types installés à côté de lui se moquaient de Botey, qui faisait pour eux office d'attraction. Antoine était là quand il était rentré de l'hôpital, le bras en écharpe et la moitié du crâne rasée, avec sa mère derrière lui, portant ses valises comme s'il était un jeune communiant. L'empereur s'était engouffré par la porte du Manhattan, l'un de ses bars, le visage fermé.

« Il ne devrait pas se la jouer parrain, le Rase-mottes ! J'espère que ça va lui rabattre le caquet, Monsieur Je-me-la-ramène-tout-le-temps… »

Le type qui venait de prononcer cette phrase essaya d'accrocher le regard d'Antoine, qui se contenta d'un petit hochement de tête. Le bavard n'insista pas. Antoine jeta deux pièces sur le comptoir et remonta la rue. Il avait rendez-vous avec Alicia au Frochot, un des hôtels de Botey. Il aimait le corps de cette femme, ses fesses, ses seins, ses mains et cette façon effrontée de lui parler, de ne jamais baisser les yeux. Elle n'aimait pas Botey. Lui non plus. Antoine faisait toujours en sorte de se tenir à distance, de ne pas avoir à lui parler. Lui, le super-welter, voyait évidemment avec un peu de mépris ce poids mouche dont il n'aurait fait qu'une bouchée de sa droite surpuissante. On croyait savoir à Pigalle qu'il était garde du corps. On le voyait souvent sortir du Gavroche, le bar de Jo Attia. On se méfiait de lui, encore plus de ses poings. Des filles plus hardies racontaient qu'il était un ancien policier français et que, pendant la guerre d'Algérie, il n'avait pas fait de belles choses.

Alicia l'attendait toujours dans la chambre 42, au quatrième étage. Donnant sur la rue Frochot, c'était une des seules à laisser entrer un peu de lumière. Elle disposait d'un petit cabinet de toilette et de jeux de serviettes propres, déposés en personne par la mère de Botey. Car Alicia ne faisait pas dans le tout-venant. Sa clientèle était huppée, elle traversait Paris pour profiter d'une parenthèse charnelle avec cette femme joyeuse qui, dans le civil, s'appelait Chantal.

Elle était née à Villeneuve-la-Garenne. Elle ne venait pas de la rue, comme beaucoup de ses collègues. Elle avait étudié le droit à la Sorbonne. Ses parents avaient tiré le diable par la queue, et une fille qui voulait faire des études n'était pas accueillie comme une bonne nouvelle. Comme elle était belle et pas timide, pour arrondir ses fins de mois, elle avait couché avec des hommes – riches, si possible. Elle n'y avait pas pris goût, mais elle s'en était accommodée. Elle choisissait ses clients, les congédiait quand elle le voulait, lorsqu'elle estimait que leur hygiène ou leurs demandes ne correspondaient plus à ses critères. Alicia ne montait pas avec un client, vous suiviez Alicia si elle le désirait. Et Botey n'avait jamais osé briser cette règle, parce que, avec ses petits accroche-cœurs blond cendré et ses phrases truffées de mots compliqués, elle attirait des bourgeois, des hommes importants qui même à poil dans un lit voulaient avoir l'impression que celle qui leur faisait face était à la hauteur de leur coït.

Quand Antoine grattait à la porte, toujours ponctuel, de petits frissons parcouraient le bas de son joli dos. Cela faisait six mois qu'ils se fréquentaient, une ou deux fois par semaine – cela dépendait d'Antoine et de ses voyages en Afrique, dont il ne parlait jamais. Il entrait toujours avec un pas lent et un air détaché. Rien à voir avec les autres clients, pressés, embarrassés, ne cherchant qu'à se débarrasser à toute vitesse de leur excédent de testostérone. Lui prenait son temps, et Alicia savourait. Depuis quelques semaines, il montait une bouteille de champagne et deux coupes. Il posait son manteau délicatement sur le dossier de la chaise. Parfois, il accrochait son holster sur la patère de la porte. Le colt se balançait au bout de la lanière en cuir, comme un pendu. Si Antoine lui avait demandé de partir avec lui, elle n'aurait pas hésité une seconde. Ils commençaient à se connaître, elle en arrivait à se demander pourquoi il la payait tellement. Ils ressemblaient à deux amants arrachant un peu de plaisir à leur quotidien ennuyeux et à leur vie de couple usée. Mais il payait, posait les billets sur la table de nuit sans un mot, sans négocier. Antoine faisait l'amour comme il boxait, en avançant, ne laissant jamais l'adversaire reprendre son souffle. Pour Alicia, il était son rayon de soleil de la journée, un moment de fureur envoûtante et de jouissance sans fard. Parfois, elle se mordait les lèvres pour ne pas crier, tellement le plaisir était intense. Avec les autres, elle devait simuler en poussant de petits cris ridicules pour qu'ils abrègent la corvée. Pendant qu'elle filait au cabinet de toilette, Antoine débouchait le champagne et l'attendait assis, adossé bien droit contre la tête de lit patinée à la longue par la sueur acide d'hommes vidés et hors d'haleine. Elle aimait son ventre musclé et luisant après l'amour : on aurait dit une sculpture grecque. Ils buvaient en silence. Il tirait sur sa cigarette, Alicia se blottissait contre son buste, tel un petit oiseau apeuré. Alors, ils parlaient de tout, de leurs journées, des petites histoires du quartier, de Botey et de ses petites magouilles, surtout d'elle. Elle racontait tout, pour prouver à son Antoine qu'il n'était pas un client comme les autres, elle déballait tous les secrets de toutes les bedaines adipeuses qui défilaient dans la chambre, véritable confessionnal peu ragoûtant. Elle n'avait besoin de rien faire, juste de les écouter fanfaronner – surtout fanfaronner, pour reprendre un semblant d'ascendant sur la pute qui venait de les faire jouir avec désinvolture en moins de cinq minutes.

Il n'y avait rien de plus volubile qu'un homme qui venait de jouir. Parfois, avec le champagne, ils grignotaient des makrouts et des cornes de gazelle, cela rappelait à Antoine le Maroc, sa petite madeleine à la peau mate. Elle savait juste de lui qu'il avait été policier du côté de Rabat, qu'on l'avait chassé de son pays natal, le jour de l'Indépendance, un baluchon et une petite valise comme seul bagage. Alicia aurait tellement aimé qu'il lui parle de lui, de sa vie avant Pigalle, mais il restait muet ou si évasif qu'elle n'avait d'autre choix que de supposer et de basculer dans le fantasme. Un jour, elle imagina qu'Antoine avait abandonné femme et enfants et s'était enfui pour vivre sa vie d'aventurier, un autre qu'il était un fugitif recherché pour crime. Elle en frissonnait, car elle sentait bien que, derrière ses airs calmes, c'était une grenade dégoupillée. Comment lui dire qu'elle l'aimait sans prendre le risque de le faire fuir ? Son amitié avec Jo Attia restait pour elle un mystère : comment les deux hommes s'étaient-ils rencontrés ? Pourquoi se respectaient-ils autant ? Et puis, une idée en chassant une autre, Alicia se concentra sur le seul instant présent, histoire de le savourer pleinement et de ne pas effrayer cet animal sauvage et avoir le privilège de continuer à l'admirer et à le caresser.

Ce jour-là, comme elle le faisait avec ses autres clients, elle posa une question naïve, sur un ton tellement badin qu'en général les hommes n'y voyaient que du feu. Trempant ses lèvres dans la coupe remplie à ras bord, elle osa lui demander, comme si de rien n'était :

« Mais, mon Antoine, pourquoi tu n'es pas resté policier ? À la décolonisation du Maroc, tu aurais dû être accueilli à bras ouverts par la maréchaussée, un si beau garçon ? »

Une question, une seule, qui aurait pu bouleverser sa vie et le cours de l'histoire – pas l'histoire officielle, pas celle qui était imprimée dans les livres d'école, mais l'autre, la secrète, l'inavouable, la honteuse, la salissante. Et s'il lui avait répondu, en disant la vérité, il lui aurait dévoilé le secret de sa vie. Alors, forcément, il lui aurait parlé de la Main rouge, qui occupa cinq ans de son existence, nuit et jour, pour laquelle il prit des risques insensés et qui fit de lui un paria, un incasable. Au fond, il n'aurait pas trop su par où commencer, par le début ou la fin. Mais y avait-il vraiment une fin à son histoire ?

Antoine n'était plus policier depuis 1965, ça, Alicia le savait. L'État français l'avait exclu de ses effectifs sur un faux prétexte : une caricature du général de Gaulle publiée dans un journal pied-noir. Et pourtant, Dieu sait qu'Antoine avait donné à la France. Mais « Marianne est aveugle », s'était dit Antoine en quittant le fonctionnaire chargé de récupérer son arme et sa plaque, un brave type pâle comme un lavabo planqué derrière son bureau, faisant juste son boulot.

Pendant que Botey distribuait ses liasses de billets aux membres de l'OAS, Antoine combattait, c'était sa spécialité. Il cognait depuis son tout jeune âge avec deux gants en cuir au bout des bras et parfois à mains nues, et, avec la Main rouge, l'adversaire ne finissait pas KO, il mourait. S'il avait été sûr de sa fiabilité, il aurait fait voyager Alicia du Maroc à la Tunisie et jusqu'à l'Allemagne, à la poursuite de trafiquants d'armes, d'avocats, de militants FLN ou indépendantistes. Il lui aurait décrit des scènes dignes d'un film d'espionnage. Des planques, des repérages, des sacs d'armes et d'explosifs à transporter d'un point à un autre, et au bout de l'histoire du sang et des morts, des familles en deuil et, pour Antoine, le sentiment du devoir accompli.

*

Un beau jour, au printemps 1952, Antoine avait été harponné par le SDECE, les services secrets français dirigés par des proches de De Gaulle. Des officiers de l'ombre qui bâtissaient une armée de pieds-noirs fanatiques, de policiers têtes brûlées, de voyous, tous dévoués à la même cause, tous embarqués dans la même odyssée : empêcher par tous les moyens l'indépendance du Maroc, de la Tunisie et de l'Algérie. Ce n'était pas le goût du sang qu'il avait sur les lèvres, mais celui de l'aventure, la grande, avec un but, un dessein et peut-être même un destin, tel un générique de fin à cette histoire tragique. Les hommes de la Main rouge avaient été répartis en trois sections, hyper-cloisonnées. Les méthodes du service Action étaient derrière chacun des gestes de ces soldats fantômes, tous spécialisés dans les filatures, les charges explosives, le maniement des armes. Ceux qui repéraient n'étaient pas ceux qui tuaient, ceux qui transportaient ne connaissaient pas ceux qui exécutaient. On détruisait à l'explosif, on empoisonnait, on allait même jusqu'à utiliser une sarbacane aux flèches imbibées de curare pour éliminer un ennemi trop bien protégé. La liste de leurs méfaits et de leurs crimes était longue comme l'annuaire téléphonique, une bombe capable de faire sauter la République. Quand la cible était fixée, lorsque Matignon avait la preuve que le trafiquant n'avait pas voulu tenir compte des lettres de menace, il ne restait plus qu'à passer à l'acte.

Antoine était dans les gros coups, comme ce 3 juin 1957 dans une rue commerçante de Hambourg, quand une grosse Mercedes partit en fumée. C'était l'affolement : sous la puissance de l'explosion, les vitrines des magasins recouvraient le bitume sous une pluie de milliers de petits cristaux tranchants… Ce jour-là, la Main rouge avait reçu l'ordre de se débarrasser d'Otto Schlüter, un trafiquant d'armes allemand, fournisseur du FLN. Il était membre d'un vaste réseau supervisé par Georg Puchert, le fournisseur attitré du FLN. Ses navires remplis de pistolets-mitrailleurs, de grenades et de plastique sillonnaient la Méditerranée. Seulement, au volant de cette voiture, ce n'était pas Otto mais sa fille Ingeborg. Elle échappa à la mort. Assise à l'arrière, juste au-dessus de la bombe, sa mère avait eu moins de chance. Elle avait été déchiquetée et mourut sur le coup. Une bavure qui suscita un tollé diplomatique de la part de l'Allemagne, qui ne crut pas à cette histoire de Main rouge. Antoine était déjà reparti, sans se soucier des dégâts collatéraux.

Paris expédiait parfois des gros bras venus de Pigalle, des durs à cuire. Avec eux, l'État déléguait les crimes et, pour bien brouiller les pistes, le SDECE montait des campagnes de désinformation. Quelques journalistes et écrivains à sa solde rédigeaient des articles, donnaient des interviews dans des journaux grand public pour donner de la crédibilité à cette organisation criminelle, et les lecteurs n'y voyaient que du feu. Sur le terrain, les choses étaient parfois plus compliquées que les plans échafaudés boulevard Mortier. Au sein même de la Main rouge, on se disputait des cibles, on se faisait concurrence parce que les ordres n'étaient pas clairs. Et puis les nervis de l'organisation n'étaient pas des enfants de chœur, ils n'étaient pas toujours le doigt sur la couture du pantalon à attendre les ordres. On ne gérait pas des voyous comme des soldats du rang.

C'est dans ce contexte qu'Antoine avait fait la connaissance de Jo Attia. Ils se rencontrèrent sur un malentendu. Avec ses hommes de main, il était chargé de faire exploser un hôtel dans la banlieue de Tanger, haut lieu de la contrebande FLN, selon des sources fiables. Mais Antoine avait reçu du capitaine Fillette, son officier traitant, un ordre contraire. Sa mission était donc de démonter ce que les artificiers d'Attia venaient d'installer. Les deux boxeurs se retrouvaient face à face sur le ring de l'histoire. Attia le grand voyou, l'un des piliers avec Pierrot le Fou du gang des Tractions avant, dut jeter l'éponge – cela lui arrivait si rarement. L'hôtel ne partit pas en fumée. L'anecdote forgea leur amitié. Le soir, dans la kasbah devant un verre d'anisette, Attia lui offrit l'hospitalité et l'invita dans son bar le Gavroche.

« Si par malheur un jour l'histoire jouait contre toi, lui dit-il, tu seras toujours le bienvenu chez moi à Pigalle. »

C'est ainsi qu'un soir, le jeune Antoine découvrit ce quartier pour la première fois de sa vie, des étoiles plein les yeux et des désirs plein les poches. Des néons partout, de la musique, des notes de jazz, des femmes, de l'alcool, ça gueulait dans tous les sens. Son accent pied-noir faisait son petit effet. Le grand Jo l'accueillit comme un frère. Il avait des affaires partout, ici à Pigalle mais aussi en Afrique. Antoine devint le garde du corps d'un homme d'affaires véreux, spécialisé dans la construction de hangars. Il devint aussi son épaule droite, le suivit partout en France et à l'étranger. Il resta toujours un agent dormant du SDECE, un homme que les services pouvaient activer comme bon leur semblait – et ils ne s'en privaient pas. Paris était alors en proie à des vagues d'attentats menées par le FLN. La guerre d'Algérie posait ses valises d'explosifs dans la capitale. Les bombes s'exportaient en métropole. Les Parisiens n'osaient plus sortir, ils longeaient les murs et évitaient le plus possible le 18e arrondissement et son quartier de la Goutte-d'Or, la base arrière du FLN. Le pouvoir se durcissait. Les « bicots », comme on les appelait à Pigalle, n'étaient pas les bienvenus, et les filles qui bossaient pour eux non plus. Chacun chez soi.

*

« Tu penses à quoi, Antoine, ma question t'as laissé perplexe, on dirait ?

— Je te raconterai un jour, c'est une longue histoire, il nous faudrait la nuit et toi, la nuit, tu travailles…

— Je pourrais essayer de me libérer, tu sais, il suffit que tu me dises !

— Oui, je te promets que je vais essayer de m'arranger ! »

Antoine se leva d'un bond, faisant grincer le lit pour aller chercher ses cigarettes. Elle admira les muscles de son dos, ses fesses sculptées. Elle ne s'en lassait pas. Antoine sentit son regard et poussa sa chance.

« Tu m'as rien raconté des ragots du quartier ? Tu sais que j'adore tes histoires, en fermant les yeux je me croirais au cinéma ! »

Alicia ne se fit pas prier, flattée de l'intérêt que lui portait Antoine. Après tout, elle aurait pu devenir comédienne, elle n'aurait pas été la première cocotte à monter sur les planches.

Pute, c'était comme comédienne du XIXe siècle, elles faisaient toutes les deux semblant, l'une obligée de sentir les grosses mains velues de son client, l'autre l'haleine chargée de son producteur, mais cela revenait au même.

« Y a pas grand-chose ! Ah, si, le notaire m'a dit qu'il y avait un gros arrivage de cocaïne, ça doit être demain à Marseille, enfin, il n'était pas très sûr… Ça va remonter par la nationale dans la nuit. »

Antoine, torse nu, regarda par la fenêtre. Quatre étages plus bas, Botey donnait ses ordres à sa petite bande de nervis. Il y avait un tatoué qui s'agitait, bougeant les bras exagérément. Il y avait un plus jeune, ombrageux, il fumait sa clope en baissant les yeux quand il tirait dessus. Botey gigotait, tournoyait, tapait dans ses mains et se donnait des airs d'Al Capone de pacotille. Décidément, il n'aimait pas ce type. Alicia lui avait affirmé qu'il avait financé l'OAS Métro, des pieds-noirs parisiens qui avaient décidé de participer à la guerre. Chacune de leurs missions fut un fiasco, menée par une bande d'amateurs. Soit l'attentat avait été déjoué parce que quelqu'un avait eu la langue trop bien pendue, soit la bombe avait été mal posée et finissait par détruire la mauvaise cible, comme une nuit lorsque vola en éclats la vitrine d'une bijouterie du boulevard Raspail alors que les types voulaient détruire une librairie gauchiste jugée trop proche de la cause FLN. À peine le sac posé sur le rebord de la façade de la librairie, un jeune gardien de nuit de l'hôtel mitoyen s'empressait de balancer le colis piégé de l'autre côté du boulevard, sans trop savoir où. Le lendemain, la presse se demandait pourquoi une bijouterie avait été prise pour cible par les militants de l'Algérie française…

Antoine n'avait jamais fait copain-copain avec les hommes de l'OAS. Lui, ses ordres, il les prenait tout en haut, et souvent ce que voulait l'État ne collait pas avec la folie destructrice des militants de l'Algérie française.

Allongée sur le lit, Alicia déballait tout ce qu'elle avait sur le cœur. Cela lui faisait un bien fou de pouvoir se confier à quelqu'un. Elle croyait savoir que Botey était en train d'investir dans des établissements légaux pour blanchir son argent. Son couple battait de l'aile. Carmen aurait retrouvé quelqu'un.

« La grosse Carmen ne le supporte plus, il a la folie des grandeurs. Ce fumier aurait une régulière, il se cache à peine ! Je crois qu'il se tape une dénommée Véronique… Une grande tige qui lui met deux têtes, c'est fou la passion des hommes petits pour des femmes plus grandes qu'eux, comme si leur tenir le bras les faisait grandir. »

Botey devait chercher une brasserie dans le 9ᵉ arrondissement ou ailleurs, rajouta-t-elle, avec quelques hésitations dans la voix. Antoine écoutait d'une oreille.

Pour les Corses, elle était plus affirmative. Ils se lançaient dans les machines à sous, et cela devait faire du grabuge. Elle avait sa petite idée sur la question. Les filles rapportaient de moins en moins, alors que les sommes dégagées par la cocaïne étaient tellement considérables qu'il fallait les recycler dans le circuit légal ou les expatrier en Suisse, et tout cela coûtait cher. La blanche était partout à Pigalle, sans compter les tapins qui tombaient dans l'héro et devenaient des loques humaines, ne sachant plus si elles se prostituaient pour se défoncer ou si elles se droguaient pour oublier leur vie misérable. Plus elle buvait, plus elle parlait. Alicia égrenait des anecdotes sans trop se rendre compte de l'importance de ces révélations.

Antoine, lui, le savait ; il triait, il sélectionnait. Ce que ne savait pas Alicia, elle ne le saurait d'ailleurs jamais, c'est qu'Antoine était un espion de Pigalle, une abeille butinant des informations au gré de ses pérégrinations et qui, chaque semaine, les déposait dans la grande ruche du service Action qui en faisait son miel. Le SDECE n'agissait officiellement qu'à l'extérieur du territoire, les missions de contre-espionnage étaient gérées par la DST, mais les services secrets étaient comme des écureuils, ils aimaient emmagasiner des informations plus ou moins sensibles pour en faire des notes confidentielles classifiées, qui ne sortiraient jamais des tiroirs des coffres et des officiers. De temps en temps, ces notes pouvaient servir de monnaie d'échange, quand il fallait dealer une information avec la police criminelle ou la PJ. Grâce à Antoine, ils avaient toujours un coup d'avance, et cela ne leur coûtait presque rien – quelques enveloppes garnies glissées dans un journal plié sur la table d'un café, et le tour était joué le plus simplement du monde. Parce qu'il fallait non seulement surveiller les hommes du SAC – une milice plus ou moins officielle au service de De Gaulle –, mais aussi tenir à l'œil les communistes, les espions de Moscou, tous les petits télégraphistes qui rêvaient de renverser le régime.

*

Botey, en bas de la rue, continuait son petit manège, se faisant croire qu'il tenait toujours le haut du pavé, alors que, depuis l'attentat à la bombe, tout le monde le savait affaibli.

Le Tatoué était appuyé contre un réverbère. De la fenêtre, on aurait dit que « Monsieur Éric » préparait le débarquement de Normandie. Général d'opérette. Ses hommes l'écoutaient d'une oreille. Antoine n'entendait pas les dialogues, mais les imaginait. Le plus jeune devait être le Gitan. Il demandait ce qu'il devait faire. L'attentat à la bombe ne devait pas rester impuni. Botey lui demanda de se calmer. Le Tatoué opinait, de son œil noir. Il savait que le coup était parti des Corses, mais ignorait de quelle bande exactement. Il osa émettre l'idée que l'ancien mari de Carmen aurait pu être le commanditaire. Botey s'approcha de lui. S'il avait été assez grand, il lui aurait collé son nez sur le visage pour lui demander de ravaler ses paroles infamantes – même si, au fond, il savait qu'il n'avait pas tort. « Putains de Corses ! » éructèrent-ils.

« Y a de la place pour tout le monde à Pigalle, bordel, je paie des mecs des lingots pour me protéger et je me prends une bombe dans la tronche !

— Et si c'étaient les Arabes, vous y avez pensé ? Toujours à chercher des noises aux Corses. »

La petite bande n'avait rien trouvé à dire. Antoine observa le manège. Botey avait peur, ça se voyait dans ses gestes, dans la manière dont il remettait les pans de son manteau avec agacement, comme si la fourrure lui servait de blindage. Botey portait un 7.65 sur son flanc, coincé dans un holster en cuir foncé.

Les Corses, Antoine les connaissait bien. Ils tenaient encore Pigalle et ne laissaient pas de place à la concurrence. Des voyous au pied marin, auxquels rien de ce qui était illégal n'était étranger. Ils trafiquaient les femmes, les cigarettes, les armes, la drogue – tout ce qui pouvait rapporter beaucoup d'argent et rapidement. Ils blanchissaient dans leurs salles de jeux, montaient des tripots enfumés où l'argent sale passait de mains crasseuses à des mains propres et manucurées, celles des banquiers.

Un jour de l'été 1956, au large de Tanger, Antoine et deux fonctionnaires du service Action devaient arraisonner un bateau rempli de munitions. Le cargo transportait officiellement des agrumes. Les cales vides, il avait quitté Marseille quelques jours auparavant, faisant une courte escale à Tripoli, indiquait le journal de bord, pour charger sa marchandise. En toute discrétion. Antoine et ses hommes jetèrent par-dessus bord toutes les caisses. L'armateur était marseillais. Antoine découvrit qu'il s'appelait Jo Renucci, une vieille connaissance. Renucci était, disait-on, le bras droit du mafieux américain Lucky Luciano. Le parrain marseillais était en effet officiellement exportateur d'agrumes. Mais il avait fait fortune dans le trafic de cigarettes, entre autres. La guerre d'Algérie avait ouvert un marché juteux, celui des armes à fournir aux combattants du FLN. Malgré le danger, il y avait beaucoup de fric à se faire.

Au fond, la pègre n'avait pas d'âme, elle prospérait sur les crises, se nourrissait grâce aux guerres, en s'accrochant au pouvoir en place, comme une bactérie engraissant sur la vermine. Renucci fut au début de la guerre un collabo, puis bascula dans la Résistance alors qu'il roulait pour les Allemands. Il aida les Alliés, réalisa même des actes de bravoure et devint tout naturellement gaulliste après la guerre. Renucci, Attia : des voyous aussi attachants que versatiles. Ils étaient la face sombre et sanguinaire des grands idéaux. Jo fut un membre de la Carlingue, chargée par la Gestapo de régler leur compte aux résistants. Si Botey avait été aux affaires à cette époque, il aurait mangé le même pain.

Alicia s'était collée à Antoine, se plaignant d'avoir froid, de ne pas avoir été réchauffée. Antoine lui avait pris les deux mains, qui étaient plaquées sur ses pectoraux, pour lui faire comprendre qu'il n'y aurait pas de deuxième round. Déçue, elle frotta alors son bas-ventre sur les fesses d'Antoine, sans provoquer chez lui la moindre réaction. Stoïque, il pensait à Botey, embarqué dans une histoire trop grande pour lui. Tant que les Corses croyaient que Monsieur Éric était une balance, Antoine et le capitaine Fillette avaient encore de belles années devant eux.

7

À Pigalle, l'amitié était un concept volatil. Tout le monde était ami avec tout le monde, mais tout le monde se surveillait, s'épiait, se tirait dessus – c'était l'amour vache, l'amour à marche ou crève. Botey avait toutes sortes d'amis, des chefs cuisiniers, de faux hommes d'affaires, de vrais voyous, des experts-comptables, des politiques comme ce député de Paris qui avait le bras long, notamment à la préfecture de police. Édouard Frédéric-Dupont était un drôle d'oiseau qui aimait picorer dans ce monde interlope. Cet avocat de bonne famille était à l'extrême droite avant la guerre. Donc collabo pendant. À la Libération, il avait dû son salut à une famille juive qu'il avait défendue et qui ne l'avait pas oublié.

Petit monde de la nuit et de la guerre, Pigalle était aussi le temple de la virilité, avec ces hommes attablés devant un scotch qui refaisaient le monde, une femme assise sur les genoux. Il y avait évidemment des établissements spécialisés pour les invertis, le nom que les policiers donnaient aux homosexuels. Botey n'acceptait aucune fille venue de Chez Moune, le cabaret lesbien et travesti à l'angle des rues Pigalle et Victor-Massé. À chaque « embauche », les candidates avaient le droit à la même question : « Tu t'es déjà déguisée en homme ? Fais gaffe, je peux vérifier. » Si elle répondait oui, pas forcément parce qu'elle était homosexuelle mais parce que c'était à la mode, Botey lui montrait la porte, et la fille la prenait sans demander son reste.

Parmi les avocats qui grenouillaient à Pigalle, il y avait un ténor, coiffé en brosse, à la voix de stentor, d'un autre calibre que Dupont. Il s'appelait Jean-Louis Tixier-Vignancour, défenseur en 1950 de Louis-Ferdinand Céline. Dans de retentissants procès contre l'OAS, il tenta de sauver les généraux putschistes et tous ceux qui, à l'aide de bombes, eurent un jour la tentation de tuer le général de Gaulle. Il faisait aussi une bonne partie de son chiffre d'affaires grâce aux tenanciers et proxénètes de Pigalle. Il remplissait ses caisses en défendant l'indéfendable et, en parallèle, faisait de la politique à la tête de son parti créé en 1954, le Rassemblement national français. Un an auparavant, il s'était fait un nom, plutôt des initiales, « JLTV », en se présentant à l'élection présidentielle de 1965. Le premier candidat d'extrême droite à affronter de Gaulle, le traître aux yeux des pieds-noirs d'Algérie. Il s'était lancé dans une tournée des plages avec pin's, tracts et caravanes publicitaires. Dans son sillage, il y avait toujours un garçon bien bâti à la démarche de para, cheveux blonds taillés court avec une houppette sur le dessus, des petits yeux malicieux, une mâchoire de bulldog et un culot à toute épreuve. Jean-Marie Le Pen avait reçu le titre ronflant de directeur de campagne et secrétaire général du comité TV, et son ami Pierre Durand s'occupait de la communication et de la propagande.

Jean-Marie Le Pen n'était pas vraiment un inconnu en politique. Huit ans auparavant, il avait créé son mouvement, le Front national des combattants, avec Jean-Maurice Demarquet, un ancien de la 1re division française libre, parachutiste volontaire en Indochine – un homme, un médecin, qui l'accompagnerait longtemps dans son ascension sociale.

Bien que marié à Pierrette depuis 1962 et père de deux petites filles, Marie-Caroline et Yann, Le Pen avait conservé ses habitudes de célibataire. Quand il s'était assis la première fois dans les fauteuils capitonnés du Sulky, l'un des établissements de Botey, il était fauché, et sa carrière politique était au point mort. Entre Tixier-Vignancour et lui, le torchon brûlait. Jean-Marie Le Pen lui reprochait son piètre score à la présidentielle. Il s'en voulait de ne pas y être allé lui-même. Il n'aurait jamais dû laisser ce mollasson défendre ses idées, celles de la France et de sa grandeur. En 1962, il avait perdu son mandat de député poujadiste. Il vivait avec sa famille, modestement, dans l'Ouest parisien. Pierrette faisait bouillir la marmite grâce aux loyers de petits appartements du 8e arrondissement issus d'un héritage.

Pigalle était sa bouffée d'oxygène, son moment de détente, qui durait souvent toute la nuit. Il aimait aussi traîner à Montparnasse, où il n'avait pas que des amis. Quelques semaines plus tôt, il avait estourbi un type qui avait osé critiquer la Corpo de droit. Deux coups de poing, et le garçon tombait raide comme un bout de bois. Un instant, on le pensa mort. Le Pen et ses amis prirent leurs jambes à leur cou. Arrivé chez lui, il trouva les valises prêtes et sa jeune épouse affolée, pensant à cet instant que le mari et père venait de tuer un homme. Le lendemain, ils apprenaient qu'il était sorti d'affaire.

Alors, quand il retrouvait ses copains de soirée, il revivait ses guerres, la Seconde, la campagne d'Égypte, l'Indochine et l'Algérie, un sujet ô combien brûlant en cette période. Le Pen traversait le désert et Pigalle était son oasis. En 1963, il se lança dans les affaires, la martingale, croyait-il, pour faire gonfler son maigrichon compte en banque. C'est ainsi que naquit la SERP : chants militaires du IIIe Reich, discours de Mussolini, de Pétain, de Laval, plaidoiries de Tixier-Vignancour. Le Pen vivotait, avec ses disques de propagande. Autour de lui, quelques amis au parcours sulfureux, dont Léon Gauthier, à l'origine de la création de la SERP, un ancien propagandiste vichyssois et combattant dans la Waffen SS ; et Pierre Durand, l'inséparable ami de la fac de droit, son associé au bureau. Comme un frère à Pigalle. Quand il était question de faire la fête, c'était table ouverte dans les établissements d'Éric. Jamais il ne serait venu à l'idée de Le Pen de l'appeler Henri.

Le Pen était entouré d'amis qui avaient de l'argent, Botey ne savait plus quoi faire du sien. Il possédait huit hôtels et cabarets, le Frochot, le Maja, le Chunga, le Curling, le Yellow Dog, le Nord-Sud, le Babylone, La Bohème – autant de noms exotiques qui cachaient des bars montants et des hôtels de passe. Le Pen les connaissait tous, il y avait ses habitudes. Tout le monde l'appelait Jean-Marie, tout le monde savait qu'il ne fallait pas le chatouiller lorsque l'alcool lui montait à la tête. Il avait le coup de poing facile.

*

Le Pen était déjà installé avec une bande de copains. Botey, lui, n'était pas encore arrivé. Il aimait se faire désirer. Soudain, une grosse décapotable se gara juste devant la vitrine, la place réservée au patron. Botey était minuscule dans ce paquebot, accroché au volant comme un gosse qui aurait volé les clefs de la voiture de son père et essaierait de la faire rouler sans réussir à toucher les pédales avec ses pieds. Il se leva ; apparut alors subrepticement la crosse d'un revolver coincé dans sa ceinture. Le Pen n'en croyait pas ses yeux. Il applaudit son ami qui trônait devant sa voiture, une américaine rouge à la capote blanche et aux jantes rutilantes.

« Incroyable, il a encore changé de bagnole… Mais comment fait-il ? »

Voilà le barbot qui entrait chez lui. Il était accueilli par des cris, porté par une clameur qui le remplissait de fierté. Pendant quelques secondes, il se prenait pour le roi de Pigalle, et cela suffisait à son bonheur.

« Tu veux faire un tour ? C'est une Ford, une Fairlane Skyliner de 1959, je l'ai fait venir directement des États-Unis.

— Je veux bien, j'ai toujours voulu me prendre pour un Américain ! »

Botey lui lança les clefs, qu'il attrapa au vol. Il mit le contact, tâta les fauteuils en cuir souple, tourna les boutons du poste de radio-cassette.

« Appuie sur ce bouton », lui intima Botey.

Le Pen s'exécuta. Aussitôt, le toit de la voiture se détacha lentement, tel un tapis volant, alors que simultanément le coffre arrière ouvrait grand la bouche pour recevoir le toit qui en moins de deux minutes disparut intégralement.

Le Pen souriait à pleines dents. La voiture dévala au pas la rue Duperré, le vent frais caressant le sommet du crâne des deux hommes. On aurait dit deux gamins le matin de Noël, devant leur garage en bois flambant neuf et leurs voitures miniatures. Le Pen aimait bien ce type. Il était de son côté, pensait comme lui quand il était question de la France. Ce n'était pas un intellectuel, mais il appréciait son bon sens, cette manière à lui de parler des choses, simplement, et il aimait bien sa générosité, toujours la main au portefeuille. Lors de leur première rencontre, Botey s'était présenté comme un restaurateur devenu homme d'affaires. Ils se parlaient entre hommes des sujets que l'on ne pouvait pas aborder avec des femmes accrochées à votre bras. Chez Botey, les femmes étaient comme des bouteilles de whisky : ses amis n'avaient qu'à se servir. À cette époque, Botey vivait encore en concubinage avec Carmen, même si tout le monde croyait qu'ils étaient mariés. Le Pen, lui, était marié et avait déjà deux gamines dont il fallait s'occuper. C'était le boulot de Pierrette. Lui qui rêvait d'un destin d'homme politique de premier plan.

« Ça marche bien tes affaires ? hurla Le Pen, le coude posé sur la portière.

— Ouais, c'est du boulot, mais on est récompensé. La concurrence est rude, les Corses sont là, les pieds-noirs commencent à bien travailler, Faubourg-Montmartre, y a le clan Zemour qui fait parler de lui, il a peur de rien.

— Et avec ta Carmen, ça roule ? »

Botey jeta un œil dans le rétro machinalement et laissa passer quelques secondes avant de répondre.

« Tu sais, elle va avoir soixante ans, c'est plus une première main ! Quand je l'ai rencontrée, j'avais à peine trente ans et elle presque cinquante ! »

Les voilà partis dans un fou rire vulgaire.

« Mais elle a divorcé ? Tu m'en as jamais parlé ?

— En 1964, en septembre, elle a lâché son vieux millionnaire !

— Mais pourquoi tu t'es amouraché de cette bonne femme ?

— Amouraché, amouraché, t'emballe pas ! Ici, à Pigalle, elle avait de l'abattage et puis un gros réseau ! Je pars de rien, boulanger, tu sais ; moi, je suis un petit cuistot du Doubs. »

Il marqua une pause, cherchant la phrase juste, la moins humiliante pour elle.

« Elle m'a beaucoup appris, mais, depuis quelque temps, c'est vrai, j'ai un peu la tête ailleurs.

— Arrête, Éric, t'es un homme à femmes, tu en changes aussi souvent que de voiture. Me fais pas rire avec tes histoires sentimentales… »

Botey changea de sujet. Il ne pouvait pas encore lui avouer que Véronique lui avait tapé dans l'œil, vraiment. Des femmes, il en avait autant qu'il voulait. C'était sa revanche sur la vie. Lorsqu'il les prenait, il oubliait qui il était. Il devenait un autre homme, celui qu'il avait toujours rêvé d'être et qu'il ne serait jamais. La voiture traversa au pas la place de la Trinité, où trônait cette monumentale église flanquée de ses deux tours rectangulaires posées en majesté, telle que l'avait voulue la famille Wendel, maître de forges. Le Pen était heureux dans cette voiture. Il se sentait libre, insaisissable, comme lorsqu'il tenait la barre d'un bateau. Botey plastronnait. Ils remontaient la rue de Clichy pour rejoindre Pigalle. Le moteur ronronnait, les passants se retournaient sur leur passage, comme s'ils croisaient le carrosse du roi. Les deux hommes tournaient le regard dans le même sens, dans un même mouvement.

L'année précédente, Le Pen rencontrait pour la première fois Éric dans cette rue, devant un panneau électoral alors qu'il collait des affiches pour le candidat Tixier. Les deux hommes se trouvèrent immédiatement : mêmes idéaux, même combat pour sauver l'Algérie, même détestation des fonctionnaires et des impôts, même si les deux compères n'en payaient pas beaucoup. L'un parce qu'il était fauché, l'autre parce qu'il ne vivait que d'argent liquide. Ils étaient du même monde, le petit peuple de province. Le Pen était un ambitieux, Botey un affairiste. Le couple ne pouvait que fonctionner.

« J'en ai filé, des liasses, à Tixier, des sommes folles, jamais un merci, pas un dîner pour me remercier.

— Pour ce résultat ! C'est minable. Quel gâchis… J'espère que tu ne regrettes pas.

— Moi, regretter ! Jamais. Il était Algérie française, et son programme me convenait. Il n'a pas su convaincre ! C'est un bon avocat, mais un piètre candidat.

— Tu sais qu'il m'a viré de son parti ?

— Ah bon ? Première nouvelle… Pourquoi ?

— Tu vas sûrement le lire dans la presse qui défend nos idées ! À la SERP, on a décidé d'éditer des chants allemands et on a fait une publicité pour un disque sur Philippe Henriot dans sa feuille de chou TV. Tixier a poussé des hurlements, soi-disant qu'il n'était pas au courant.

— Quel enfoiré ! s'exclama Éric.

— Tixier, c'est fini, et si ça continue, je vais arrêter la politique, je vais me lancer dans les affaires… Et si je faisais de la SERP une grande maison d'édition ? »

Ils se mirent ensuite à parler argent. Avec le sexe, il était le poumon de leur vie, surtout à Pigalle. Éric savait que son ami ne roulait pas sur l'or. Il ne lui parla pas du Corot qu'il venait d'acheter discrètement dans une galerie de la rue Drouot sans en dire un mot à Carmen. Il lui expliqua simplement que, s'il avait besoin, il ne fallait pas qu'il se gêne avec lui. Tout juste s'il osait lui parler de son compte en Suisse.

« Et si on s'amusait un peu ?

— Cette petite virée m'a donné soif ! »

Pendant que Botey parlait, Le Pen tournait le volant grand comme un cerceau pour garer son engin devant son bar. Derrière la vitrine, leurs copains les attendaient, un verre de whisky à la main.

« Oui, mais tu retires ta chevalière, Jean-Marie ! » s'amusa Botey en appuyant sur le gros bouton pour refermer la capote.

Le Pen lui montra sa main gauche. À son majeur, il portait une grosse chevalière en or, une arme blanche qui avait amoché un étudiant en droit quelques mois auparavant. Pour ces coups et blessures, Le Pen avait été condamné à trois ans de prison avec sursis et vingt mille francs de dommages et intérêts déboursés sur les économies de sa femme Pierrette.

Ce soir-là, Le Pen avait décidé qu'il ne rentrerait pas. Ce qu'il aimait, lui, c'était le grand large, partir à la conquête de nouveaux espaces, de nouvelles étreintes éphémères, vivre comme bon lui semblait au milieu de ses compagnons de lutte, dans une ambiance de corps de garde. Au fond, Pigalle lui allait comme un gant, on y venait pour le plaisir, on y entrait pour se faire peur, pour braver les interdits, pour y rencontrer des hommes infréquentables de jour, des flics officiels, des gaullistes, des voyous, des barbouzes, des membres de l'OAS.

Lorsque Éric et Jean-Marie rejoignirent la table, La bande de copains s'écharpait sur une histoire de carte du SAC qu'aurait exhibée Christian David, dit « le Beau Serge », au moment où il allait tuer un commissaire de police. Cela faisait la une des journaux. La musique les obligeait à parler fort. D'un geste au gérant – officiellement patron de l'établissement, officieusement son homme de paille –, Botey lui demanda de baisser le son. Pierre Durand avait lu dans *L'Intransigeant* que Christian David n'avait pas brandi la carte du SAC, mais juste une carte tricolore. Un ami de Botey affirmait au contraire que le Beau Serge était un séide de la police parallèle de De Gaulle. On s'enflammait autour de ce qui pouvait paraître un détail et n'en était pas un : ce Christian David cristallisait à travers son acte les soubresauts de l'histoire. Si ce voyou avait bien présenté cette carte du SAC au commissaire, c'était la preuve que la République était grignotée de l'intérieur par une organisation parallèle. Car, derrière ce crime crapuleux, il était question de l'affaire Ben Barka, qui les passionnait. L'opposant au pouvoir marocain de Mohamed V et d'Hassan II était introuvable.

Dès 1963, il échappait à un accident de la circulation. Sa voiture avait été projetée dans un ravin, poussée volontairement par un véhicule de police. Le pouvoir marocain cherchait à éliminer celui qui plaidait pour une grande réforme agraire en faveur des petits paysans affamés. Ben Barka était tiers-mondiste et révolutionnaire, et de Gaulle détestait ces deux mots. Les journaux « feuilletonnaient » sur cet enlèvement au mode opératoire pour le moins étrange. Le 29 octobre 1965, à la demande de deux policiers de la Mondaine membres du groupe stupéfiants, Souchon et Voitot, Ben Barka montait sans résistance dans leur voiture banalisée devant la brasserie Lipp, boulevard Saint-Germain. La suite restait un mystère. Il se murmura qu'il avait été exécuté dans une villa de Fontenay-le-Vicomte. On ne retrouva jamais son corps. La police enquêta. Les journaux noircirent leurs pages, avancèrent l'hypothèse que le SDECE aurait été mêlé à cet enlèvement. Parmi les exécuteurs des basses œuvres, on trouvait Georges Figon, ancien voyou, devenu éditeur et coqueluche de Saint-Germain avec son accent titi parisien et son argot appris en prison. Il était très introduit dans les milieux de gauche, mais aussi proche du SDECE. Dans la villa, il y avait également Antoine Lopez, dans le civil chef d'escale à Orly, et honorable correspondant des services secrets français. On y rencontrait encore un agent des services secrets marocains, deux policiers de la Mondaine, un policier des RG et enfin deux voyous notoires, Le Ny et Boucheseiche, qui possédaient une maison à Fontenay-le-Vicomte.

Georges Boucheseiche était un grand voyou de Pigalle. Pendant la guerre, il avait été membre de la Carlingue, participant avec la Gestapo à l'arrestation, à la torture et à l'exécution de résistants dans les locaux de la rue Lauriston. À la Libération, il avait été un pilier avec Jo Attia du gang des Tractions avant. Puis il s'était recyclé dans la lutte contre le

FLN, petit soldat du SDECE, comme Antoine et beaucoup d'autres, capable de faire des choses que les fonctionnaires des services secrets ne pouvaient se permettre. Tous les ingrédients d'un scandale d'État étaient réunis.

Le 10 janvier 1966, l'affaire explosa au grand jour. *L'Express* titra « J'ai vu tuer Ben Barka ». Le portrait du leader marocain occupait toute la couverture de l'hebdomadaire. Deux jeunes journalistes, Jacques Derogy et Jean-François Kahn, avaient retrouvé Georges Figon. Il avait tout vu. Il se trouvait dans la villa lorsque Le Ny et Boucheseiche, dit Jo, l'avaient tabassé. Georges Figon affirmera avoir vu Oufkir, le ministre de l'Intérieur et patron des services marocains, se saisir d'un poignard pour l'achever. Enfin, il était là quand on avait transporté le corps de Ben Barka entre la vie et la mort dans la maison de Lopez, à Ommoy. L'homme raconta tout, dans les moindres détails. Il rapporta cette terrible phrase prémonitoire, prononcée par Oufkir, qui se plaignait d'un trop grand nombre de témoins sur les lieux :

« Il aurait fallu aussi embarquer l'historien. C'est une erreur de l'avoir laissé. Mais ce serait une erreur encore plus grande de ne pas savoir garder le silence. Je sais qu'il y en a parmi vous qui ont la parole facile. Il y en a même qui écrivent », dit-il en se tournant vers Figon, directement visé par la menace.

Des révélations qui lui furent fatales. Le 17 janvier, encerclé par la police, parce qu'il était non seulement témoin, mais aussi considéré comme complice de l'enlèvement, il se suicida. Mais Georges Figon s'était-il vraiment suicidé ou l'avait-on exécuté, maquillant le meurtre en suicide pour faire taire ce drôle de personnage gênant et trop bavard ?

Tout Pigalle était en émoi. La police recherchait activement Le Ny et Boucheseiche. Deux cibles faciles bien connues des services de police. Pendant que l'État essayait d'étouffer l'affaire, la police enquêtait et organisait des descentes à Pigalle. Ce 2 février 1966, au petit matin, le commissaire avait reçu un appel anonyme. L'interlocuteur croyait savoir qu'un dénommé Serge, un grand voyou mêlé à une grosse affaire, était au Saint-Clair Club, rue d'Armaillé, dans le 17e arrondissement, à deux pas de l'appartement où se serait suicidé Figon.

L'occasion était trop belle. Le commissaire Galibert, chef du groupe de répression du banditisme de la première brigade mobile, accompagné de deux autres policiers, fit une descente dans ce bar de nuit. Pas de Le Ny, mais une vieille connaissance. Christian David, le Beau Serge, d'où la confusion. David était un trafiquant de drogue, proxénète, déjà condamné six fois. Un voyou dangereux qui n'avait peur de rien. Le commissaire lui demanda de les suivre. Il obtempéra – enfin, en apparence. Le voyou partit récupérer son manteau au vestiaire. À cet instant, avait-il brandi une carte du SAC, petit rectangle de carton épais barré d'un drapeau tricolore, un sésame qui ouvrait toutes les portes ? Cette carte lui évitait-elle d'être fouillé ? Au moment de monter dans l'une des voitures garées au 18 de la rue, il fit feu avec son 7.65. Il blessa deux policiers et tua le commissaire. Du jour de cet assassinat et jusqu'au moment du procès qui jugerait les membres du commando de l'affaire Ben Barka, la police allait mener une guerre sans merci contre les bars louches, les cabarets, les hôtels de passe pour tenter de localiser Boucheseiche, Le Ny et David.

Botey faisait partie des victimes collatérales de cette affaire. Il était furieux parce qu'il devait régulièrement fermer ses établissements. Autour de la table, Le Pen et ses amis s'en donnaient à cœur joie. Si Christian David avait été vraiment un membre du SAC, les gaullistes étaient prêts à tout pour conserver le pouvoir. En pleine guerre d'Algérie, les hommes du SAC avaient d'abord été des gardes du corps, dévoués au Général, seuls capables de sauter sur une grenade pour sauver le Président. Et puis cette organisation était doucement devenue une police secrète, parallèle, qui infiltrait la police, l'administration, les préfectures, menant des missions de renseignement et des actions violentes au service de De Gaulle. Une petite armée secrète qui recyclait des voyous, des barbouzes, des sortes d'étais dissimulés dans les murs fissurés de la République gaullienne, qui maintenaient tant bien que mal l'édifice. Cette petite carte du SAC, donnée à n'importe qui, avait provoqué un tremblement de terre à Pigalle.

« L'autre soir, il y avait cinq cents poulets dans le quartier, impossible de travailler, s'agaça Botey en réclamant un nouveau scotch au barman, aux petits soins pour lui.

— Tu as compris le message, la police vous dit : “Tant que nous n'aurons pas remis la main sur Boucheseiche, Le Ny et David pour les mettre sous les verrous, on vous fera la guerre !” Vieille technique…

— Depuis l'Algérie, on n'a jamais vu ça ! Ils se sont mis à contrôler les consommateurs, des michés, des pauvres types qui venaient boire un coup et se rincer l'œil ! Ils n'ont qu'à aller du côté du Gavroche, Jo Attia doit bien savoir où ils sont, il est cul et chemise avec eux… Tu sais qu'ils ont embarqué trois cents filles qui ont fini la nuit à l'hôpital Beaujon et quatre-vingt-dix bonshommes qui étaient juste là pour tirer leur coup ? »

Le Pen était resté silencieux.

« Tu sais qui tire les ficelles, là-haut, c'est Foccart et Lemarchand, la barbouze du Général, comme je l'appelle. Et devine qui était l'avocat de Figon, celui qui vient de se faire buter ? Lemarchand, un des hommes clefs de De Gaulle ! Tu vois, la boucle est bouclée… Le pouvoir est vérolé, et pendant ce temps les anciens de l'OAS n'ont toujours pas été graciés…

— Maintenant, il faut espérer que la police les attrapera. Éric n'arrive plus à bosser ! s'exclama Pierre Durand.

— Mais tu rigoles, la police ne va attraper personne ! Elle gesticule, elle fait du bruit justement pour les faire fuir, et les journalistes sont à la dictée… Je te mets mon billet, Pierre, qu'ils vont quitter la France. Les autorités vont fermer les yeux, et un jour on les retrouvera morts, parce que Le Ny et Boucheseiche en savent trop, beaucoup trop. »

Botey n'en perdit pas une miette. Il était impressionné par les fulgurances de son ami Jean-Marie. Il n'était pas seulement capable de vous filer un bourre-pif quand vous n'étiez pas d'accord avec lui, il était aussi un fin politique. Cette histoire du SAC et des voyous à sa solde lui fit penser au Gitan. Son homme de main fréquentait des hommes du SAC, il ne s'en cachait pas, d'ailleurs. À cet instant, il se demandait s'il n'en faisait pas tout simplement partie. Et si le Gitan était un indicateur du pouvoir gaulliste, une petite main, l'oreille collée à sa porte, notant tout, ses faits et gestes, ses magouilles. Plus dangereux que n'importe quel flic des RG.

Botey connaissait tellement bien le système, c'était ainsi qu'il prospérait depuis des années.

Et si l'explosion qui l'avait blessé était un coup du Gitan ? Pendant que les autres continuaient à bavarder, il prit la décision de le faire surveiller pour en avoir le cœur net. Il claqua des doigts, et une bouteille de champagne arriva sur la table. Un groupe de jazz venait de prendre place sur une toute petite scène rectangulaire – une batterie, une contrebasse et un saxophoniste, un grand Noir longiligne flottant dans son pantalon sombre. La nuit ne faisait que commencer.

8

Botey naviguait à vue, il portait une petite moustache taillée fin, très à la mode à l'époque. Entre les descentes de police, les menaces permanentes, les coups bas du quartier, les filles de plus en plus difficiles à gérer, Carmen et ses états d'âme, Botey avait de quoi s'occuper. Il devait aussi composer avec sa mère, qui n'en faisait qu'à sa tête. Elle était née au siècle dernier, en 1899. En 1968, elle avait soixante-neuf ans et entamait la dernière partie de sa vie. Elle habitait un bel appartement au 85, rue d'Amsterdam, dans le 8e arrondissement, appartement que son fils lui avait acheté rubis sur l'ongle. Elle n'était pas malheureuse, elle qui avait connu l'usine adolescente. Elle avait ses matinées une semaine sur deux. Elle allait au travail à pied, déjeunait régulièrement à La Cloche d'Or, où elle avait ses habitudes. Elle s'était faite à Paris beaucoup plus vite qu'elle ne se l'était imaginé, d'autant qu'elle ne manquait pas d'argent. De temps en temps, la mère et le fils déjeunaient ensemble. Il lui claquait une bise sur la joue, elle en réclamait une deuxième en étirant le cou.

« Ça se voit plus, les brûlures sur tes mains. Il en aura fallu, du temps, dit-elle avec soulagement.

— M'en parle pas, plus d'un an à cicatriser. Pendant six mois, j'ai pas pu tenir le volant, je me suis fait conduire comme un grand bourgeois par le Basané. Maintenant, elles sont comme neuves ! »

Il lui montra ses deux paluches en les faisant tourner comme si elles étaient des marionnettes. Sa mère se décolla légèrement de sa chaise et passa sa main dans ses cheveux. Botey s'agaça comme un ado sourcilleux de son indépendance.

« Mais qu'est-ce que tu fais ? »

Pour elle, le proxo de Pigalle était toujours son petit Armand, gigotant entre ses jambes à la boulangerie. Sentiment naturel d'une mère qui peine à accepter que son fils soit devenu un homme. Elle n'insista pas et constata que sa blessure à la tête s'était, elle aussi, résorbée. Ils parlèrent comme d'habitude, de tout, de rien, des hôtels, du chiffre d'affaires, excellent d'ailleurs, de l'attitude de certaines filles récalcitrantes et des clients. Bref, ils travaillaient. Soudain, elle lui demanda pourquoi il laissait ce drôle de type au nez cabossé prendre ses aises à la chambre 42.

« La nuit dure une heure, et c'est pour tout le monde pareil. »

À Pigalle, personne n'utilisait le mot « passe », réservé aux flics et aux touristes. Le nom de code pour coucher avec une prostituée était « nuit », même quand on se présentait à elle à deux heures de l'après-midi.

Autant sa mère savait compter, rendre une caisse au centime près, réclamer une chambre à un client étourdi ou malhonnête, autant elle n'avait pas une vision globale des enjeux du quartier. Simple spectatrice du cirque quotidien, elle ne sentait pas la tectonique des plaques à l'œuvre, provoquant parfois des explosions sporadiques.

Comment lui expliquer Pigalle ? Comment lui dire que Jo Attia était un intouchable non seulement parce que c'était une sorte de parrain, figure tutélaire du quartier, mais qu'en plus il avait le soutien du pouvoir tout là-haut, car il lui rendait service ? Et, comme Antoine travaillait pour lui, Éric le traitait de même avec égard et respect, pour ne surtout pas insulter l'avenir. Il aurait bien aimé lui raconter sa guerre d'Algérie, ses valises de billets versés à l'OAS, ses petites manœuvres pour détruire l'ennemi. Il était fier de ce qu'il avait fait pour la bonne cause. Il restait très évasif, cela suffisait à sa mère. Elle n'insistait pas. Elle avait toujours regardé la politique de loin.

À Héricourt, elle suivait les avis tranchés de son mari sur les rouges, les socialos, les bourgeois. Elle faisait « oui » de la tête pour lui faire plaisir, mais cela ne l'intéressait pas. Elle croyait en Dieu, mais ça, elle le gardait pour elle. Le petit Henri (puisqu'il n'était pas encore Éric) avait suivi tout le cursus du bon chrétien : catéchisme, première communion tout en blanc, confirmation avec grande fête dans l'arrière-cour de la boulangerie. Qu'en avait-il gardé ? Un souvenir : celui d'un curé aux mains baladeuses. Jamais il n'osa en parler à sa mère. Le petit Botey avait attrapé l'avant-bras de l'ecclésiastique juste avant qu'il n'essaie de trifouiller dans son slip. Au regard de l'homme en soutane, décontenancé, il comprit ce jour-là que, si la nature avait oublié de lui livrer quelques centimètres, elle l'avait doté d'une poigne redoutable. Il n'avait pas tout perdu. Le cureton n'avait jamais recommencé.

Elle lui demanda des nouvelles de son ami Jean-Marie. Elle l'avait croisé une ou deux fois, elle l'aimait bien, plutôt joli garçon, malgré son bandeau façon corsaire qui lui cachait l'œil droit. Même s'il ne l'était plus depuis quelques années, elle était fière que son fils fréquente un député. Un député était un notable, un homme cultivé qui parlait à la tribune de l'Assemblée nationale et qui coupait des rubans bleu-blanc-rouge avec de gros ciseaux argentés – et ce n'était pas donné à tout le monde.

« Tu l'as rencontré comment ?

— Je te l'ai déjà expliqué : on collait des affiches pour Tixier dans le quartier de Clichy et on s'est battus avec des communistes... On leur a mis une belle branlée, d'ailleurs !

— Oh, mesure tes paroles ! T'es mal embouché, comme ton père... »

Botey sourit de cet excès d'autorité, alors que toute la journée sa mère jetait des clefs à des filles fardées et en talons aiguilles dotées d'un langage fleuri, tellement fleuri qu'elle-même utilisait parfois sans le vouloir des mots d'argot.

« Mais il vit de quoi, j'espère qu'il est correct ?

— Correct, ça veut dire quoi ?

— Qu'il ne te prend pas pour un tiroir-caisse...

— Mais non, qu'est-ce que tu vas t'imaginer !

— Les gens parlent, tu sais ! Je ne m'intéresse pas à la politique, mais je lis les journaux, il a pas un sou, ton Jean-Marie.

— Laisse-les dire ! Que des jaloux, tu commences à connaître Pigalle. Et puis son entreprise de disques, ça marche pas mal !

— Oh, oui, tellement bien qu'il a été condamné parce qu'il éditait des disques de chants du IIIe Reich…

— Vendre des disques de musique de l'armée allemande veut pas dire qu'il adhère à leurs thèses, t'y comprends rien ! Et puis je fais ce que je veux de mon pognon. Jean-Marie est patriote, et je suis un patriote, on va pas brader la France aux socialo-communistes et à tous ces excités qui n'ont que le mot révolution à la bouche. Une bande de petits bourgeois qui n'ont jamais rien fait de leurs dix doigts ! »

Éric avait changé de ton, vexé que sa mère reprenne les arguments des ennemis de Jean-Marie. Le serveur apportait les verres – vin cuit et Cinzano – et une petite soucoupe remplie de cacahuètes. Éric se garda bien de lui dire la vérité. La SERP ne rapportait pas autant à Le Pen qu'il l'avait espéré. Pierre Durand, son fidèle compagnon, l'avait fait embaucher comme directeur de la publicité de l'hebdomadaire *Minute*, antigaulliste, antisystème, antiélite, et du *Crapouillot*, un journal des tranchées créé en 1915 et racheté en 1967 par *Minute*. De temps en temps – ce qu'il ne dit pas non plus à sa mère –, il s'arrangeait pour que Le Pen paie comme tout le monde sa tournée de champagne.

Sa mère en profita pour lui donner des nouvelles du Rembrandt. Elle avait surpris une conversation alors qu'elle allait déposer des serviettes propres à l'étage. Elle avait entendu un homme avancer que des mouvements d'extrême gauche étaient en train de préparer des émeutes et qu'on devait s'attendre au pire. Elle n'avait pas saisi la réponse de la fille, mais l'inconnu de la chambre la rassurait.

« On est nombreux, au SAC, on ne se laissera pas faire. Au QG de la rue de Solférino, tout le monde est prêt. »

Botey ouvrit de grands yeux. Picaud le Gitan, qu'il avait fait surveiller, était allé plusieurs fois au siège du Service d'action civique, dans cette petite rue chic du 7e arrondissement. Et quand Botey lui avait demandé des explications, il s'était cabré. Il ne travaillait pas pour de Gaulle, lui avait-il fait comprendre, mais contre la vermine communiste et tous les Arabes qui envahissaient le quartier. Il fallait être aveugle pour ne pas s'en rendre compte. Des Maghrébines concurrençaient les Parisiennes de souche, elles cassaient les tarifs, et il n'était pas rare de voir des filles se crêper le chignon devant le client, qui en général prenait le large dès le premier coup de sac distribué. Picaud prenait un air hautain pour lui faire comprendre que la guerre d'Algérie était terminée et qu'il fallait maintenant enterrer la hache de guerre avec les gaullistes. C'était de l'histoire ancienne, les ennemis d'hier n'étaient plus ceux d'aujourd'hui. Botey ne pouvait pas lui avouer que, depuis quelques semaines, les occasionnelles, des étudiantes, des mères au foyer se rebellaient, à leur manière. Des courants d'air révolutionnaire s'engouffraient dans les rues de Pigalle. Elles venaient quand ça leur chantait, elles tenaient tête aux gérants, négociaient les tarifs de la chambre, pinaillaient pour un oui ou pour un non. Les femmes voulaient vivre libres, s'affranchir des hommes qui leur maintenaient la tête sous l'eau…

Lorsque le millefeuille et le baba au rhum arrivèrent sur la table, les deux associés avaient balayé tous les sujets importants. Tous, sauf celui de Carmen. Depuis leur mariage deux ans auparavant, le sujet était resté tabou. Juliette comme Le Pen et beaucoup d'autres se demandaient pourquoi il avait passé la bague au doigt à cette femme qui aurait pu être sa mère. Au plus profond d'elle-même, elle s'imaginait que son fils avait fait une projection sur elle. C'était à ses yeux la seule explication valable de ce choix pour le moins incongru. Botey percevait son embarras lorsqu'elle se contentait de demander « Comment va Carmen ? » du bout des lèvres, par pure convenance. Les deux femmes se toléraient. Et puis sa mère avait intégré qu'elle était une pièce rapportée dans ce quartier. Carmen tenait le pavé, son fils le lui faisait suffisamment sentir.

Botey avait quitté l'établissement en prenant soin de faire une bise sur la joue de sa mère. Elle avait rendez-vous avec le gérant d'un des hôtels pour accueillir un plombier chargé de réparer une fuite d'eau. Cela faisait deux jours que trois chambres étaient condamnées, ce qui commençait à faire un sérieux manque à gagner pour les Botey…

Lui dévala la rue Fontaine, sans s'arrêter pour embrasser Carmen, ce qu'aurait fait n'importe quel jeune marié amoureux de son épouse, mais il n'en avait pas le cœur. Il avait rendez-vous avec son expert-comptable, le roi des tours de passe-passe, magicien du chiffre – « Et je te fais passer cette somme dans cette colonne, je bascule le reste en charges pour diminuer le chiffre d'affaires et donc les impôts », et tout le reste était noyé dans un fatras de colonnes de petites pattes de mouche, qui, alignées dans de jolis tableaux, finissaient par ressembler à un bilan comptable sans rature, présentable à l'administration fiscale. Il s'arrêta au kiosque de la place Saint-Georges pour acheter les journaux. Il regarda la statue de Gavarni qui trônait au milieu de ce bel ensemble architectural circulaire sans jamais réussir à se souvenir du nom de celui qui était posé sur le socle en tuffeau. Botey lisait beaucoup, parce que proxénète était un métier où l'on avait beaucoup de temps à tuer. Pendant que Carmen tricotait, Botey se noircissait le doigt en tournant les pages. Il lisait d'abord la presse patriote, conservatrice, grand public et enfin, s'il avait le temps, consentait à jeter un œil à la presse de gauche. Il fallait bien connaître ses ennemis pour mieux les combattre. Ses lectures lui permettaient surtout de ne pas avoir l'air bête quand Durand et Le Pen, les plus informés du groupe, faisaient une descente à Pigalle.

Ses journaux sous le bras, il croisa le Tatoué. Les deux hommes se saluèrent. Il avait l'air fatigué. Il marmonna deux ou trois phrases incompréhensibles. Botey usa d'un ton brutal.

« Tu passes ce soir au Sulky ? Y a eu une bagarre hier soir et y avait personne. C'est le Basané qui a dû régler l'affaire, et on a eu droit à une descente de flics… Y a pas que les bonnes femmes dans la vie ! »

Penaud, le Tatoué lui fit « oui » de la tête et fila en direction de Pigalle.

Le cabinet comptable se trouvait dans le quartier du Faubourg-Montmartre, le territoire des Zemour. La rue Lafayette marquait la frontière avec Pigalle. À partir de cette artère, Botey quittait ses terres et pénétrait sur un autre territoire. En ce mois de mai, l'air était doux, et le soleil commençait à chauffer les façades des immeubles en pierre de taille. Il repensait à une discussion avec Le Pen. Elle remontait au mois de mars précédent, quand la faculté de Nanterre commençait à remuer un peu. Le Pen lui avait résumé un article du *Monde* qui lui avait échappé. L'éditorialiste évoquait les revendications étudiantes, dont l'une concernait la possibilité pour les filles de Nanterre et d'Antony d'accéder aux chambres des garçons. « La France s'ennuie », titrait l'article. Ni lui ni personne n'avait vu venir cette révolte étudiante. Cela l'avait mis dans une colère noire… Il ouvrit *Minute*, qui annonçait en gros titre : « Assez de ces enragés rouges, qu'attend-on pour expulser Cohn-Bendit, chef des commandos de vandales ? » Botey exultait. C'était exactement ce qu'il pensait. De Gaulle avait cédé sur l'Algérie, il allait s'effondrer avec Mai 68. *Le fruit est mûr*, pensait-il. Laissons-les s'étriper, et on verra bien ce qui se passera.

Il emprunta la rue Saulnier, qui offrait de l'ombre sur son trottoir de gauche. Il bougonna en ouvrant *Le Figaro*. Botey pensait à son avenir, un peu comme sa mère qui ne voyait que sa caisse et les billets dedans. En quoi cette prétendue révolution allait casser son juteux business ? « Mais qu'est-ce qu'ils veulent au juste ? Des femmes ? Il y en a partout à Pigalle, tout le monde fait ce qu'il veut. Les beatniks, la drogue, des machines à sous, pas besoin de faire la révolution pour en profiter. Ah ! ces rouges ! »

Botey appartenait au vieux monde, un enfant de l'avant-guerre. Et puis il n'avait pas eu d'enfants à la maison. Il ne connaissait pas les vicissitudes de l'éducation, les repas dominicaux où votre fille ou votre fils vous explique la vie en vous faisant comprendre que vous êtes devenu un vieux con. Cette révolte naissante des étudiants ne provoquait que des clapotis à Pigalle, et il trancha la question lui-même : tout cela n'ira pas bien loin. Pigalle était au fond hermétique à tout changement. Le quartier était tenu d'une main de fer par les Corses, les pieds-noirs et des types comme Botey. Ils mataient à l'ancienne, négociaient au cran d'arrêt et au 9 mm. Le mot

« revendication » n'appartenait pas à leur vocabulaire. Imaginer un instant faire des feuilles de paie ou verser des congés payés à leurs salariés relevait de l'injure, pour ne pas dire du blasphème. Pigalle était au libéralisme sauvage ce que la place du Colonel-Fabien était au communisme stalinien. On continuait à faire tomber le tronc sur le comptoir au moment de la fermeture. Les billets et les pièces se répandaient comme un petit trésor scintillant sur le zinc. Chaque nuit, le gérant comptait et faisait des tas de billets et de pièces. On aurait dit un tripot clandestin où chaque joueur attendait sa mise. Il donnait ensuite son dû aux salariés, tous regroupés autour du pactole, vérifiant que personne ne glissait un pascal dans sa poche. Parfois, les gérants les plus vachards retiraient un billet de la liasse qu'ils tendaient à un serveur : « Pour les trois verres que tu as cassés cette nuit, pour t'apprendre à être plus soigneux avec les outils de travail. » Chacun fourrait la petite mitraille dans ses poches de pantalon et glissait les billets dans son portefeuille, jamais trop prudent. Ensuite, tout le monde partait se coucher, des cernes sous les yeux. Ce n'était pas la révolution prolétarienne qui allait changer le système à Pigalle.

Lorsqu'il arriva à la hauteur des Folies-Bergère, sa mâchoire se décrocha. La porte était condamnée. Une 2 CV barrait l'entrée, plus habituée aux limousines et aux voitures de maître les soirs de première. Des techniciens étaient en train d'accrocher une immense banderole, on se serait cru quelques heures avant une grande fête populaire. Un ouvrier à casquette, mégot au coin de la bouche, juché sur un escabeau, fixait avec difficulté le coin gauche à l'aide de grosse ficelle. Trois hommes et une femme, en tenue d'ouvrier eux aussi, postés au milieu de la rue, vérifiaient que tout cela était bien droit, déformation artistique. Botey dissimula discrètement son numéro de *Minute* dans sa liasse de journaux. Il ne manquerait plus que de se faire interpeller par ces syndicalistes hargneux. Le texte était maintenant à la vue de tous. Botey reçut une gifle. Il était écrit, au feutre noir : « Pour que nos revendications aboutissent. Grève illimitée. Signé : le TAS-CGT ». Il resta plusieurs secondes à contempler le désastre. L'un des cabarets les plus célèbres de Paris était pris en otage par la CGT. Inimaginable. Son étonnement fit se retourner les trois grévistes, qui lui sourirent, pas peu fiers de leur action. Botey fit une petite moue qui ne voulait rien dire de précis. Et si le Moulin-Rouge était contaminé à son tour, et si ce virus dangereux gangrenait tout Pigalle ? Il énuméra à vitesse accélérée les postes qu'il pouvait remplacer au pied levé, si d'aventure ses employés voulaient se mettre en grève. Sa mère ferait journée continue ; pour la nuit, il placerait le Basané au Rembrandt ; pour le Frochot, il pourrait se relayer avec Carmen… Il poussa la porte de son expert-comptable. La gardienne le gratifia d'un petit signe de tête courtois. À force, elle commençait à connaître ce restaurateur qui garait parfois ses belles voitures rue de Trévise, presque jamais la même. C'est sous cette étiquette qu'il s'était présenté à elle. Un homme d'affaires respectable qui venait rendre visite à son expert-comptable. Une secrétaire pimpante lui demanda de patienter quelques instants en salle d'attente.

Il entra dans cette pièce au milieu de laquelle se trouvait une petite table recouverte de revues et de journaux écornés, souillés par des dizaines de mains, déchirés à certains endroits, survolés par des regards distraits. Un vieux numéro de *Match* d'avril dévoilait le visage de Martin Luther King, assassiné à Memphis quelques semaines auparavant. La révolte grondait dans le monde entier, les Noirs réclamaient l'égalité, les étudiants voulaient jouir sans entraves et les femmes être libres. Il reposa *Match*. Pas envie de voir cette vérité.

Il attrapa *L'Express*. C'était le seul endroit où Botey s'autorisait à feuilleter ce journal « gauchiste ». En une, on parlait d'insurrection, on voyait des jeunes bien mis, sortis d'un concert au Golf Drouot, balancer des pierres ou des pavés. La photo n'était pas nette. Au premier plan de l'image, les casques ronds des CRS. Il tourna les pages, se demandant pourquoi son expert-comptable était en retard, compte tenu de l'argent que Botey lui donnait. Il tomba sur une photo de Delon, un patriote lui aussi, un ami du quartier. Le genre de type sur qui on pouvait toujours compter quand il s'agissait de sauver la France. Il se força à lire l'article. Delon jouait au théâtre du Gymnase *Les Yeux crevés*, une pièce écrite par Jean Cau.

Sur scène, Delon incarnait Dino Verdi, un jeune Italien, un gigolo, un brin voyou. Un garçon déchiré par des amours contraires, entre Barbara une milliardaire toxicomane et Gottfried son mari, un ancien pilote de course à la virilité déclinante. Le personnage de Delon n'arrivait pas à choisir et, chaque soir, il mourait sur scène. Botey souriait, impossible de ne pas voir entre ce jeune Dino et Delon quelques traits communs.

Botey avait croisé cette gueule d'ange à Pigalle. Quand il avait débarqué de l'« Indo », Delon s'était posé au milieu des voyous et des putes, à son aise dans ce monde sans fard où le code de l'honneur servait de pièce d'identité. Il aurait fait le plus extraordinaire des gigolos si le cinéma ne l'avait pas arraché à ce quartier. Il regarda la date de parution.

15 avril 1968. Delon ne devait plus jouer la pièce depuis plusieurs semaines maintenant, car, avec les émeutes étudiantes, tous les théâtres étaient fermés, plus aucun technicien n'acceptait de travailler, le cul posé sur des caisses en attendant des jours meilleurs et des augmentations de salaire. Delon devait bouillonner, lui qui détestait autant les communistes que les fils à papa déguisés en « révolutionnaires de pacotille », comme le disait si bien son ami Jean-Marie.

L'expert-comptable ouvrit sèchement la porte. S'il ne portait un complet gris, Botey aurait pu croire un instant qu'il était chez le dentiste.

« Comment allez-vous, Éric ? J'ai appris pour l'attentat. J'espère que vous vous êtes bien remis ? » dit-il sur un ton affable, tout en tournant les pages de son dossier.

Les experts-comptables étaient un peu les chirurgiens esthétiques des parrains et des tenanciers. Ils vous refaisaient un visage, charcutaient les lignes de comptes et vous restauraient en quelques coups de crayon votre respectabilité. C'était presque un art. Botey le payait cher, très cher pour son silence et ses talents de maquilleur. Ils étaient une petite poignée sur la place de Paris, discrets, riches, déjeunant et dînant dans les plus beaux restaurants. Ils étaient souvent de bons pères de famille, régatant l'été avec quelques amis dans des stations huppées de la Côte d'Azur. En apparence de belles âmes, mais c'étaient aussi des voyous en col blanc. Il ne serait venu à l'esprit de personne de leur reprocher des écarts ou des erreurs, encore moins de les dénoncer au fisc. C'eût été tout simplement faire une croix sur sa carrière – pire, mettre sa vie en danger. Parfois, ces princes des chiffres réussissaient à éviter des bains de sang, juste en rajoutant un nom dans les statuts d'une entreprise ou en le supprimant sur le papier, ce qui était toujours mieux que d'être supprimé par une balle de 9 mm et de finir entre quatre planches.

« Attentat, attentat… Jacques, vous allez vite en besogne ! Une bombinette, histoire d'essayer de me faire chanter, vous connaissez la musique… Ah, j'aurais dû faire expert-comptable, c'est moins risqué ! »

Botey se mit à rire. Jacques resta de marbre. Devant lui, ses comptes – et donc sa vie – étaient étalés sur le bureau en merisier ciré, formant d'étranges arabesques.

« Savez-vous pourquoi je vous ai fait venir ?

— Ben non, vous allez me le dire… »

Jacques le regarda fixement, un peu agacé par le ton de Botey. Il lui fit comprendre que le patron, ici, c'était lui. D'un claquement de doigts, il pouvait le mettre à la porte, que de nouveaux clients attendaient de pouvoir pousser à leur tour. Après l'arrivée éventuelle des communistes au pouvoir, pour Botey, perdre son expert-comptable aurait été le pire qui puisse lui arriver. Jacques joignit les deux mains et pointa les deux index vers Botey.

« Alors, cher Éric, vos résultats nets sont excellents et, depuis que vous avez développé les affaires de Carmen, votre nouvelle épouse, vous êtes en progression. Mais, comme je vous en ai averti la dernière fois, et vous ne semblez pas m'avoir écouté, vous êtes en première ligne dans toutes vos affaires, vous prenez donc des risques. Vous êtes en nom propre sur vos hôtels. Je mets à part vos restaurants, qui sont des activités légales.

— D'ailleurs, à ce propos, j'ai un nouveau projet dont je voudrais vous parler…

— Chaque chose en son temps, on termine ce point ! Sinon on ne va pas y arriver. »

Botey s'enfonça dans son fauteuil, tout en levant les mains pour lui indiquer qu'il pouvait continuer.

« Je voulais aussi faire un point sur le Rembrandt. C'est votre mère qui le tient. Alors, soit elle garde une partie de la recette et ne la rentre pas sur les livres de comptes semainiers, soit, sur cet hôtel, vous avez une baisse. »

Botey savait parfaitement ce que sa mère faisait. Sur ses ordres, elle stockait dans un coffre une partie des recettes intégralement détournée. Le comptable connaissait cette pratique, qui permettait de réduire le chiffre d'affaires et par ricochet les impôts à payer.

« Vous pensez un instant que le boulanger déclare toute sa farine et toutes les pièces qui tombent dans sa caisse ? »

Seulement, la mère de Botey avait confondu sa boulangerie et ses nouvelles activités. Trop gourmande aux yeux du comptable. Botey le coupa net.

« Non, ma mère ne détourne rien. C'est moi qui lui ai demandé de constituer un matelas ! Je me fais des petits plaisirs sans devoir me justifier !

— Ah, oui, de gros plaisirs… Il y a plus de deux millions de francs qui se sont envolés ! »

Botey fit une moue signifiant : « C'est pas une somme folle ! »

« Éric, ce n'est pas un matelas, mais une usine de matelas ! Il faut être prudent, le vent tourne, parfois... Vous devez faire en sorte de trouver un juste milieu entre votre “matelas”, comme vous dites, et ce que vous déclarez. Par exemple, la journée du 15 mars, vous n'avez eu, selon le livre de comptes, que quatre clients ! Si le fisc fourre son nez là-dedans, ça ne passera pas. Il suffit de passer devant l'hôtel pour voir un va-et-vient continu. Pour avoir la paix, vous savez ce qu'il faut faire : payer son obole, jouer au bon contribuable. Vous donnez un peu et vous en gardez, mais vous ne pouvez pas tout garder.

— Vous avez vu ce que j'ai payé comme impôts l'an passé ? Je ne suis pas le nez dans les livres de comptes à longueur de journée, j'ai bien d'autres choses à faire. Et puis j'aime la peinture, j'achète, c'est un placement à long terme.

— Ah, oui, vous aimez la peinture, c'est nouveau ça ! Je croyais que votre passion, c'étaient les belles voitures ?

— Oui, c'est vrai, mais avec la peinture je m'évade, je me sens libre... Vous me direz en voiture aussi. Enfin, je ne suis pas un expert non plus, mais je me balade à Drouot, j'achète au coup de cœur... La semaine dernière, j'ai fait l'acquisition de trois Buffet, ils sont au coffre. »

Le comptable s'était glissé un stylo dans la bouche et le mâchonnait, la tête penchée sur les comptes de Botey. Il marmonnait de drôles de phrases. Botey comprit qu'il parlait de Mai 68.

« Peut-être que cette baisse d'activité pourrait s'expliquer par les mouvements étudiants. Non, ça ne marchera pas, bon sang ! Mars, c'est trop tôt, je vais décaler à fin avril, plus juste avec le calendrier. »

Botey accédait à la part la plus secrète de cette profession. Tel un artiste devant son chevalet effectuant son mélange de couleurs qui allait donner naissance à une œuvre d'art. Jacques n'avait rien d'un artiste, mais, dans son genre, c'était un expert passionné. Il était le piston dans le moteur, la meule du moulin écrasant le grain pour en faire de la farine. Des pièces invisibles à l'œil nu, mais essentielles au bon fonctionnement du système.

« Ah ! vous me donnez du travail, je vais m'arranger avec le mois de mars… Je vais demander à Jeannine de décaler. Il va falloir refaire les tableaux. Pensez bien à prendre des prête-noms, tout le monde fait ça. Vous êtes ainsi protégé. Vous n'apparaissez jamais en première ligne. J'ai un client, récemment, descente de police dans son établissement, son gérant est son homme de paille, c'est donc lui qui est parti en taule et, comme il n'a rien lâché aux enquêteurs, le vrai patron n'a rien eu. "Ni vu ni connu", comme on dit chez les experts-comptables. Et puis derrière vous le récompensez de son silence, enfin vous voyez ce que je veux dire ! » s'exclama l'expert-comptable en fermant le dossier.

Jacques avait quelques minutes à perdre avant son prochain rendez-vous. Il se détendit un peu. D'autant qu'un seul sujet occupait les conversations : les émeutes de Mai 68. Jacques était ennuyé par ces violences parce qu'il habitait rive gauche, à quelques pas du Luxembourg, et que cela lui compliquait la vie pour garer sa voiture, jamais certain de la retrouver le lendemain en état de marche. Il vivait les événements de son balcon, observait au soleil couchant ces hordes de gauchistes, foulard sur la bouche, desceller les pavés, les entreposer derrière un arbre et, à la nuit tombée, les balancer avec fougue sur les colonnes de CRS. Quand le vent s'en mêlait, des émanations de bombes lacrymogènes montaient jusqu'à son quatrième étage pour lui rappeler qu'il n'était pas au cinéma, mais bien dans la vie réelle, obligé malgré la douceur de cette fin de printemps de fermer les fenêtres pour ne pas être intoxiqué par les gaz. Il pensait en expert-comptable. Comment cette révolte allait-elle percuter son métier ? Il avait beau chercher, il ne trouvait pas. Parfois, quand les étudiants prenaient le dessus en scandant des slogans révolutionnaires, l'angoisse le gagnait, il se demandait si tout cela n'allait pas finir par mal tourner. Grèves générales, renversement de la Vᵉ République embarquant les gaullistes dans la débâcle, effondrement de l'économie construite sur le capitalisme et par conséquent nationalisation des moyens de production qui signerait la fin de sa profession. Un désastre. Geste prémonitoire et préventif, il avait envoyé son fils de seize ans à Londres pour étudier l'anglais. De ce côté-là, il était rassuré, certain de ne pas le surprendre sous ses fenêtres insultant les CRS. Pour le reste, il s'en remettait au Général, chaque jour un peu plus vacillant. Le Président n'était pas le meilleur ami des comptables, surtout ceux de son genre, mais avec lui le pays était quand même bien tenu. Cette dernière phrase, il la garda pour lui, sachant la susceptibilité de son client quand on évoquait de Gaulle, que Botey ne désignait jamais par son nom, mais en parlant du « traître ».

9

Le Pen bourlinguait, avec un bandeau sur l'œil – tantôt l'un tantôt l'autre. Quand Marine vit le jour, le 5 août 1968, dans une clinique huppée de Neuilly-sur-Seine, la révolte étudiante n'était plus qu'un mauvais souvenir. Les pavés avaient retrouvé leur place habituelle, c'est-à-dire alignés les uns avec les autres, de façon à permettre aux voitures de circuler dans les rues de Paris. Les CRS aussi. Ils étaient rentrés dans leurs casernes et, depuis, ils se racontaient leurs petits souvenirs de barricades, tels des héros de retour du front. Il y avait ceux qui y étaient et les autres. Certains avaient même gardé des pavés, tels des trophées, posés fièrement dans leur casier. Les ouvriers avaient eux aussi repris le boulot – encore qu'ils aient mis plus de temps à regagner leur poste de travail que les CRS à réintégrer leurs casernes. Les syndicats étaient passés à côté de Mai 68, mais ils ne voulaient pas manquer les négociations avec le gouvernement et le patronat. Sous leur pression, le SMIG faisait un bond de 35 % et le droit du travail s'était amélioré. Trois jours, trois nuits d'âpres discussions entre le 25 et le 27 mai. Quand, les traits tirés, la bouche ressemblant à un cendrier, les responsables syndicaux étaient montés sur les établis des usines Renault pour faire part du projet d'accord, la « base », en bleu de travail, leur avait jeté l'accord au visage – pas question de signer ce torchon. Et la grève avait repris de plus belle.

Pendant ce temps, à l'Élysée, de Gaulle s'était muré dans le silence. Le 29 mai, en toute discrétion et sans en informer son Premier ministre, il partait avec sa femme Yvonne à Baden-Baden, en Allemagne, pour s'entretenir avec son ami le général Massu, commandant des forces françaises installées dans le pays vaincu. Un huis clos où cet homme de confiance l'encourageait à ne pas quitter le pouvoir et à contre-attaquer, rien de plus logique pour un militaire. Un échange providentiel. Beaucoup pensaient que le Président allait jeter l'éponge ! Le 30 mai, dans une allocution radiophonique, il annonçait la dissolution de l'Assemblée nationale. Quelques heures plus tard, une foule immense, compacte, déferlait sur les Champs-Élysées. Une marée humaine. Ils étaient entre cinq cent mille et un million à soutenir de Gaulle. Sur les banderoles, les panneaux en carton découpés à la hâte, on pouvait lire de nouveaux slogans : « Cohn-Bendit le rouquin à Pékin » ou « Les cocos au poteau ».

Ce jour-là, Botey était resté à Pigalle, pas question d'aller soutenir le traître. Le Pen n'avait pas bougé non plus. Les patriotes, les ex-activistes de l'OAS, les nationaux étaient divisés. Pour certains jusqu'au-boutistes et nostalgiques de l'Algérie française, les gauchistes allaient réussir là où eux avaient échoué : faire chuter la statue du Général de son socle. D'autres reprenaient à leur compte cette phrase prononcée par Henri IV le protestant : « Paris vaut bien une messe ! » Après tout, de Gaulle n'était pas leur ami, loin de là, mais face au péril bolchevique, il était urgent de se serrer les coudes. Ce 30 mai, de Gaulle reprenait les rênes ; un mois plus tard, les élections législatives lui donnaient une large majorité pour gouverner. Fin de l'histoire.

Quelques mois après les faits, Botey, Le Pen et quelques copains se retrouvèrent pour fêter la naissance de Marine comme il se devait, jusqu'au bout de la nuit et dans l'excès. Ils parlèrent politique – comment faire autrement –, mais ne trinquèrent pas au coup de maître du Président. Botey racontait de drôles d'histoires sur le SAC et ses hommes, les nervis du Général, comme il les appelait. Des clients, pour ne pas dire des habitués, lui avaient expliqué qu'en cas de coup dur des réseaux locaux du SAC seraient en mesure d'arrêter des milliers de syndicalistes et de les parquer dans des stades réquisitionnés. En fait, Botey tenait ces informations de Picaud, le Gitan, qui grenouillait dans les réseaux gaullistes. Quand le pouvoir avait chancelé, que de Gaulle avait pris la poudre d'escampette, les hommes du SAC représentaient son ultime rempart et se préparaient, arme au poing, à défendre la forteresse gaulliste. Botey alla jusqu'à affirmer, comme s'il était lui-même devenu le chef des opérations, que les hommes de l'ex-OAS avaient fait alliance avec le SAC. Effrayé par le danger, le pouvoir avait laissé entrer des individus incontrôlables et dangereux. Tournant entre ses mains son verre de Martini, Le Pen sortit alors du silence :

« Je suis sûr que la déclaration de Jacques Baumel vous a échappé, bande d'ignares ! Voilà ce qu'il dit, et tout cela, on le doit aux bolcheviks de 68, je le connais presque par cœur : “Les dramatiques événements que nous venons de vivre ont rapproché de nombreux Français qui s'étaient opposés même dans un passé récent..."

— Ah, le filou, on passe l'éponge, on glisse les miettes sous la toile cirée, ni vu ni connu ! » s'exclama Botey.

Le Pen parlait à voix basse, obligeant tous ceux qui étaient autour de lui à s'avancer et à tendre l'oreille. On aurait dit un groupe de conjurés préparant la révolution. Le Pen regardait vers l'accueil de l'hôtel, où Andrée, une femme fluette et d'apparence discrète, n'en perdait pas une miette. Ce soir-là, exceptionnellement, elle était à la réception du Rembrandt. Botey s'emporta :

« Dans l'intérêt général et par-delà les hommes et leurs opinions, il faut définitivement tourner la page des événements du drame algérien... Voilà ce que dit l'un des bras droits de De Gaulle. Dans ce cas, il faut qu'ils aillent au bout : ils doivent amnistier tous les membres de l'OAS condamnés, et le plus vite possible. On va pas aller à la gamelle. Ils nous prennent pour qui, des laquais ? On va pas se vendre pour un plat de lentilles !

— Il n'y a plus qu'à attendre, Pompidou fait le boulot pour nous... Il n'a jamais cru à la réélection de De Gaulle en 1965. Il lui met des bâtons dans les roues, expliqua Jean-Marie, qui avait l'air bien renseigné.

— Il est par là, ton groupe de musique ? J'aime bien ce qu'il joue », dit Pierre Durand.

Botey paraissait embarrassé.

« Non, pas ce soir, c'est son jour de repos !

— Ah, tu vois, Mai 68 est passé par Pigalle ! Tu as acheté le code du travail que tu lis tous les soirs avec Carmen ? »

Le groupe partit dans un fou rire amical. Botey rit pour faire comme les autres. Cette histoire de jour de repos ne lui plaisait pas, mais il avait dû se coucher sous la menace de la démission du groupe de jazz. Il ne disait pas non plus à ses amis qu'il avait dû augmenter leurs émoluments, contraint et forcé. Oui, Mai 68 avait laissé des traces à Pigalle, pas sur l'évolution des mœurs et de la sexualité – de ce côté, l'endroit était connu pour être très en avance sur son temps –, mais en matière de droit des salariés.

Le quartier quittait doucement le Moyen Âge, et cela provoquait quelques aigreurs chez les tenanciers. Les amis autour de la table demandèrent tout de même des nouvelles du nouveau-né et de la maman. Jean-Marie rassura tout le monde. Le nourrisson était en pleine forme et Pierrette aussi. Marine était la troisième et dernière d'une lignée de filles, toutes blondes, comme leur père.

Un des membres du groupe osa cette question du bout des lèvres. Une question qui ne se posait pas dans les années soixante :

« Tu vas faire comment, elle va avoir beaucoup de travail avec ses trois enfants ? Tu vas devoir apprendre à mettre les couches ? »

Le Pen lui rétorqua, sur un ton qui signifiait « Comment oses-tu poser une question pareille à un ancien légionnaire para ? » :

« Je vais laisser à Pierrette le soin de s'en occuper. Elle l'a très bien fait avec les deux premières, y a pas de raison qu'elle ne réussisse pas avec Marine ! Et puis ma mère, elle a fait comment ? Elle était veuve, la tienne aussi ? On est des pupilles de la nation, tous les deux, avec Botey. Est-ce qu'on a poussé de travers ? s'exclama-t-il, se tournant vers Botey.

— Non, bien sûr ! Enfin, quand mon père a été tué par les Allemands, j'étais plus un nourrisson, mais elle a dû se débrouiller, pas le choix… »

Le Pen n'était pas ce qu'on aurait pu appeler un papa poule. Botey lissait sa moustache en l'écoutant parler de ses filles et se plaindre de les avoir dans les pattes dans un si petit appartement… Un peu dépassé par la vie bouillonnante d'enfants en bas âge qui ne savaient pas tenir en place. Pas un mot de plus sur Pierrette. À cette époque, les femmes torchent les gosses, les hommes, eux, font la guerre.

Botey se demanda alors à quoi aurait ressemblé sa vie si Carmen lui avait donné un enfant. Dès le départ, il avait fait une croix sur l'idée de devenir père de famille, Carmen ayant déjà cinquante ans quand ils s'étaient mariés. Mais quel père aurait-il été ?

Absent ? Juste là pour gâter sa progéniture ? Un instant, il considéra que Le Pen avait eu de la chance, celle d'avoir des petites choses vivantes, épuisantes, harassantes, mais qui étaient le prolongement de lui-même, une extension de son être, donnant un peu de sens à cette existence vide et tragique. Qu'avait-il, lui, pour se projeter ? De belles voitures, de beaux vêtements, et depuis peu des peintures. Cela remplissait-il sa vie ?

Avec Carmen, il n'avait même pas réussi à avoir un chat ou une petite bestiole dont s'occuper, une boule de poil à nourrir, à caresser les soirs d'hiver, un petit rien qui les relierait à autre chose qu'au fric et aux putes. Entre eux, il n'y avait jamais eu d'amour, à quoi bon s'inventer des châteaux en Espagne ? Il chassait cette idée de sa tête, parce que, dès le début, il savait pourquoi il se mariait avec elle. Pas pour partir en voyage à l'autre bout du monde, mais pour faire prospérer leurs établissements, monter un empire, grignoter chaque mètre carré de Pigalle et s'en mettre plein les poches.

Leur union était construite sur cet axiome. Sans qu'il s'en rende bien compte, cette soirée l'avait marqué. Le lendemain, il décida d'acheter un chien pour Marine et pour les deux autres filles. Il se dit qu'il allait être original, avec ce cadeau. Il roulait au pas dans sa Ferrari jaune, rue Pigalle. Il se retourna machinalement pour voir si la petite cage de l'animal pouvait tenir à l'arrière. La Ferrari était une voiture de monogame. Une place à l'avant pour installer la blonde d'un soir et à peine de quoi poser une valise sur les sièges arrière. En Ferrari, on n'allait pas loin, on se contentait d'aller vite.

Un client du Frochot vendait des chiens sur les quais de Seine. Il l'avait prévenu de sa visite pour ne pas être mis en porte-à-faux devant sa femme.

Le couple vendait des toutous à sa mémère : des bichons, des yorkshires, des caniches nains, mais aussi quelques races de chats d'appartement. Il trouva une place dans une petite rue perpendiculaire à la Seine, à quelques pas de la boutique. Son client le présenta comme un restaurateur de Montmartre, sans en dire plus. Son épouse, une grande femme sèche et peu souriante, était penchée sur son livre de comptes. Il comprit à cet instant pourquoi cet homme venait au moins une fois par semaine au Frochot. Il parlait des chiens comme un œnologue décrit les nuances olfactives d'un vin fin.

Il présentait l'animal à la manière d'un joyau et indiquait le nom de ses géniteurs, précisait s'il avait remporté des prix de beauté donnant un peu plus de valeur au sujet. Il décrivait ensuite son caractère. Botey s'arrêta d'abord sur un yorkshire. Il n'avait jamais choisi de chien, pour lui tous se ressemblaient. Tout en fixant son regard sur la petite bête, il écoutait les explications de son client, enfin du marchand. Il ne fut pas convaincu par la description de ce spécimen qui pointait pourtant ses deux oreilles vers le ciel et remuait la queue et l'arrière-train, cherchant à tout prix à sortir de cette cage grillagée.

Ils se tournèrent ensuite vers les bichons maltais, petites boules de poil toutes blanches à la tête ronde, des billes expressives et joyeuses en guise d'yeux. Son client, finalement très bavard, lui expliqua que cette race était connue depuis la Rome antique ; Aristote l'évoquait dans un texte.

Botey le regarda, impressionné par son immense culture en matière de canidés. Soudain, un aboiement. Botey tourna la tête, on aurait dit que l'animal l'appelait, l'invitant à venir vers lui. Il s'approcha, le regarda intensément. De longues secondes de silence enveloppèrent la boutique. Son choix était fait. Tout blanc, la truffe noire, légèrement luisante, et avec cette façon de le regarder comme s'il lui disait merci. Les filles de Le Pen allaient l'adorer, il en était certain. Trois autres chiots de la même race attendaient fébrilement le choix de Botey. La femme de son client leva la tête pour l'aider à choisir, presque sympathique.

« Celui du milieu est doté d'une prodigieuse intelligence. Je ne sais pas à qui est destiné ce chien, mais ce sont des êtres adorables avec les enfants. »

Tout à sa joie, Botey voulut l'emporter sur-le-champ. Son client l'arrêta net. Un chien de race avec pedigree, c'était comme une voiture de luxe. Avant de prendre le volant, il fallait remplir quelques papiers, vérifier son carnet de vaccinations et établir ses documents d'identité. Botey s'approcha de la cage, tendit son index. Le chiot colla son museau entre les interstices de la grille, lui lécha le doigt de quelques coups de langue divertissants. Botey caressa le sommet de son crâne. L'animal sautillait, il allait enfin être libre, on aurait dit qu'il voulait embrasser Botey, tellement heureux de s'évader d'ici.

« Je ne vous ai pas demandé : c'est pour un cadeau ? » interrogea la patronne derrière son comptoir ; elle s'était un peu adoucie depuis que la vente était scellée.

« Oui, c'est un cadeau de naissance – enfin, de naissance, il fera plaisir aussi aux deux autres enfants de la famille, je l'espère ! » ironisa Botey, tout en sortant ses billets de banque. Il y a en avait un bon paquet. Un caniche nain, ce n'était pas donné.

Son client n'osa pas lui dispenser le cours traditionnel sur les obligations d'un maître à l'égard de son animal. Parce que, une fois l'euphorie passée, il fallait lui donner à manger deux fois par jour, le faire sortir pour ses besoins, le soigner lorsqu'il était malade et bien sûr adapter son alimentation au gré de ses problèmes intestinaux – et Dieu sait que ces bêtes étaient fragiles de ce côté-là ! Enfin, ils réglèrent les détails pratiques. Botey devait-il apporter une petite cage pour le transporter, ce qui l'obligeait à prendre la grosse américaine ? Son client le rassura : l'animal allait être toiletté et coiffé, et une boîte d'anniversaire adaptée lui serait fournie sans supplément de prix. Il lui demanda de prévoir un petit bol au cas où l'animal aurait besoin de s'hydrater. Il allait aussi mettre une couverture sur ses sièges en cuir, on n'était jamais trop prudent.

Quelques jours plus tard, le chien était à l'accueil du Rembrandt. Son client ne lui avait pas menti. Un peu fou-fou parce que jeune encore, mais il écoutait lorsque Andrée lui demandait de rester sage et de ne plus bouger. Botey lui attribua une petite gamelle d'eau et juste à côté, au pied de la réception, une soucoupe dans laquelle il déposa sa nourriture à la petite cuillère, pour respecter les proportions indiquées sur la boîte. En quelques heures, il s'attacha à la petite bête. Si Le Pen annulait le rendez-vous, ce qui lui arrivait parfois, ce chien sans nom pour l'instant, spécialiste de la chasse au canard, allait finir dans son appartement rue Frochot. Le Pen venait une nouvelle fois de perdre les élections législatives face à René Capitant, un gaulliste classé à gauche, de quoi le mettre un peu plus encore dans une colère noire.

Quand Le Pen entra, bizarrement, il était d'humeur joyeuse. Il tenait sous son bras un paquet de disques, ses dernières productions, qu'il aimait offrir à ses amis, généreux, à la hauteur de ses moyens. Andrée, de dos, décrocha un trousseau de clefs. Ici, la nuit ne durait qu'une heure, mais il fallait la payer, plein tarif, avant de monter.

Devant le comptoir, un couple éphémère attendait le sésame pour rejoindre la chambre. Il venait de quitter La Bohème, un bar à filles tenu par Botey, situé juste en face de l'hôtel. Même totalement ivre, le client ne pouvait pas manquer l'entrée du Rembrandt.

Jean-Marie claqua une bise à Andrée. Il avait fini par s'habituer à elle, sans jamais savoir comment cette jeune femme, discrète, légèrement plus âgée qu'Éric, avait atterri dans ce lupanar. Elle semblait avoir une certaine influence sur Éric. Elle était une force tranquille et apaisante. Éric était à l'étage pour aider un client âgé, pris de vertige. S'il n'arrivait pas rapidement, il allait manquer l'effet de surprise. Éric descendait l'escalier une bouteille de cognac à la main quand il vit son ami Jean-Marie, accoudé au comptoir. Un clin d'œil à Andrée pour lui faire comprendre qu'il fallait de toute urgence faire entrer le chien dans la boîte ; sinon, tous ses efforts tourneraient au fiasco. Andrée l'attrapa par le gras du cou, bien maigre chez les caniches, et le plaça dans la grosse boîte, dans laquelle le chien, ayant goûté à la liberté, ne voulait évidemment pas rester, accrochant ses pattes aux rebords et poussant le couvercle du museau. Botey attrapa le colis et le déposa sur le comptoir. Le Pen le regarda, interloqué.

« C'est pour tes filles. J'aurais pu acheter une peluche, mais j'ai préféré une vraie qui bouge les oreilles et la queue.

— Un chien !

— Enfin, un chiot, il n'est pas encore adulte, tu vas vite t'en rendre compte. Normalement, il y avait un nœud autour de la boîte, mais j'ai pas réussi à l'accrocher, vu comme il gigote. »

Le chien jaillit, tel un zébulon. Le Pen le prit dans ses bras et passa ses mains sous ses pattes. Il plaça son visage devant celui de l'animal, nez contre museau. Comprenait-il ce qu'il se passait ? Sûrement, puisqu'il n'arrêtait pas de japper en direction de Botey, ne sachant plus trop qui était son maître.

Andrée avait penché la tête vers le bar, de façon à apprécier cette scène pour le moins originale dans un tel lieu.

Le Pen posa le chien par terre pour l'observer en pied. Il se demandait si ce n'était pas un cadeau empoisonné. Mais sa première réaction fut la joie. Ses filles allaient le couvrir de bisous. Pas certain, en revanche, que Pierrette le voie avec les mêmes yeux. Ils s'assirent sur l'une des deux tables du bar.

« Un Dom Pérignon…, demanda Botey à son barman, qui avait déjà préparé le seau et les coupes.

— On fête quoi, au juste ?

— L'arrivée d'un caniche blanc dans ta vie.

— Oui, alors, il faut un Dom Pérignon, pas moins ! »

Les deux hommes trinquèrent. Le Pen avait l'air heureux, malgré la période de vaches maigres qu'il traversait et la nouvelle défaite électorale qu'il venait d'essuyer. Il regarda le chien et se posa une question évidente, à laquelle il n'avait pas songé auparavant.

« Comment s'appelle-t-il ?

— Je sais pas, on lui a pas donné de nom, je voulais pas qu'il s'habitue à ma voix… Le vendeur m'a dit que c'était l'année en R.

— René, c'est pas mal, pour un chien. Non, on peut l'appeler Raymond !

— Arrête, sois sérieux deux secondes !

— Mais je déconne ! Si je le baptisais Rainbow, ça fait nom de chien, genre caniche branché de retour de Londres, non ?

— J'aime bien… Ça a de la gueule », rajouta Botey, observant le chiot qui s'amusait à sauter du fauteuil à la banquette et à se cacher dans les box coincés à gauche du bar, se faufilant sous les rideaux en velours rouge. Ils étaient vides, heureusement, sinon l'animal aurait dérangé de drôles d'ébats.

C'est ainsi que, sans le savoir sur l'instant, Éric devint le parrain de Marine Le Pen. Jean-Marie ne l'envisageait pas plus que lui alors, mais ce cadeau allait quelques mois plus tard peser de tout son poids lorsque Le Pen devrait choisir un parrain pour sa fille.

Andrée se leva et rejoignit les deux hommes. Éric lui proposa une coupe, en lui montrant la bouteille. Andrée fit « non » de la main. Elle lui demanda l'autorisation d'aller rapidement dîner. Elle souhaitait passer à son bureau, installé au-dessus de La Bohème, pour classer quelques factures et régler des fournisseurs. Botey l'autorisa d'une simple petite moue accompagnée d'un battement de cils. Le Pen observa, étonné par le comportement de son ami, souvent fougueux, parfois brutal avec son personnel, qui était devenu doux comme un agneau face à cette femme, ni belle ni moche. Il remarqua sa manière de parler. Lente, saccadée, comme si elle hésitait sur certains mots. Elle enfila son manteau et sortit à pas feutrés. Elle n'avait pas la démarche ni le regard insolent des filles du quartier, elle était d'ailleurs, cela se décelait au premier coup d'œil.

« Tu me dois une explication, Éric…

— Je ne te dois rien ! Je viens de te faire le plus beau cadeau dont tes filles pouvaient rêver…

— On se connaît depuis longtemps : qui est cette femme ? Elle est étrangère ? Elle a comme un drôle d'accent ! s'étonna Le Pen.

— C'est une longue histoire, et j'ai envie de te dire de l'histoire ancienne, y a rien de plus à dire. En tout cas, elle est française. Elle a eu un accident cérébral, d'où ses difficultés d'élocution, mais, depuis, elle a bien récupéré.

— Bon, comme tu veux, mais tu ne lui parles pas comme aux autres, tu prends des gants… On dirait que tu la protèges ! »

Botey trempa les lèvres dans sa coupe. Hésitant et troublé, il cherchait à dissimuler son émoi. S'il devait lui raconter son histoire avec Andrée, il lui faudrait la nuit entière – et encore. S'il s'allongeait sur le divan de Pigalle, Le Pen ne le regarderait plus du même œil. Pour son ami Jean-Marie, il était un homme d'affaires, les poches pleines. Un hors-la-loi flamboyant et culotté, qui avait fait croire à tout le monde, et parfois à lui-même, que Pigalle était un endroit comme les autres, qu'on y faisait des affaires comme dans n'importe quelle ville de France, en toute légalité. S'il lui ouvrait son cœur, il craignait de perdre son amitié, tout simplement. Peut-être même que, pour Le Pen, il n'était qu'une porte d'entrée pour accéder à ce quartier tellurique, un sésame pour changer de monde.

Cette idée le dérangeait, mais après tout, pourquoi pas ? Si Éric n'avait pas habité Pigalle, s'il n'avait pas croulé sous le pognon, lui aurait-il rendu visite, auraient-ils même été amis ?

Chaque fois, Éric le constatait : Le Pen plongeait dans Pigalle comme on se jetait dans une mer chaude avec ses jolis poissons de toutes les couleurs qui s'amusaient à se dandiner devant vous ; une mer infestée de requins qui vous surveillaient du coin de l'œil, capables de vous déchiqueter en deux coups de mâchoires.

À Pigalle, le plaisir se promenait toujours avec la peur à son bras. Le Pen aimait cette ambiance foutraque et dangereuse ; il s'enivrait de cette anarchie qui n'en avait que les apparences. La nuit, il contournait la loi, tordait les convenances dans tous les sens, se foutait de la gueule du monde. Il n'était plus député, père de famille, militant de l'Algérie française, il était Jean-Marie Le Pen se brûlant les ailes égoïstement.

« Tiens, au fait, je t'ai fait un cadeau, moi aussi… Avec ce chien, j'ai oublié de te les donner ! »

Il attrapait la pile de vinyles posée sur le comptoir.

« Des disques ! C'est gentil. Tu sais que je sais plus où les mettre ?

— Ils sont tout chauds, ils n'ont pas été commercialisés. Je t'ai fait un florilège, des chants militaires, des plaidoiries de Tixier, c'est là où il est le meilleur. Celui-là, c'est lors du procès de Bastien-Thiry. Tu sais que j'ai essayé de le faire sortir de prison ?

— Non, je ne savais pas !

— De toute façon, j'ai échoué, avec ces disques. Tu as de quoi te cultiver un peu !

— Merci, Jean-Marie ! J'ai pas de platine à la maison, mais j'en ai une au bureau. Ça va me détendre un peu », plaisanta Éric, qui n'était pas un amateur de musique en général, encore moins de musique militaire.

Il était soulagé de n'avoir pas été obligé de lui parler d'Andrée, la seule femme sur cette Terre à connaître sa véritable histoire. Pas la légende dans laquelle il se drapait quand il fanfaronnait à Pigalle, où tout le monde vivait dans un corset que personne n'osait délacer, de peur de se retrouver tout nu et donc vulnérable. Andrée était son secret.

10

Andrée était assise à la caisse d'un restaurant huppé qui faisait face à la cathédrale Saint-Étienne de Meaux quand elle croisa pour la première fois, en 1955, le regard d'Henri, jeune pâtissier aux doigts d'or. Petite femme vive aux cheveux châtains laqués, toujours impeccablement coiffés, aux yeux verts, malicieux parfois, sévères à d'autres moments. Elle sentait bon l'eau de Cologne. Coquette juste comme il le fallait. Elle portait au poignet droit une petite montre au cadran tout rond, probablement offerte à sa communion.

Au restaurant, Andrée n'était pas considérée comme une fille facile. Pendant le déjeuner, lorsque les clients étaient à table, c'était plus fort qu'elle, elle quittait son tabouret et partait fureter en cuisine, alors qu'elle n'avait rien à y faire, pour observer Henri mettre la dernière touche à ses pâtisseries, pour ne pas dire à ses œuvres d'art. Elle avait trente et un ans, lui vingt-deux. Elle avait déjà fait un petit bout de chemin, lui commençait tout juste sa route.

Elle était née dans le Jura, à Dole. Ses parents étaient épiciers. Elle avait décroché le brevet élémentaire et avait quitté sa région natale, comme Henri. Ils étaient pour ainsi dire voisins, avaient grandi dans la même région, parlaient le même langage, celui du terroir et de la bonne cuisine, et, surtout, ils ne venaient pas « de la haute ».

Henri la remarqua à peine, tellement concentré sur la présentation de ses assiettes. Elle savait qu'il avait travaillé au Crillon, une très belle maison qui vous ouvrait toutes les portes. Il avait déjà un peu vécu à Paris, la Ville lumière, l'auréolant aux yeux d'Andrée d'un pouvoir presque magique. Il avait vu des choses dont elle rêvait devant des magazines aux pages glacées, feuilletées chez le coiffeur.

Henri tournait autour de son assiette, l'auscultait, rajoutait ici un trait de caramel, là une pincée de cacao, il relevait un chou légèrement penché sur une petite pièce montée. Une serviette blanche à la main pour nettoyer la moindre petite tache pouvant souiller son œuvre sucrée. Il regardait partir son assiette, les yeux brillants, comme si une partie de lui-même se détachait. Le soir, très tard après le service, ils regagnaient leurs petites chambres perchées dans les combles du restaurant. Qui avait gratté le premier à la porte ?

Andrée et Henri se découvraient, profitaient des quelques heures de repos pour butiner sous les toits, avec un petit rectangle d'étoiles au-dessus de la tête, juste la taille d'un soupirail. Parfois, les nuits de pleine lune, ils avaient l'impression d'avoir une ampoule à la lumière blanche allumée au-dessus de leurs têtes. Elle venait révéler les courbes de leurs corps, imprimant leurs étreintes en ombres chinoises sur le mur en torchis de la piaule.

Ils avaient la vie devant eux, des rêves plein la tête : l'envie de monter leur affaire, de devenir leurs propres patrons, de ne plus avoir à dépendre d'un maître d'hôtel ou d'un chef de rang. Les désirs les plus fous naissaient toujours dans la promiscuité. Ils formaient des mots incertains qu'ils susurraient à peine, tant ce qu'ils exprimaient paraissait inimaginable, mais qu'ils prononçaient quand même, pour qu'un jour tout devienne réalité. Elle aimait Henri, qui le lui rendait ; rien ne pouvait leur arriver.

Un matin, au printemps 1956, leur valise à la main, ils dirent au revoir pour la dernière fois à la cathédrale de Meaux. Pas trop tôt. Il faisait beau, presque déjà chaud malgré l'heure matinale.

Andrée avait revêtu une robe fleurie, de petites socquettes blanches et une paire de vernis noirs qu'elle ne mettait que pour les grandes occasions – et c'en était une. Henri portait beau, comme toujours, une chemise bleue et un pantalon en lainage avec un revers large en bas. Ses souliers noirs en cuir scintillaient littéralement. Elle regardait son Henri, pas beaucoup plus grand qu'elle, fière de lui, fière d'elle aussi. Ils étaient si bien assortis. Ils se parlaient à la même hauteur et marchaient dans le même sens. Le bonheur était à leur portée. Ils allaient enfin prendre leur destin en main. Ils ne partaient pas bien loin. Ils avaient déniché un parc d'attractions, une nouveauté peu répandue encore en France. Le propriétaire cherchait un couple de gérants pour piloter le « Joy Parc », lové au bord de la Marne.

Ils avaient dit « oui » sans se donner le temps de réfléchir. Ils allaient être les premiers à diriger un parc de loisirs de cette taille. Un événement dans la région. Tout le monde voulait y aller. On parcourait des kilomètres, puis on faisait la queue en trépignant d'impatience pour avoir le privilège de baguenauder dans un vaste espace ressemblant à un supermarché des loisirs, concept venu tout droit des États-Unis.

Sans bouger, on pouvait s'amuser sur des attractions, faire du canoë sur un petit plan d'eau où se pavanait une baleine géante, pratiquer le ski nautique, conduire une voiture à pédales, se reposer sur des transats tout en surveillant ses enfants qui jouaient dans des aires de jeux et mangeaient de la barbe à papa. Le soir, on dansait jusqu'à pas d'heure. On pouvait même se cultiver en visitant un musée reconstituant le vieux Paris. Il avait fallu des mois de construction pour fabriquer les façades typiques des quartiers populaires de la capitale. On s'y serait cru, le danger en moins.

Andrée et Henri étaient les tauliers de cette affaire réglo. Ils payaient leurs impôts et toutes leurs taxes. Henri mettait bien un peu de liquide à gauche, mais quel restaurateur ne l'avait pas fait ? Andrée était une femme honnête. Au restaurant, elle rendait des caisses au centime près. Pourtant, des billets, elle en avait vu passer, des centaines, neufs, chiffonnés, déchirés. Aucun n'avait glissé dans son corsage.

Lui était au restaurant, elle s'occupait de la gestion et du personnel. Ce qu'ils s'étaient promis un soir dans leur petite mansarde humide avait enfin pris forme. Mais, entre les rêves et la réalité, il y avait parfois un écart. Elle ne le voyait plus, ou très peu. Ils travaillaient pourtant au même endroit, mais Andrée n'avait pas une minute à elle. Henri non plus. Il faisait tourner le restaurant. La cuisine, c'était sa vie. Le reste passait après.

De temps en temps, lorsque les derniers clients avaient enfin quitté le parc, ils dînaient en plein air et dégustaient les spécialités d'Henri, ses plats et surtout ses desserts revisités par ses soins. La vie d'Henri et Andrée aurait pu ressembler à ça. Une vie de labeur, sans jamais compter leurs heures, mais une vie heureuse. Le restaurant d'Henri aurait pu se transformer en table gastronomique. Peut-être avaient-ils songé à creuser une piscine pour attirer une nouvelle clientèle, à agrandir le parc pour faire grimper le chiffre d'affaires ?

À peine assis sur son rêve, Henri se lançait dans d'autres projets, jamais rassasié, toujours à essayer d'être plus grand qu'il ne l'était.

C'était terrible, pour lui, d'être né petit. Comment lui en vouloir ? Il avait la vingtaine et, à cet âge, la folie des grandeurs. Comme à l'époque du restaurant de Meaux, il ressortait à Andrée sa ritournelle : « Marre de trimer pour un type qui encaisse et qu'on ne voit jamais. » Marre de ne pas compter ses heures et de ne récupérer que des miettes. Andrée le tempérait, elle aurait bien aimé se poser ici quelques années. Elle n'osait pas le lui dire franchement, mais elle se serait bien vue élever un enfant dans cet environnement calme et verdoyant, propice à la maternité. Le gosse aurait eu tous les jeux rien que pour lui, il aurait été comme un roi. Elle essayait comme elle pouvait de le lui faire comprendre. Lui faisait mine de ne rien entendre et passait à autre chose. Andrée pensait simple, Henri pensait loin, trop loin pour elle. Peut-être parce qu'il avait connu Paris, les paillettes, le champagne, les filles faciles, les nuits de folie, les soupes à l'oignon à six heures du matin, les Rolls-Royce devant le Crillon, les limousines devant le Ritz, lui qui aimait tant les voitures, quelle frustration ! Peut-être avait-il enjolivé tout ça ?

Paris était une fête où l'argent coulait à flots, mais Henri restait sur le trottoir à lécher la vitrine. Il se sentait si petit dans ce monde de géants. Il s'en passait, des choses, dans ses rêves, peuplés de ces images clinquantes. Comment faire pour être comme eux ? Il voulait les mêmes chaussures, les mêmes manteaux, les mêmes voitures, la même aisance, le même style dans la démarche, cette manière à la fois hautaine et détachée de fendre le vent, le regard lointain et le menton haut. Voilà ce qui lui trottait dans la tête pendant qu'Andrée rêvait d'un bébé. Henri ne voulait pas s'encombrer d'un gosse, mais il ne pouvait pas le lui dire comme ça, évidemment... Lui, ce dont il rêvait, c'était le pognon, ne manquer de rien et pouvoir jouir de la vie à sa guise, sans compter. Le parc d'attractions, c'était du gagne-petit.

Un jour, le destin frappa à sa porte. Andrée le tenait plié sous son bras. Dans le journal, rubrique « Petites annonces », on recherchait un gérant pour un hôtel à Pigalle. Le nom résonna dans sa tête. Il connaissait le quartier au moins de réputation : des femmes, de l'alcool et des jeux. Le seul endroit où l'on pouvait, si on était malin, empocher beaucoup de fric. Andrée et Henri la relurent plusieurs fois. Elle n'avait jamais mis les pieds à Pigalle. Elle avait entendu parler du Moulin-Rouge, comme tout le monde, et des filles de joie de Montmartre. Elle regardait autour d'elle – le manège, les balançoires, le petit carré de pelouse et ses sièges de toutes les couleurs. Elle leur disait au revoir du bout des yeux, figeait l'instant. Car, au ton d'Henri, elle devinait que sa décision était prise, avec ou sans elle, il partirait de toute façon. Il lui racontait monts et merveilles sur Paris, et sur Pigalle en particulier. Elle avait des étoiles plein les yeux. Les boutiques de vêtements à la mode, les restaurants ouverts jusqu'à tard, une vie trépidante, à prendre ou à laisser… Qu'est-ce qu'on ne ferait pas quand on est amoureuse ?

La semaine suivante, un samedi soir – le moment restait inoubliable –, Henri avait garé sa Renault Dauphine place Pigalle, grouillante de monde. Des effluves de hot dogs et de café venaient caresser leurs narines, venus d'une petite échoppe, genre cabane à frites, coincée entre Les Naturistes et La Nouvelle Ève, deux cabarets à la mode où chaque nuit on se pressait pour reluquer des femmes nues dansant sur scène.

Des filles arpentaient la place, leur petit sac à main coincé dans la pliure du coude, en fumant leur cigarette pour passer le temps. Elles ne regardaient rien en particulier, prenaient un air blasé, donnant l'impression d'être ailleurs. Andrée resta figée quelques instants – trop de bruits, trop de couleurs, trop de visages et trop d'odeurs, tout cela était si nouveau pour elle. La tête lui tournait. Henri faisait mine d'être chez lui. Il était parti quelques mètres devant. Une fille posée contre un mur, portant une minijupe noire et un spencer en fausse fourrure rousse, l'interpella, voyant bien qu'il n'était pas du quartier.

« Hé, mon chéri ! tu veux prendre un peu de bon temps ? Fais pas le timide ! »

Henri avait imperceptiblement sursauté. Il la dévisagea, la détailla ensuite. Il commença par les jambes, puis remonta jusqu'à la poitrine, que la fourrure n'arrivait pas à cacher. Elle ne baissa pas les yeux, lui non plus. Andrée avait bien vu le manège. Son regard appuyé et grivois sur les parties intimes de cette pauvre fille. Elle n'avait jamais été dupe. Au parc, elle l'avait surpris une ou deux fois avec une serveuse qui ricanait comme une cruche pour tout et n'importe quoi. La fille était décoiffée et lui avait les pommettes rouges, trop rouges. Elle n'en avait pas la certitude, mais se doutait bien que son Henri n'était pas des plus fidèles. De toute façon, ce genre de choses, les femmes le sentaient sans avoir besoin de preuves.

Au milieu de cette place, elle se demanda une fraction de seconde ce qu'elle faisait là, dans ce temple de la fête et du vice. Si ses parents l'avaient vue… Un rabatteur au visage grêlé, chapeau haut de forme tout bouloché, affublé d'une queue-de-pie bleu ciel patinée par la saleté et usée aux manches, s'approcha d'elle, goguenard, dans ses pompes trop grandes dont le bout remontait ostensiblement :

« Alors, elle hésite, la petite dame ? Si vous avez envie de vous amuser, y a qu'une adresse, Les Naturistes, une coupe de champagne vous est offerte et vous allez en prendre plein les yeux. »

Andrée repoussa sa main quand le bonhomme tenta de lui attraper le coude pour la diriger vers la porte du cabaret. Elle se mit alors à marcher d'un pas rapide en direction d'Henri, comme si elle était redevenue une enfant poursuivie par le grand méchant loup. Ils firent quelques mètres sur le trottoir et tournèrent à gauche. La rue Frochot était légèrement en pente. Elle ressemblait à une guirlande lumineuse, avec les néons des cabarets si proches les uns des autres. Ils se placèrent sur le trottoir opposé au n° 4. Des filles marchaient sur le trottoir, les frôlaient, ce n'était pas un geste de bienvenue, mais cela voulait plutôt dire : « Foutez le camp de notre carré de trottoir, vous faites fuir le client. »

Le Shanghai, tel était le nom de l'hôtel, écrit en lettres lumineuses au-dessus de la porte d'entrée. Andrée et Henri levèrent le regard jusqu'au quatrième étage. Façade impeccable avec ses cinq fenêtres par étage, toutes dotées de rideaux beiges opaques. Ils durent se décaler légèrement, parce qu'un client en voiture avait décidé d'accoster une fille juste à leur hauteur. Henri avait les mains sur les hanches, il auscultait, soupesait.

Andrée était comme au zoo, elle ne savait plus où donner de la tête. Des hommes étrangement habillés avec des chapeaux en feutre, d'autres à la mine patibulaire, avec des chaussures bicolores. Elle n'avait pas peur, mais elle n'était pas rassurée. Elle espérait tant qu'Henri ne faisait pas le mauvais choix. Elle aimerait retourner à Meaux, faire comme si elle n'avait rien vu. Henri, tout sourire, lui donna le coup de grâce :

« Tout cela m'a l'air pas mal. Vingt chambres au minimum, y a moyen de faire quelque chose. »

Andrée ne répondit pas. Qu'est-ce qu'il voulait dire par « y a moyen de faire quelque chose » ? Elle ne voulait pas voir la vérité en face, mais au fond elle le savait très bien. Ici, les hôtels n'accueillaient pas seulement des touristes ou des représentants de commerce. Il suffisait de tourner la tête. Andrée choisit de le surprendre.

« Oui c'est un bel hôtel… Cela va nous changer du parc d'attractions !

— Tu ne regrettes pas ?

— Pas le moins du monde. On n'a qu'une vie, tu sais… »

À quel moment devenait-on proxénète ? Il n'y avait pas de diplôme, pas de formation, on apprenait sur le tas. Ce jour-là, devant le 4, rue Frochot, Armand Henri François Botey, né à Besançon en 1933, fils de boulanger, faisait son entrée dans le cercle de la pègre. Sur ce trottoir de la rue Frochot, au milieu de cette agitation, il muait. Il n'était plus Armand, ni Henri, mais entrait dans son nouveau personnage : celui de Monsieur Éric.

Il ne serait pas un vulgaire julot casse-croûte, comme on les appelait à Pigalle, des traîne-savates qui sirotaient leur galopin en reluquant leur tirelire qui déambulait sur le trottoir, mais un hôtelier, un de ceux qui contournaient la loi Marthe Richard avec la bénédiction de la police. Il voyait haut, regardait très loin.

Honnêtement, rien ne le destinait à exercer ce drôle de métier qui n'en était pas un. Botey n'était pas un dur au sens « pigallien » du terme. Sa taille ne jouait pas en sa faveur, mais il était gentil, affable même, baratineur parfois.

À Pigalle, on le regardait comme une pièce rapportée. Comme dans la famille du cirque, n'entre pas qui veut à Pigalle. De grands noms tenaient le haut du pavé, des légendes du grand banditisme. Ils portaient des noms corses pour la plupart et n'étaient ni des clowns ni des jongleurs. Face à des générations de voyous et de truands, de trafiquants qui se transmettaient leur savoir-faire et leurs petits trucs, comme un notaire transmet sa charge à son fils, Éric faisait figure de lilliputien, tel un orphelin sans racines. Botey n'était pas de ce monde. Aucun ancêtre dont les faits d'armes imposaient le respect, aucun vieil oncle faisant office de juge de paix, personne dans sa famille à qui se raccrocher pour tordre le bras aux menaces. Botey était seul. Il avait bien un petit frère de deux ans son cadet, mais lui avait choisi le droit chemin ; quant à sa grande sœur, elle avait fait un beau mariage. Il était donc le premier de la famille à embrasser cette étrange carrière, qui souvent ne vous amenait pas jusqu'à la retraite.

Enfin, il y avait Andrée. Elle l'avait dans la peau, heureuse de pouvoir continuer la route à ses côtés, coûte que coûte. Ils avaient signé les papiers, réglé les détails pratiques. Dans l'hôtel, ils disposaient d'un petit logement de fonction. Andrée faisait le jour, Éric la nuit. Deux ambiances, deux univers qui ne se fréquentaient pas.

Le jour, l'hôtel était un jeune homme de bonne famille – ou presque. La nuit, il se dévergondait. On ne le reconnaissait plus. C'était une autre clientèle qui grimpait les marches usées par tant de va-et-vient. Quand on lui demandait son prénom, il répondait Éric et tout le monde trouvait cela normal. Il exigeait même que ses salariés l'appellent Monsieur Éric.

Parfois, il venait avant son service et buvait un verre au bar. Andrée le rejoignait, rare moment d'intimité, dérangé toutes les deux secondes par un client, une fille qui n'aimait pas la chambre qu'on lui avait attribuée. Ils dormaient ensemble, mais formaient-ils vraiment un couple ? Pigalle était un monstre qui dépeçait l'amour en mille morceaux. La tentation était partout, et Éric avait la faiblesse de lui tendre parfois la main.

Pendant qu'Andrée dormait, son Éric vivait sa vie. Il papillonnait, discutait, se faisait des amis d'un soir, parlait politique, cuisine et pénétrait doucement le quartier pour surtout ne pas le brusquer. Pigalle était un être de chair, doté d'un esprit, il sentait vos peurs, votre empressement, et il se chargeait de vous mettre au pas pour vous faire marcher au même rythme que les autres. Mais personne n'avait expliqué le « mode d'emploi » au nouveau venu. Il avait juste compris qu'ici on se faisait beaucoup d'argent, très vite. Mais, une fois le magot en poche, la plupart déguerpissaient pour faire fructifier leur fric dans des endroits plus calmes. Éric tendait l'oreille.

À Pigalle, les pas-de-porte changeaient de mains aussi rapidement que les cartes dans les salles de jeu clandestines. Botey avait vingt-cinq ans, la fougue de la jeunesse ; inconscient du danger, il était sûr de sa bonne étoile. Il voulait devenir le prince de Pigalle. Il n'était pour l'instant qu'un petit tenancier d'hôtel accueillant la piétaille, le tout-venant. Mais son destin allait basculer plus vite qu'il ne l'avait imaginé.

En quelques mois, Éric réussit à s'intégrer à la rue Frochot, parfaitement identifié comme l'hôtelier du Shanghai. L'argent rentrait mais moins vite qu'il ne l'avait souhaité. Pour donner un coup de jeune à l'établissement, enfin façon de parler, il avait eu l'idée de le rebaptiser. Fini le fantasme asiatique, la magie du lointain ; dorénavant, l'hôtel s'appellerait le Rembrandt. Personne ne comprenait pourquoi il avait fait ce choix. Il évoquait au mieux, pour sa clientèle la plus cultivée, le nom d'un peintre, sans trop savoir à quelle période le situer ; d'autres pensèrent à la salle des ventes de Drouot, à deux pas.

Car Éric aimait la peinture, la « grande » peinture, et Rembrandt faisait partie de son panthéon. On lui connaissait deux passions, l'une visible et clinquante – les voitures – et l'autre secrète, presque méditative – la peinture. Dans l'instant, il ne pouvait assouvir que la seconde, plus accessible financièrement. Lorsqu'il émergeait de sa nuit vers quinze heures et que son emploi du temps le lui permettait, il s'enfuyait pinceaux à la main. Pendant quelques heures, il oubliait sa vie, ses angoisses se dissipaient instantanément. Il posait son chevalet près de la fenêtre et mélangeait ses couleurs. Il s'exerçait en faisant des reproductions de toiles célèbres. Il n'était pas encore artiste peintre, juste un apprenti. Il s'appliquait, cherchait la perfection, la même que lorsqu'il confectionnait une pâtisserie. Et justement cela faisait deux semaines qu'il s'usait les yeux sur *Scène historique*, une toile de jeunesse où Rembrandt abandonnait le clair-obscur pour offrir un visage presque christique à des soldats partant au combat. Éric peinait sur le drapé complexe d'un vêtement parme. Il s'épuisait à découvrir les nuances chromiques utilisées par le peintre pour la tunique bleutée du roi, tenant au bout de sa main un sceptre en or aux nuances subtiles.

Si Pigalle apprenait que Botey peignait du Rembrandt, rendez-vous compte ! On pouvait se passionner pour les bagnoles, pour de beaux costumes, mais pour la peinture ! Inimaginable. Lui s'en moquait, il s'évadait, il oubliait sa vie de proxénète, il s'inventait un monde loin du bruit et de la fureur, il donnait un sens à son existence. Puis, après quelques heures de minutieuses arabesques sur sa toile maculée, il rangeait son matériel, se lavait les mains, pliait son tablier et redevenait tenancier rue Frochot.

Le soir, il s'accordait une petite cigarette sur le pas de la porte. Il regardait cette rue, la scrutait, même. Il s'imaginait à la tête de tous ces bars aux enseignes clignotantes et de tous ces hôtels de passe. Il se voyait garer sa voiture de luxe et descendre en se pavanant. Il savait que tout cela était possible, à portée de main. À condition de trouver la bonne clef pour ouvrir le coffre-fort. Et, pour l'instant, il ne l'avait pas dénichée.

Un soir comme tant d'autres, alors qu'il avait rendez-vous avec de vieux amis de son ancien monde – celui de la restauration, tous membres de la confrérie de Saint-Michel –, il fit la connaissance de Carmen, une maquerelle de Pigalle, plus particulièrement de la rue Fontaine, dont elle avait fait son empire. Ses copains lui avaient dit qu'elle tenait le haut du pavé, sans plus de détail. On ne pouvait pas dire qu'il était tombé instantanément sous son charme. Elle était aussi charpentée qu'il était petit. Des épaules larges et des fesses plates. Elle se tenait debout derrière la caisse lorsque le petit groupe en goguette fit son entrée. Une poitrine tombante, un gros nez et un menton disgracieux interdisaient de la ranger dans la catégorie « belle femme » – sans parler des petites rides qui avaient fait leur apparition au coin des yeux. Elle portait une alliance qui semblait incrustée dans les chairs, tellement ses paluches étaient imposantes. Sous son maquillage grossier, elle avait le regard de la patronne, celle que rien n'effraie. Outre son alliance, elle portait au majeur un gros caillou translucide et scintillant qui ressemblait à un diamant, monté sur une bague avec des petites pierres serties de la même teinte – l'insigne du parvenu. Même si les seuls endroits où elle l'exhibait étaient les cloaques de Pigalle et ce bar à filles, toutes persuadées que sa bague était en toc. La vraie, cancanait-elle quand elle avait le dos tourné, dormait au coffre. Éric n'arrivait pas à lui donner d'âge, la magie du fond de teint et du rimmel. Elle était beaucoup plus âgée que lui, à l'évidence…

*

Andrée dormait comme un bébé après une journée de turbin à l'hôtel. Éric, lui, était accoudé au comptoir à siroter une coupe de champagne, comme s'il était né à Pigalle.

Il ne s'en rendait pas compte, mais Carmen l'observait. Elle n'était pas du genre à minauder, elle avait passé l'âge. Elle lui avait resservi une coupe, faisait pivoter la bouteille d'un coup sec pour récupérer la dernière goutte qui plongeait dans son verre tel un fragment de cristal rejoignant son écrin. Elle savait déjà tout sur lui, l'hôtel rue Frochot, Andrée de jour, lui de nuit, le Joy Parc, son père boulanger, son passage au Crillon. Mieux qu'un flic des RG. À Pigalle, il y avait des mouchards partout. Il ne lui inspirait rien, si ce n'est, à la rigueur, un peu de respect. Elle regardait ses mains, sa peau de gamin, elle l'écoutait lui parler de ses projets de rachat, sa folie des grandeurs. Lui se disait qu'elle pourrait être sa mère. De temps en temps, il lorgnait sur son décolleté. Elle portait un soutien-gorge rouge, et il imaginait sa culotte de la même couleur et des porte-jarretelles assortis. Les ficelles du métier. Botey calculait, d'autant qu'elle venait de lui dévoiler la liste de ses établissements : des bars et un hôtel au 29, rue Fontaine. *Où est-ce que je mets les pieds ? Elle n'est pas arrivée là toute seule ? Il faut qu'elle me parle de son mari…*

Ses copains, très occupés par quelques jolies filles qui avaient posé des bouteilles de champagne sur le comptoir, ne se préoccupaient plus de lui. Carmen s'était accoudée au zinc, elle lui parlait maintenant de très près. Sans qu'il eût à le lui demander, elle évoquait son mari, Maurice. Elle en parlait sans passion, comme si cet homme était une anecdote. Botey se parlait à lui-même : serait-il capable de coucher avec elle, bordel ?

Elle lui demanda pourquoi il n'était pas marié, « un si beau garçon ». Elle prononça cette phrase comme une professionnelle, une petite flatterie qui, dans le métier, aidait le client à sortir ses billets. Ça marchait à tous les coups. Botey restait sur ses gardes, ne rentrait pas dans les détails de sa vie avec Andrée.

« Une oie blanche, ton Andrée, elle va se faire dévorer !

— Qu'est-ce que tu veux dire par là ?

— Tu penses qu'on arrive à Pigalle avec un baluchon et qu'en six mois tu es le roi de la fête ? Y en a plus d'un qui s'y est cassé les dents et est reparti entre quatre planches… »

Botey prit un air faussement naïf, faisant mine de ne pas comprendre… Mais il avait parfaitement saisi le message. Avec Andrée, tellement pure, ils ne feraient pas le poids. Il avait ses rêves, mais la réalité était implacable.

Était-elle en train de lui proposer une association ? Il n'était pas propriétaire des murs. Cela n'avait aucun sens.

« Tu me conseilles quoi ?

— Moi, je ne te conseille rien, mon chéri. Les mecs dans ton genre, vous avez des cerveaux de moineau, vous pensez pas plus loin que le bout de votre nez ou de votre bite, au choix. Le fric de Pigalle, ça se mérite, y a beaucoup à ramasser, mais faut savoir s'y prendre. Toi, l'avantage, c'est que t'as pas d'attache, pas de gosses, pas de femme, libre comme l'air… C'est un atout, mon poulet », dit-elle en lui caressant la joue de son index, le seul doigt sans bague.

Botey respirait. Heureusement qu'elle ne lui avait pas demandé droit dans les yeux s'il avait des gosses. À Pigalle, on racontait que Botey avait eu deux enfants, personne ne les avait jamais vus. Comment pouvait-il être aussi volage ? Au fond, Carmen n'avait pas tort, il avait un cerveau de moineau et un cœur de pierre. On ne pouvait pas tout faire : être un bon père et faire fortune. Botey avait choisi sa voie.

Il garda cette conversation bien enfouie en lui. Lorsqu'il franchit la porte du Rembrandt, Andrée était toujours à l'accueil de l'hôtel, des cernes sous les yeux. Leur salarié leur avait fait faux bond, et elle s'était résignée à attendre Éric derrière son comptoir. Elle ne lui faisait aucun reproche. Son Éric avait changé, elle le sentait, mais elle ne voulait pas se l'avouer. D'ailleurs, comment aurait-il pu se bonifier à Pigalle ? Régulièrement, Éric retournait au bar de Carmen. Là-bas, il était comme chez lui. Ils étaient devenus amis, même un peu plus. Quand Andrée dormait, Éric construisait son rêve de gloire. Une ou deux fois, il alla même jusqu'à rendre visite à Carmen dans son l'hôtel, par curiosité, pour voir pourquoi l'établissement ne désemplissait pas. Un soir, il croisa son mari, un monsieur bien mis, les tempes grisonnantes, qui fit mine de ne pas le voir. Il ne réussit pas à savoir s'il appartenait encore à la pègre ou s'il en était sorti pour de bon.

Comme Andrée, il préférait se mentir à lui-même que de regarder la réalité en face. Des nuits entières à écouter Carmen faire son éducation – une vraie conteuse, mais aussi une femme de chiffres. À Pigalle, on calculait beaucoup. Il découvrait les doubles comptabilités, les montages de sociétés, les unes dans les autres pour siphonner l'argent sale. Elle ne négligeait aucun détail, tout avait son importance quand il s'agissait de filouter le fisc. Elle parlait, il écoutait. Elle se mit à l'aimer, lui s'en servait. Carmen retrouvait une seconde jeunesse, et Éric changeait de monde. Il avait enfin trouvé la clef pour devenir riche, très riche.

11

« Le Pachyderme a été flingué. » Le gosse haut comme trois pommes, pas plus grand que le comptoir de l'hôtel, était essoufflé, presque affolé. Botey avait relevé la tête de son livre de comptes, le plus tranquillement du monde. Il regarda son éphéméride : 21 décembre 1960. Un parrain en moins à Pigalle. On le connaissait bien, ce gamin, dans le quartier. On l'avait baptisé « le petit Dédé ». Il allait à l'école quand il avait le temps, et le reste de ses journées, il le passait à Pigalle à rendre de menus services aux tenanciers, aux barbots, aux michetonneuses qui tapinaient. Ici un sandwich, là un paquet de cigarettes… Chaque semaine, vers dix-neuf heures trente, il sortait le linge sale de l'hôtel, une tonne de draps, de serviettes et de taies d'oreiller souillés par ces étreintes tarifées. Il posait les gros paniers en osier malodorants sur le trottoir afin qu'ils soient ramassés par la camionnette du blanchisseur. Botey lui donnait une pièce, et le petit Dédé repartait tout joyeux.

Le Pachyderme, de son vrai nom Nachat Martini, venait de mourir. On ne savait pas encore grand-chose sur les causes du décès. On l'appelait ainsi parce qu'il était gros, pour ne pas dire obèse. Botey lui avait choisi un autre nom de baptême : le Bicot. Peu importe qu'il ait été syrien, pour Botey, c'était un basané, et cela suffisait pour ne pas l'aimer. À ses yeux, cette mort n'était pas une grosse perte, peut-être même une bonne nouvelle : on allait assister à une guerre entre clans pour récupérer son empire composé de bars, de cabarets à strip-tease et redistribuer les cartes dans le quartier. Des fonds de commerce allaient être mis en vente, des têtes allaient tomber. C'est bien connu, le malheur des uns fait toujours le bonheur des autres. Et, si des miettes tombaient, Botey serait là pour les récupérer. Encore fallait-il rester prudent sur les occasions à venir. Car sa femme veillait sur le magot. Hélène Martini, une Franco-Polonaise sortie de nulle part, mariée avec Nachat depuis cinq ans, était une sacrée bonne femme, chic comme une princesse russe, froide comme les glaces de ce pays, redoutable en affaires, disait-on. On la croisait de temps en temps dans le quartier, entourée de ses hommes de main. On s'écartait sur son passage, il ne serait jamais venu à l'idée de personne de l'interpeller dans la rue pour faire un brin de causette. Intouchable et inaccessible. Elle était beaucoup plus jeune et beaucoup plus belle que son défunt mari. Botey s'était fait la remarque en les croisant une ou deux fois dans le quartier. À peu de chose près, ils avaient le même écart d'âge que Carmen et lui, ce qui le rassurait un peu, même s'il était plus naturel, pour ne pas dire plus flatteur, pour un homme de tenir à son bras une femme plus jeune que lui – l'inverse était beaucoup moins évident, surtout à Pigalle.

Le gosse s'était calmé. Il avait les mains dans les poches et pensait à haute voix.

« Putain, qui a pu le buter ? Il se la jouait dans sa grosse Buick, on aurait dit un milliardaire américain avec ses cheveux gominés et ses paletots en cachemire. Une fois, il m'a fait monter dedans. Des sièges en cuir moelleux, un volant capitonné en peau d'agneau…

— Ça va, je sais ce que c'est qu'une Buick », le coupa Botey, qui aurait bien aimé lui aussi prendre le volant de cette incroyable voiture.

Éric observait ce moutard. Ce gamin avait les oreilles qui traînaient partout. Pour un billet, il pouvait se mettre à table, peut-être même était-il utilisé comme espion par les Corses ? Qui pouvait se méfier d'un môme en apparence si inoffensif ? À son grand désespoir, il se disait qu'Hélène Martini ne lâcherait rien. Pourquoi le ferait-elle, puisqu'elle avait consacré une partie de sa vie à atteindre ce but : monter sur le trône au prix d'énormes sacrifices ? Mais peut-être ce fauteuil en or était-il un peu trop large pour elle, compte tenu de son âge et de son manque d'expérience.

L'espace d'un instant, il se demanda si ce n'était pas elle qui l'avait tué, pour prendre le contrôle de l'empire. Pourquoi pas ? Et, forcément, cette idée l'amenait à penser à Carmen. Depuis quelques semaines, ils se voyaient en cachette. Il souriait en pensant à Hélène Martini, couverte de cette masse de chair, engloutie par les bourrelets adipeux de son mari qui cherchait à lui donner du plaisir. Comparer, c'est se rassurer. Avec Carmen, il avait l'impression d'avoir moins d'efforts à faire… Elle avait dû serrer les dents au début, pensait-il avec une certaine satisfaction. Lui avait seulement dû surmonter leur écart d'âge et quelques marques d'usure du temps imprimées sur son corps. Une femme de quarante-cinq ans restait désirable. Même si, pour un homme de vingt-sept ans, elle ne pouvait plus être considérée comme de la « chair fraîche ». Et puis, c'était très intime, il y avait toujours cette différence de taille. Carmen enroulait ses jambes autour de son buste, tels deux boas venant s'appuyer sur son dos pour l'enfoncer plus loin encore. Même dans cette position, il n'était pas le patron.

La première fois, lorsqu'ils s'étaient retrouvés nus, il avait été pris d'une petite angoisse, qu'il avait dissimulée autant que faire se peut. Allait-il être capable de lui faire l'amour ? Pigalle valait bien une messe. Ce jour-là, il n'avait pas vraiment envie. En revanche, Carmen brûlait de désir. Finalement, il avait fait comme d'habitude, et tout s'était très bien passé. Il avait juste fait très attention, pour éviter un nouvel accident dans neuf mois. Deux enfants, c'était suffisant. Elle aimait lui caresser le dos, en passant ses doigts écartés comme les dents d'un peigne dans sa toison noire. Botey était poilu, et Carmen adorait son système pileux très développé. Elle l'appelait son petit ourson.

Elle se confiait sur l'oreiller, dévoilait ses secrets, son magot qu'elle cachait dans un faux plafond de l'hôtel. Elle lui parlait aussi de Maurice, son mari, de huit ans son aîné. Ils s'étaient mariés le 12 avril 1954, un beau mariage avec la robe blanche, les grains de riz sur la tête et toute la famille qui applaudissait. Elle le regrettait déjà. Il venait du nord de la France, comme elle. Un temps, il avait été un homme puissant – prostitution, vol et trafic en tout genre –, puis il s'était ramolli. Elle le trouva casanier et ennuyeux. Marcel lui fit tous les reproches de la terre, prenant des airs de grand bourgeois.

Si Éric en avait envie, elle était prête à quitter son mari pour faire le grand saut. Elle ne le lui disait pas aussi clairement, mais c'était l'idée. Lui, égoïstement, aurait bien aimé savoir s'il risquait sa peau en piquant la femme d'un autre. Combien de types de Pigalle étaient tombés après avoir été surpris par un mari cocu, surtout du profil de Maurice ?

Trop jeune pour mourir sans avoir eu le temps d'empocher les liasses. Leurs étreintes étaient courtes, parfois furtives. Carmen était toujours mariée, et Éric officiellement avec Andrée. Il prenait quelques précautions pour sortir de l'hôtel avant elle, mais à quoi bon ? Comment rester discret à Pigalle, le quartier où tout le monde se surveillait, s'épiait, se jalousait ? Tout était propice aux ragots et aux rumeurs. Pigalle était une corne d'abondance pour la police, et même pour les services secrets. Ils n'avaient qu'à tendre l'oreille. Et ce qui devait arriver arriva… Un soir, une fille moins discrète que les autres, qui attendait un client en retard au bar du Rembrandt, avait craché le morceau. Sans penser à mal.

Andrée avait parfois vu monter Éric avec des filles, ce dont elle ne lui avait jamais fait le reproche, considérant ces incartades comme un acte purement hygiénique qui ne remettait pas en cause leur histoire. Mais Carmen, c'était autre chose. Elle n'était pas une vulgaire ouvrière du bitume, elle dirigeait l'usine, c'était une notable, une maquerelle devenue riche et, disait-on – méchanceté ou clairvoyance ? –, une femme sans scrupules. Andrée sentit le sang lui monter à la tête et son cœur s'emballer. Imaginer son Éric à poil avec ce cheval de trait… Elle connaissait son goût pour l'argent, elle le savait capable de céder à des avances uniquement pour servir ses intérêts. Andrée comprit qu'elle avait perdu la partie. Elle avait tout accepté avec le sourire, mais cette histoire était la goutte de trop. La fille passa devant le guichet avec son client, un représentant de commerce gringalet, et la salua comme si de rien n'était.

« Salut, Andrée, tu seras partie quand je vais redescendre. T'es toute pâle, tu devrais aller te coucher, ma biche. »

Andrée hocha la tête, incapable de faire plus. Quand elle croisa Éric, il comprit, à son regard et à la blancheur de son teint. Le mot « trahison » ne faisait pas partie de son vocabulaire. Éric vivait sa vie et assouvissait ses pulsions sexuelles comme bon lui semblait, sans aucun problème de conscience. Andrée était faite d'un autre bois. Elle avait choisi Éric, et rien ne l'avait détournée de cette route. Travailleuse, honnête et fidèle. Que pouvait-on bien faire de toutes ces qualités quand on travaillait à Pigalle ? L'échange fut bref, mais d'une violence inouïe, surtout pour Andrée. Éric minimisait, n'avouait rien, comme le font tous les hommes pris la main dans le sac. Il accablait les filles, de vulgaires langues de vipère, juste là pour détruire les couples. Il exigea de connaître le nom de celle qui l'avait dénoncé. Andrée ne céda pas. Il essaya maladroitement de lui expliquer la raison pour laquelle il rendait visite à Carmen : il envisageait de racheter le bar juste en face de l'hôtel. Pour ce faire, il avait besoin de liquidités, et Carmen pouvait lui prêter la somme à très faible intérêt, une telle proposition ne se refusait pas. Il faisait ses yeux de chat, les plissant par intermittence, Andrée n'y résistait pas. Mais il changea de visage quand elle lui demanda froidement les contreparties exigées pour un tel marché. Éric fixa ses chaussures. Il usa d'un dernier argument, auquel Andrée ne crut pas : il voulait lui faire une surprise, raison pour laquelle il n'avait pas évoqué ce projet. Autrement dit, tout cela, il le faisait pour elle, pour leur couple, il travaillait en secret pour leur prospérité. Elle pleura de rage devant tant de mensonges.

Le lendemain, un chauffeur de taxi l'aidait à charger une grosse malle dans le coffre. Le quartier turbinait, et personne ne se soucia de la voir partir. Pigalle était un monstre froid, sans cœur et aux yeux secs. La voiture la déposa à Rungis. Andrée avait une amie qui pouvait l'héberger, le temps de retrouver un travail, ce qui n'était pas difficile à l'époque. Éric rentra de sa petite virée quotidienne le pas léger, l'esprit presque joyeux. L'hôtel était vide. Enfin, personne ne se trouvait au guichet pour accueillir les clients. Il leur demanda de patienter et grimpa dans leur appartement de fonction. L'évidence lui sauta aux yeux. Andrée avait décanillé. Son placard était vide, la petite boîte à bijoux disparue, laissant apparaître un petit rectangle clair à l'endroit où le petit coffre était habituellement posé. Il s'assit sur son fauteuil. Elle ne pouvait pas le laisser seul. Elle n'avait pas le droit de lui faire ça. Comment allait-il tenir l'hôtel ? Il ne pouvait pas faire à la fois le jour et la nuit. Ses rêves de fortune s'effondraient. Il redescendit, car les clients commençaient à s'impatienter. Il distribua les clefs, encaissa machinalement, ne desserra pas les lèvres, lui si jovial d'habitude. En quelques minutes, le hall fut désert. Tout le monde était au boulot. Seul le petit chuintement du torchon sur les verres maintenait Éric dans le monde réel.

Carmen entra quelques minutes plus tard. Il ne l'attendait pas. Elle alla s'asseoir sur l'une des deux tables du bar. Éric se leva, un peu embarrassé, comme si Andrée allait descendre les escaliers et les surprendre. Elle commanda une coupe de champagne et se ravisa, préférant une bouteille. Elle posa son manteau de fourrure sur le dossier de la chaise, dévoilant un décolleté indécent.

« Te voilà enfin seul, mon petit nounours, ça se fête…

— Les nouvelles vont vite ! dit-il en repoussant la main qui venait de se poser sur le haut de sa cuisse.

Le barman tourna la tête.

— Te voilà libre, tu n'as pas besoin d'avoir un fil à la patte !

— Ouais, mais bon, qui va me tenir l'hôtel et qui le fera aussi bien qu'elle ?

— C'est pas un souci, je vais te trouver quelqu'un. Il faut penser à l'avenir. Moi aussi, j'ai fait un peu de chemin, tu sais. J'ai demandé le divorce à Maurice…

— Quoi ?

— Oui, je vais le quitter, on ne voit plus la vie pareil, et, depuis que je t'ai rencontré, j'ai des projets, des idées, tu me donnes envie de tout bouffer…

— Mais il t'a dit quoi, ton Maurice ? Il a dû sauter au plafond !

— Il a pris un coup sur la cafetière… Il a tiré la gueule, puis il s'est un peu déridé. Le problème, c'est qu'on est associés dans plusieurs affaires et, comme je le lâche, il s'est dit qu'il allait me faire passer un mauvais quart d'heure. Mais, tu sais, je suis un écureuil, j'ai fait quelques réserves de noisettes…

— Ouais, t'as le sens du business…

— J'ai croisé le gérant de La Bohème, il veut se barrer, usé par Pigalle, il va reprendre quelque chose du côté de

Trouville… Dans trois mois, on peut gérer l'affaire, si t'es toujours intéressé…

— Bien sûr, que je suis intéressé, c'est pas la question ! Mais tu fais tout à ma place, je suis pas un gosse… La prochaine fois, tu m'en parles avant.

— Mais c'est pour nous que je fais ça, c'est pour cela que je ne t'ai rien dit, je voulais te faire la surprise.

— Épargne-moi tes salades, je connais le refrain ! s'emporta Éric.

— Te mets pas en colère, mon petit ours ! On va avoir Pigalle à nos pieds, tu vas voir, on va casser la cabane, ils vont tous venir nous manger dans la main… »

Carmen tint promesse. Six mois plus tard, Botey prenait les rênes de La Bohème, un bar à bouchon juste en face de l'hôtel, bien pratique. Une aubaine, même si Carmen était une femme envahissante – c'était la contrepartie. Elle ne vivait plus au 29, rue Fontaine avec Maurice. Elle s'installa rapidement dans l'appartement de fonction de l'hôtel.

Toutefois, comme les placards étaient trop petits pour ranger ses robes et ses manteaux de fourrure, elle faisait des navettes entre son ancien domicile et sa nouvelle demeure. La rue Fontaine lui manquait. Pour un touriste, toutes les rues de Pigalle se ressemblaient, une enfilade de bars à enseignes qui vous ouvraient grand leurs cuisses. Pour Carmen, la rue Frochot était comme un pays étranger, une *terra incognita*, un nouvel espace à conquérir. La rue Fontaine prenait naissance place Blanche, alors que Frochot était une des deux artères de la place Pigalle. Deux mondes… Maurice se morfondait. Il ne mangeait plus et n'avait plus la force de lui faire une scène, assommé par le choix de celle qui était toujours juridiquement sa femme.

Il essaya bien de la menacer en lui faisant miroiter qu'il allait prendre Tixier-Vignancour pour s'occuper de son divorce. Il brandissait ce nom comme un gourdin. Maurice le connaissait bien, il lui versait des sommes folles, et ils partageaient les mêmes idées sur la société : les Arabes, les communistes et tout ce qu'il fallait pour que le pays marche droit.

Carmen s'en moquait éperdument, parce qu'elle avait une arme secrète : ses petits carnets. Des calepins sur lesquels elle notait tout : le nombre de chambres louées par jour, le nom des clients, l'identité des filles et deux colonnes ; dans l'une figurait la somme à déclarer et dans l'autre ce qu'elle détournait dans tous les établissements du couple. Si ces carnets tombaient entre les mains du fisc, son mari devenait complice de ses malversations. Maurice l'avait bien vue griffonner les pages de ces pattes de mouche, sans jamais se soucier de leur contenu. Il aurait dû s'intéresser un peu plus à sa femme. Ce jour-là, il prit douloureusement conscience qu'elle n'écrivait pas le roman de sa vie, mais fabriquait patiemment depuis des années une bombe qui pouvait lui exploser n'importe quand au visage. Elle le tenait. Car, non content d'être cocu, il allait devoir négocier le partage des parts. Dès lors, il était incapable de la mettre à sec, la dernière arme dont il disposait pour assouvir sa vengeance…

*

Andrée essayait d'oublier Éric, sans trop y parvenir. Elle avait son brin d'orgueil. Elle gardait en mémoire les recommandations de son père, lorsqu'elle devint jeune fille. Épicier dans le Jura, marié avec une Alsacienne, c'était un homme de son temps, taiseux et à cheval sur les principes : « Si un homme te trompe ou te manque de respect, tu dois le quitter. L'amour, c'est d'abord le respect. » Ou encore : « Si c'est le bon, tu le sentiras. » Elle retournait ces phrases dans sa tête. Il y avait la théorie, et il y avait la vraie vie. Au plus profond d'elle-même, elle avait toujours pensé que c'était le bon. Volage, infidèle, mais si attachant. Ils ne s'étaient jamais dit « je t'aime », ce qui ne l'avait pas dérangée outre mesure, car chaque semaine il lui offrait des fleurs. Sa manière à lui d'exprimer ses sentiments.

Une ou deux fois, Éric vint fureter à Rungis au volant de sa voiture de sport. Il faisait le pied de grue devant son appartement en attendant de la voir sortir. Elle essayait de ne pas montrer son étonnement, ni même sa joie de le voir planté là, sur un parking. Il chercha tout d'abord à la convaincre de revenir à l'hôtel. Murée dans sa logique, Andrée repoussa ses avances. Enfin, ce n'étaient pas des avances, mais plutôt un entretien d'embauche : pour Éric, faire revenir Andrée à l'hôtel ne signifiait pas reprendre la vie d'avant, celle où ils habitaient ensemble et partageaient une intimité.

Sans savoir trop pourquoi, il avait besoin d'elle pour tenir l'hôtel, sa présence le rassurait. Andrée le reliait au monde des gens honnêtes. Elle fit probablement le choix le plus douloureux et le plus décisif de sa vie – et le paya cher, d'ailleurs. Elle refusa la proposition d'Éric. Elle préférait rester dans sa petite vie, la sienne. Elle n'imaginait pas devoir croiser Carmen, sa rivale, celle qui lui avait volé son amant. Elle ne voulait pas être traitée comme une vulgaire salariée. Elle poursuivit ainsi son existence, trouva un poste de secrétaire et tenta d'oublier. Mais l'amour est une fleur carnivore qui vous avale, vous plonge dans un liquide saumâtre et dilue votre être à petit feu, jusqu'à vous tuer.

Un soir comme tous les autres, Andrée rentra du travail. Elle se sentait fatiguée. Depuis le début de l'après-midi, sa jambe droite était engourdie, elle peinait à la déplier, si bien qu'elle n'avait pas eu d'autre solution que de rester assise toute la journée, clouée à son bureau. Elle n'écoutait pas son corps, elle avait toujours été comme ça. Seulement, dans l'escalier, elle ressemblait à une vieillarde. Sa jambe droite ne répondait plus aux exigences de son cerveau, son bras était comme congelé, impossible d'attraper la rambarde. Elle se contorsionna et, de sa main gauche encore valide, elle tira sa carcasse, devenue un poids mort. Elle était comme un marin sur le pont d'un bateau traversant une tempête. L'engourdissement remontait le long de son corps, tel un frisson anesthésiant. Lorsqu'elle atteignit le premier étage, elle s'effondra. Elle ne pouvait pas aller plus loin. Elle essaya de crier, mais sa bouche était paralysée, n'en sortaient que des sons feutrés. Alors, elle frappa de toutes ses forces avec son poing gauche sur l'une des portes de l'étage. Andrée était prisonnière d'elle-même. Elle avait tellement ruminé sa rupture avec Éric, elle aurait tellement aimé avoir un enfant de lui. À son insu, son inconscient avait mené pendant des mois une bataille sournoise contre ses certitudes. Sa psyché venait de gagner la partie. Son corps parlait désormais à sa place, tel un cri silencieux. Elle ne pouvait plus prononcer la moindre phrase audible, toute chiffonnée sur ce palier glacial.

Voilà comment Andrée se retrouva, contre elle-même, assise derrière un bureau installé juste au-dessus de La Bohème, un des établissements du couple formé par Éric et Carmen. Quelle étrange trajectoire... Éric n'avait pas réussi à la convaincre de revenir de son plein gré, la maladie avait fait le travail à sa place.

Lorsqu'il avait appris la paralysie d'Andrée, il avait fouillé son carnet d'adresses à la recherche du meilleur médecin de la place. À Pigalle, on croisait toutes sortes de gens venus s'encanailler et oublier, le temps d'une soirée, l'étroitesse de leur petite vie bourgeoise. La route de la convalescence allait être longue. Écrasée par le stress, Andrée avait été terrassée par une hémiplégie. Médicalement, on ne trouvait rien, rien d'explicable sur le plan scientifique. La femme qu'il avait aimée n'était plus que l'ombre d'elle-même. La commissure droite de sa bouche tombait, emportant avec elle la joue, petite galette de chair toute flasque. La moitié de son être était inerte. Andrée était à demi vivante. Des mois de rééducation lui permirent de retrouver une partie de la motricité des muscles de sa bouche, mais elle resta handicapée. Elle conserva toujours le réflexe de placer le combiné téléphonique du côté gauche de son visage, pour être certaine de bien se faire comprendre.

Un jour, donc, elle s'installa dans ce petit bureau auquel on accédait par un escalier en colimaçon situé dans l'arrière-salle de La Bohème et qui servait à stocker les caisses de bière et de whisky. Lorsqu'elle travaillait tard le soir, elle pouvait apercevoir par la fenêtre la lumière rose pâle de l'enseigne du Rembrandt. En traversant la rue, elle était devenue une employée d'Éric, c'était son destin, elle s'y résignait.

Elle était maintenant la spectatrice de l'ascension de ce dernier, avec l'aide précieuse de Carmen. Un couple boulimique. Après La Bohème, ils achetèrent à Pigalle le Sulky, le Yellow Dog, le Manhattan, le Lautrec, le Curling, le Chunga, le Nord-Sud, le Baby Doll. Ils tissaient leur toile. Le Frochot n'était plus assez grand pour eux. L'empire s'agrandissait. Ils avaient des cabarets jusque dans la rue Pigalle, la rue de Douai et la rue Victor-Massé.

*

Voilà ce qu'Éric ne pouvait pas raconter à son ami Le Pen. Il y avait des choses que l'on devait garder pour soi. Andrée faisait partie de sa vie. Carmen fut bien obligée de s'en accommoder. Une sorte de ménage à trois, drôle d'attelage : une maquerelle vieillissante, une femme amoindrie, fauchée par l'amour, et un homme qui ne reculait devant rien pour devenir riche.

12

Quand elle apprit leur mariage, Andrée fondit en larmes. Elle se cacha le visage. Elle avait trop honte de l'aimer encore. Une nouvelle fois, son corps parlait à sa place.

Le couple se maria le 30 juin 1966, à dix-sept heures trente, par un bel après-midi d'été, à la mairie du 8e arrondissement de Paris. Une formalité. Il avait choisi cette heure pour pouvoir revenir au moment du coup de feu dans les cabarets. Le maire, un dénommé A. Robert-Dupont, ne sortait pas de son texte, lisant sans passion les formules consacrées. Il indiqua qu'un contrat de mariage avait été déposé chez un notaire et précisa, comme l'exigeait la loi, que Carmen Louise Blanche Vallet était divorcée de Maurice Eugène Adriaen par un jugement rendu le 4 février 1964. Puis on passa à l'échange des consentements. Éric dut faire un petit effort pour glisser l'alliance au doigt de Carmen. Celle-ci souriait bêtement – heureuse, probablement. Un baiser furtif, et les témoins, les deux seules personnes présentes dans l'imposante salle des mariages habituée à accueillir la grande bourgeoisie parisienne, s'approchèrent d'un pas timide.

Le maire savait évidemment qui étaient Carmen et Éric Botey que tout le monde à Pigalle appelait Monsieur Éric, au moins de réputation. Éric se présentait sous le titre de chef d'entreprise, Carmen était pour l'état civil une commerçante, ce qui n'était pas faux. Les sourcils du maire formèrent deux accents circonflexes quand il présenta la profession des deux témoins, Pierre Itury et sa compagne Nicole : concierges dans un immeuble de la rue d'Amsterdam. Ils s'étaient habillés, pour l'occasion. Lui, un Basque aux épaules larges, portait un costume bon marché et une cravate froissée au nœud de travers. Elle avait choisi une petite robe à motifs fleuris et une paire d'escarpins qui lui faisaient une démarche instable – tellement habituée à ses vieux chaussons.

Deux pauvres bougres réquisitionnés pour l'occasion. Comment refuser une pareille demande ? Carmen était passée un jour dans leur loge, pour déposer une petite enveloppe garnie sur la toile cirée de la table de la cuisine, qui faisait aussi office de salle à manger, et leur demander d'être les témoins de leur mariage. Ils ne posèrent pas de questions, firent « oui » de la tête et se demandèrent avec angoisse ce qu'ils allaient bien pouvoir se mettre sur le dos pour l'occasion. Carmen n'eut jamais à se justifier de ce choix. Éric et elle pouvaient maintenant écrire une nouvelle page de leur histoire et de celle de Pigalle. Dans ce quartier, être mariés offrait quelques avantages. Plus besoin de signer en double des paperasses pour prendre des parts dans des cabarets. Un même nom, une même ambition, celle de posséder tout le quartier avec la technique des termites. Rien de visible à l'œil nu, mais drôlement efficace : un jour, vous découvriez que votre bar ou cabaret ne vous appartenait plus et, le temps de comprendre, les Bonnie and Clyde du néon avaient changé les serrures et le tiroir-caisse – vous étiez à la rue.

Ils ne firent aucune publicité de cette union, ce qui n'aurait pas été pour déplaire à Carmen. L'anneau au doigt d'Éric n'avait rien changé à sa manière de vivre. Plus il possédait d'établissements, plus le nombre de femmes à son service augmentait et plus il lui était facile d'en changer chaque soir. Carmen avait réussi à lui mettre le grappin dessus, mais elle n'arriverait jamais à le garder en cage.

Pigalle formait un vaste réseau souterrain dans lequel se développait une vie microbienne, d'imperceptibles mouvements pleins de menaces et de dangers d'accointances, d'amitiés plus ou moins sincères, qui échappaient évidemment à la vue des noctambules et des noceurs. C'était la raison pour laquelle les deux inspecteurs venus enquêter sur le colis piégé qui lui avait explosé au visage sept mois après son mariage se contentaient de la partie émergée de Pigalle, de son écume. Ils soupçonnaient naturellement des voyous qui cherchaient à l'intimider. Ils effleuraient l'idée que le mari cocu ait pu se venger. Mais ils s'arrêtaient là – pas le loisir de faire parler l'ensemble du quartier. De toute façon, s'ils avaient pris le temps d'écouter tout le monde, la moitié serait restée muette et l'autre aurait répété qu'elle ne savait rien. Et puis les flics savaient bien où ils mettaient les pieds. Botey, c'était un terrain miné. Il avait le bras long, et ses amis de l'OAS avaient beaucoup de contacts à la préfecture de police. Ses amitiés chez les patriotes, chez les anticommunistes le rendaient intouchable. Pas question de finir à la circulation pour une histoire sans fond.

*

Régulièrement, Éric demandait à Le Pen des nouvelles de Rainbow, le caniche nain. Jean-Marie enjolivait un peu. Les filles étaient aux anges. La petite bête était devenue la mascotte de la maison, et la cohabitation avec le chat se passait au mieux. Ce qu'il ne lui disait pas, c'est que Pierrette sortait le chien tous les soirs, une corvée de plus pour elle. Lui n'avait pas le temps de s'occuper d'un caniche…

Quand, un soir, au Sulky, il demanda à Éric de devenir le parrain de Marine. Il n'entra pas dans les détails, parce que cela l'aurait obligé à lui avouer qu'il était un deuxième choix. Il avait choisi pour ses deux premières filles des parrains prestigieux et fidèles. Pour Marie-Caroline, l'aînée, sa favorite, née en 1960, c'était le ténor du barreau ami des mafieux, Jean-Louis Tixier-Vignancour, qui avait eu le privilège de la porter sur les fonts baptismaux. Parrain durant cinq ans seulement, avant que son père ne se brouille définitivement avec celui qui avait à ses yeux lamentablement échoué à la présidentielle de 1965. Pour la deuxième, Yann, née en 1963, il avait cette fois-ci joué la sécurité avec Pierre Durand, son inséparable ami, un fidèle parmi les fidèles.

Pour Marine, les choses étaient plus compliquées. Elle prétendra qu'il rêvait d'avoir un fils, et il dut faire contre mauvaise fortune bon cœur. Deux grands noms de la mode et du luxe avaient été pressentis pour le dernier enfant de la famille. Une belle carte de visite pour Marine et son père : le patron de Natalys, une entreprise florissante, la référence des produits de puériculture, et Lulu Arpels, la fille du célèbre joaillier de la place Vendôme, une amie très proche de Le Pen, pour ne pas dire une ancienne conquête, avaient donné leur accord pendant la grossesse. Grâce à Marine, les Le Pen allaient changer de monde et faire leur entrée dans le club très fermé des grands patrons et des héritiers fortunés. Mais un grain de sable obligea le couple à changer ses plans. Lulu acceptait de devenir marraine à une seule condition : que l'enfant fût un garçon. Alors, dans la précipitation, on proposa à Nana, la dame de maison, une seconde maman pour les filles, de devenir marraine. Le baptême de prestige tournait au fiasco. Car dans le même temps le patron de Natalys déclinait poliment la proposition.

Voilà comment Éric devint le parrain de Marine. Autant Le Pen connaissait les activités louches de son ami, autant il lui était impossible, en regardant sa jeune progéniture babiller, de savoir qu'un jour elle serait candidate à l'élection présidentielle. Sur le CV, un parrain proxénète, cela fait tache évidemment.

Ce soir-là, au bar, Éric accepta sans sourciller, fier d'entrer dans le cercle familial des Le Pen. Comme si devenir parrain de Marine pouvait être considéré comme une promotion sociale. La date du baptême avait été fixée au 25 avril 1969 en l'église de la Madeleine. Pierrette Le Pen avait vu les choses en grand. Elle acceptait sans broncher de vivre dans le modeste appartement de la villa Poirier, mais, pour le baptême de sa petite dernière, elle voulait ce qu'il y avait de plus beau. La Madeleine est un vaste édifice qui ne ressemble pas à une église de village, mais plutôt à un temple grec, avec ses colonnes corinthiennes qui tiennent tête au péristyle de l'Assemblée nationale, créant à la fois un effet de symétrie et un face-à-face symbolique. Séparés par la Seine et la place de la Concorde, la laïcité et le catholicisme nez à nez sur l'estrade de la République.

Enveloppé dans un manteau de vison, Botey pénétra dans l'église au bras de Carmen habillée dans son style, outrageusement fardée et empestant le parfum. Dire que ce couple ne fit pas jaser serait mentir. Pierrette observait cette bonne femme qui n'était pas de son monde et que son mari lui imposait. L'abbé Popot, le curé de la paroisse de la Madeleine depuis 1961, officiait. Ce curé en fin de carrière avait croisé plus d'hommes louches quittant ce bas monde que de nourrissons faisant leurs premiers pas dans la maison de Dieu. Pendant près de vingt ans, à partir de 1945, il fut l'aumônier pénitentiaire de Fresnes, là même où furent enfermés Brasillach – qu'aimait citer Le Pen –, les combattants de la LVF, les nervis des gestapistes et les trafiquants en tout genre que la France avait choisi de faire disparaître de la surface de la terre pour la nettoyer de ces impuretés. Il fut ainsi le dernier à recueillir leurs ultimes confidences, à les écouter avant qu'ils soient fusillés.

Bien sûr, cela créait une réputation – peut être excessive : celle d'être devenu le curé des caïds du milieu parisien et des collabos. Popot était l'homme de la situation, à mi-chemin entre Éric et Jean-Marie. Ils étaient en famille.

Dans les bras de son parrain, qui n'avait pas souvent tenu un bébé, Marine Anne Perrine Le Pen fut ainsi baptisée. Les invités terminèrent cette belle journée sur une péniche, pour fêter comme il se devait l'heureux événement. Carmen essayait bien de se lier avec Pierrette, sans grand succès. Un monde séparait la rue Fontaine et la rue du Cirque, à deux pas de l'Élysée, où avait naguère habité Pierrette. Carmen faisait tache. Elle portait pourtant une toilette de marque, des chaussures à la dernière mode, sans parler de sa montre Cartier et des bijoux qu'elle avait sortis du coffre pour l'occasion ; mais l'apparat ne faisait pas tout. Il y avait le port de tête, le langage, la manière de marcher, de manger et de boire.

Les Le Pen firent semblant de ne pas la voir et se bouchèrent le nez. Toute à sa joie, Pierrette n'en toucha mot à son mari. C'était un bien curieux homme, son mari. Tout en nuances et en contradictions. Il prônait et prônerait toute sa vie l'ordre et la morale, mais choisissait un proxénète comme parrain pour sa fille. Ce n'était certes pas son premier choix, mais l'homme vivait dans l'illégalité. Ni voyou, ni caïd, juste un petit commerçant habile avec les chiffres, qui avait mieux réussi que les autres, avec sur ses présentoirs le stupre, la luxure, l'obscénité, comme d'autres peuplaient leurs vitrines de brioches, de bijoux ou de pelotes de laine. Botey est comme un vestige de la vie agitée de Jean-Marie. Le nom de son parrain, pour l'éternité, est inscrit sur le registre des baptêmes.

Il n'y a pas à dire, devenir parrain vous fait monter d'un cran dans la hiérarchie familiale. Vous êtes celui qui, en cas de disparition des géniteurs, a l'obligation morale de recueillir le petit orphelin. En cas de malheur, Marine aurait donc eu le choix entre vivre à Pigalle ou partir avec Nana, la femme à tout faire de la famille. L'histoire ne s'écrivit pas ainsi.

L'amitié des deux hommes était un pied de nez aux conventions et à la morale. Le Pen aimait jouer avec le feu.

Tous les deux étaient orphelins, aimaient les armes, la guerre, la chasse, les flingues, les femmes et tout ce qui allait avec. Ils brûlaient leur vie, dans la pénombre des cabarets où, sur des scènes minuscules, se dandinaient des silhouettes nues juchées sur des talons de quinze centimètres. La nuit n'est pas un refuge, elle révèle la vérité profonde des êtres.

Éric et Jean-Marie étaient devenus inséparables. Botey lui racontait tout ou presque. Un soir, il lui annonça qu'il allait inaugurer un nouveau bar, loin de Pigalle. Il venait d'acheter une brasserie, le Magenta, juste en face de la gare du Nord, dans le 10e arrondissement de Paris. Un établissement classique, déjeuner, dîner et consommation au bar ou à table. Pas de filles, pas de chambres à l'étage pour faire monter le client. La date d'inauguration, il ne l'avait pas choisie par hasard. Il pressentait que de Gaulle était en perdition. Son référendum manqué le poussait à la démission. Le 27 avril 1969, de Gaulle devenait un retraité de la politique. Bon débarras, s'étaient-ils réjouis en chœur. Le lendemain, 28 avril, Éric inaugurait le restaurant et trinquait au départ du « traître ». Il y avait la foule des grands jours, surtout quand on pouvait boire à l'œil. Pour tenir la brasserie, il avait embauché Monique, la sœur de Léonie, qui travaillait au Sulky. Une femme sérieuse en qui il avait toute confiance. Elle connaissait le métier, n'avait pas d'enfants, elle savait faire monter un chiffre d'affaires. En apparence, le départ du Général était une bonne nouvelle pour Botey, même s'il fallait la tempérer un peu. Sous son ère, le pouvoir foutait une paix royale à Pigalle, il avait autre chose à faire que de réglementer la prostitution. Rien n'était aussi sûr avec Pompidou. Botey avait construit ses réseaux avec ceux qui avaient lutté, comme lui, contre les communistes en

Mai 68, avec les policiers Algérie française et des politiques venus de la droite qu'il arrosait, tout un microcosme qui lui garantissait la paix et une certaine sécurité. Deux mois après l'inauguration du Magenta, Pompidou était élu président la République. Ce n'était pas un gaulliste de la première heure. Ce qui signifiait qu'il allait sûrement vouloir chambouler tout le système en place. Et ce n'était pas sans conséquences pour les affaires, notamment celles de Botey. Tous les hommes qui entouraient de Gaulle, tous ces types de l'ombre, chargés des basses œuvres, allaient être gentiment remerciés. On tournait la page et on nettoyait tout.

*

Botey était attablé avec Le Pen dans son nouveau restaurant, le Café de France. Une nouvelle lubie pour celui que l'on baptisa dès lors l'empereur des bordels de Pigalle. Flatté autant qu'agacé, il aurait aimé qu'on le regarde d'abord comme un homme d'affaires – et pourquoi pas un bâtisseur, mais de quoi ? Pour gommer son image sulfureuse, sans doute lui aurait-il fallu créer son établissement ailleurs que dans la rue Godot-de-Mauroy, à deux pas de la Madeleine : l'artère était un haut lieu de la prostitution à Paris, temple des maisons closes où officia un temps Marthe Richard. C'est dans un de ces bordels homosexuels que Proust, caché derrière un rideau, nourrissait son œuvre et ses fantasmes. Avec le Café de France, Botey brisait certes la tradition, mais l'environnement restait ce qu'il était, sans être totalement dépaysé.

Pompidou installé à la tête de l'État, il fallait tout reprendre de zéro. Sans trop savoir ce que seraient les nouvelles règles.

Quel serait le montant des enveloppes ? Comment la hiérarchie policière se comporterait-elle avec Pigalle ? Tout cela était très ennuyeux, et même dangereux. Plus Botey était riche, plus ses désirs étaient grands, plus son sentiment de puissance était intense. Il finissait par croire qu'il était vraiment devenu un homme d'affaires. Il suffisait de regarder ses costumes pour s'en convaincre.

Dans leurs échanges entre hommes, jamais ni lui ni Jean-Marie n'avait un mot sur leurs femmes respectives. Pierrette, en mère de famille, s'occupait des enfants à merveille sans trop se plaindre. À l'opposé, Carmen faisait prospérer l'empire. Elle continuait à consigner son quotidien sur des carnets, ce qui se résumait à des colonnes de chiffres. Pourtant, ce jour-là, Botey eut envie de s'épancher. Parce que, depuis quelques semaines, il était amoureux. Ses yeux brillaient de la même manière que lorsqu'il achetait une toile de maître. Une sensation inouïe de joie, d'excitation, cette impression d'être un privilégié, un homme au-dessus du lot. La peinture l'enveloppait dans une forme d'immortalité. Avec Véronique, cette sensation était décuplée. Il était l'homme le plus heureux de la terre, tout son être était en feu, il se sentait invincible.

Véronique avait fini par céder à son charme. Il l'avait bien évidemment repérée, observée depuis des mois au Rembrandt. Le Basané et le Tatoué lui avaient filé le train pendant des semaines pour s'assurer qu'elle n'était pas en main chez des Corses ou chez les Zemour, incontournables dans le quartier du Faubourg-Montmartre et dont il fallait se méfier. Elle menait une vie normale – pour autant que cela soit possible à Pigalle. Elle fréquentait les beaux magasins, passait des heures chez les couturiers. Elle n'avait d'autre passion que celle d'être belle. Des femmes, Botey en disposait comme il le voulait, mais ce cheptel à portée de main ne l'intéressait plus. Il voulait aimer pour de vrai. Il en avait si peu l'habitude.

Véronique était d'abord une silhouette faite de grâce et de préciosité. Pour autant, rien ne semblait naturel chez elle, pas même ses mouvements de tête, qui faisaient danser ses longs cheveux châtains dans l'air. Au grand étonnement de Le Pen, Éric employait des formules quasi poétiques pour décrire ses jambes, ses seins et sa cambrure. Parfois, les mots ne venaient pas, il compensait par un geste, tel un sculpteur bouleversé par la beauté de son modèle.

Il avait tout prévu, tout calculé. Pour la voir en toute discrétion, il avait fait aménager au-dessus du Magenta un petit nid douillet dans lequel il pouvait vivre sa passion, sans risque. Monique, la gérante, était dans la confidence, elle savait tenir sa langue. Autant Carmen lui était tombée dans les bras avec facilité, sans qu'il ait besoin de faire aucun effort, autant il allait avoir beaucoup de mal à se séparer d'elle. L'âge avançant, Carmen était comme un vieux navire usé par les tempêtes, un rafiot cabossé qui ne pouvait plus espérer partir au large, se contentant de se faire admirer au port, accroché à son anneau. Et l'anneau, c'était Botey. Il n'avait jamais nourri de passion pour elle, il ne s'en cachait guère, mais il savait qu'elle ne le laisserait jamais partir… comme une amère intuition.

Elle était le point d'ancrage de sa réussite et de sa fortune. Il lui devait tant. Le Frochot lui appartenait, maintenant. Il aurait pu s'en contenter. Mais il voulait toujours plus, c'était plus fort que lui, envie de prendre sa revanche sur la vie qui ne l'avait pas toujours gâté. Et puis Véronique lui faisait perdre pied, il voulait lire la fierté dans ses yeux.

Le Pen avait un tout autre calendrier en tête. Il voulait revenir en politique, c'était sa Véronique à lui. Il aimerait créer un nouveau parti : le Front national. Facile à dire, plus difficile à faire. En pleine guerre d'Algérie, avec quelques amis, il en avait conçu l'embryon, baptisé le Front national des combattants.

Les politiques et les tenanciers de Pigalle avaient des points communs : les uns comme les autres formaient une grande famille unie en apparence, mais, en coulisses, ils se jalousaient, se critiquaient, se dénigraient, et tous les coups étaient permis. C'était à qui ferait tomber l'autre. Côté politiques, l'enjeu était le pouvoir, son luxe suranné, ses larbins en queue-de-pie, ses voitures, ses chauffeurs – voilà pourquoi on se battait et s'entretuait. À Pigalle, il y avait le prestige de tenir le pavé, le fric, des tonnes de fric qui d'un coup vous transportaient dans un autre monde.

Le Pen et Botey étaient, de ce point de vue, comme deux frères d'armes, engagés dans deux régiments différents menant la même guerre. Éric était impressionné par la passion de Jean-Marie, cette certitude qui l'habitait de réussir malgré les obstacles. Ils étaient deux aventuriers assis à la même table, deux galopins bien décidés à inscrire leur nom dans l'histoire. Pendant sa traversée du désert, entre deux défaites électorales, Le Pen s'était inscrit à la Sorbonne – pour passer le temps. Il s'était mis en tête d'étudier le mouvement anarchiste. Le garçon ne passait pas inaperçu, avec son bandeau sur l'œil, lorsqu'il assistait aux cours magistraux du politologue Maurice Duverger. Il parla à Botey de Camus, sur lequel il avait dû se pencher. L'écrivain nobélisé prophétisait la révolte et la contestation : « La révolte ne peut se passer d'un étrange amour », Le Pen n'était pas mécontent de cette petite phrase. Botey écoutait, ne sachant pas trop comment interpréter cette sentence, qui provoquait un profond écho en lui. Était-elle une invitation à rompre ses chaînes ? Fallait-il être porté par l'amour pour se révolter ? Cette phrase tombait à point nommé, car elle venait abstraitement justifier son envie de tout foutre en l'air et d'aimer Véronique comme bon lui semblait.

Carmen avait bien perçu le manège de son mari. Elle faisait semblant de ne rien voir en sa présence, mais elle le faisait suivre par Claude, son taxi et homme à tout faire. Elle pouvait être redoutable, peut-être même dangereuse.

Il suivait la Ferrari à bonne distance, car Botey connaissait sa voiture. Il notait ses allées et venues, ses visites quasi quotidiennes au Magenta. Il constatait qu'il n'était pas physiquement dans l'établissement, perdant chaque fois tout contact visuel. Un soir, alors que la nuit tombait, une ampoule s'alluma à l'étage. Étrange, il pensait que c'était un débarras. Soudain, la fenêtre s'ouvrit et une femme, grande, aux longs cheveux, ferma les persiennes. Derrière elle, une silhouette, petite et trapue. Il n'avait plus qu'à attendre que les tourtereaux aient achevé leurs ébats.

Carmen savait tout, et davantage sur Véronique que Botey lui-même. Claude avait joué les inspecteurs des RG. « Véronique a mis le grappin sur un type qu'elle essore en lui faisant cracher ses billets au Raspoutine, c'est un artiste, un homme fragile soumis au vice de cette femme », nota-t-elle sur son carnet, sans doute surpris d'accueillir des mots, lui qui était habitué à ne voir défiler que des chiffres. Tout cela échappait évidemment à Éric, persuadé d'avoir la situation parfaitement en main. Il essayait d'éviter Carmen le plus souvent possible. Il n'y avait plus rien entre eux, sauf les parts qui les liaient aux établissements de Pigalle. Des bordels, des cabarets dans le collimateur de la police.

Les temps changeaient. La Mondaine était moins coulante. Une nouvelle génération avait pris la relève, moins corrompue, moins conciliante, sobre comme un chameau. C'était le propre des empires, ils étaient nés pour disparaître un jour. Le goût du profit et la certitude que tout pouvait s'effondrer du jour au lendemain continuaient à relier Carmen à Éric.

Les mois et les années passèrent à une vitesse folle. L'empire tenait toujours debout, c'était le plus important. Qu'importe si les associés se détestaient. Botey louvoyait, Carmen observait et attendait le bon moment pour le prendre à la gorge. L'idée de faire exploser le Rembrandt lui traversa l'esprit. Fallait-il être radicale ou lui mener une guerre de tous les instants ?

Un beau matin, elle le vit partir avec une grosse valise, habillé comme un vacancier. Éric ne se déroba pas – de toute façon, il n'avait pas le choix. Carmen s'était posée à l'entrebâillement de la porte, les bras croisés, révélant les muscles de ses épaules tel un videur de boîte de nuit. Elle le toisait de toute sa hauteur. Éric lui cracha au visage qu'il partait en croisière avec une femme. Il était campé sur ses jambes et avait posé sa valise. L'échange fut bref, violent comme Pigalle savait le faire. Carmen était menaçante et agressive. Cette discussion devait arriver un jour. Tant que le couple faisait semblant, tout restait en ordre. Dès lors que ces mots furent prononcés, tout se dérégla, ce fut une déferlante.

« Je fais ce que je veux, j'ai toujours fait ce que je voulais… Attention à tes menaces, elles pourraient se retourner contre toi, j'ai des hommes autour de moi.

— Mais regarde-toi, avec ta valise et ta chemise à fleurs, tu es ridicule !

— Ferme ta gueule et laisse-moi passer !

— Va la retrouver, ta pute de Véronique… J'ai été vraiment conne de te faire confiance. J'ai même cru que tu avais des sentiments pour moi… Je suis une vieille pute fleur bleue…

— Tais-toi ! On a monté un empire, t'étais une petite hôtelière de la rue Fontaine, regarde ce que tu es devenue ! Regarde ton placard, nos valises sont pleines de fric… On ne sait plus quoi en faire ! Tu peux tout me demander, mais tu ne m'empêcheras pas de la retrouver, ni toi ni personne. »

Les cheveux de Botey effleuraient le menton de Carmen. Elle ne pleura pas. Elle aurait juste préféré que cette discussion n'ait jamais eu lieu, puisque désormais Éric n'était plus à elle. Sa franchise brisait définitivement tout espoir de le garder rien que pour elle, même si depuis le début elle savait qu'elle se berçait d'illusions. Maintenant, plus le choix, elle devait accepter Véronique ou foutre le camp.

Un mois plus tard, Carmen fêtait ses soixante ans, seule, le plus triste anniversaire qu'elle ait jamais vécu. Elle se regarda dans la glace. De rage, elle éclata le miroir avec un cendrier qui, en tombant, éborgna la marqueterie d'un petit buffet. Sa décision était prise, il allait payer. Pendant ce temps, Éric vivait le grand amour.

13

L'*Éryx II*, une goélette – un *schooner* pour les spécialistes – de vingt-cinq mètres de long, cinq mètres vingt de large, était amarré au port de Panamá, la porte d'entrée du Pacifique. Le paradis des poissons exotiques et des paradis fiscaux. Il se balançait légèrement. Ses deux grandes voiles étaient affalées, prenant un peu de répit avant le départ au large.

Pierrette et Jean-Marie Le Pen s'affairaient sur le pont. Bientôt, ils seraient rejoints par leur ami, Michel Feuga, un vieux loup de mer, ancien officier de marine devenu une sorte d'aventurier des mers chaudes, un passionné des lagons, plus heureux sous l'eau à explorer les fonds marins que sur la terre ferme. Jean-Marie et Michel avaient déjà navigué ensemble dans les Caraïbes, parce que sa traversée du désert, Le Pen l'avait faite en mer, avec Pierrette dans ses bagages. Qu'elle ait eu le pied marin ou pas, cela aussi était à prendre ou à laisser.

Une chaleur moite vous faisait suer à chaque mouvement. En ce mois de janvier 1975, on grelottait à Paris, à Panamá on étouffait. Tous deux jetaient de temps à autre un œil sur le quai, pour voir s'ils apercevaient Éric et Véronique. Leur couple d'amis. Ils ne devraient plus tarder, espéraient-ils. Jean-Marie l'avait invité à partager une croisière dans les Caraïbes.

Une sacrée chance quand on ne connaissait du monde que la Belgique et l'Italie. Il avait dû faire un peu de pédagogie avec Pierrette, pour lui expliquer que la femme qui l'accompagnait n'était plus Carmen mais Véronique, sa nouvelle compagne, pas encore totalement officielle. Une femme d'un autre calibre, rien à voir avec la maquerelle de la rue Fontaine, dont elle ne gardait pas un excellent souvenir. Comme pour le baptême de Marine, Éric n'était pas son premier choix. Une croisière sur l'*Éryx II* coûtait cher – les frais d'équipage, le cuisinier et la location des anneaux à chaque escale. Il avait fallu trouver quelqu'un au pied levé. Éric et ses poches pleines avaient dit « oui ». Si Le Pen le lui avait demandé, son généreux ami aurait même financé l'intégralité du voyage… Mais il n'était pas allé jusque-là.

Le quai était désert quand le couple descendit du taxi. Ils étaient enfin là, écrasés par la chaleur, un mouchoir à la main pour s'éponger le visage. À leurs côtés, un monceau de bagages. Pierrette aperçut des boîtes à chapeaux et toutes sortes de petites mallettes empilées les unes sur les autres. Véronique avait confondu la goélette avec un bateau de croisière avec piscine, restaurant panoramique et soirée dansante sur le pont. On aurait cru deux milliardaires embarquant pour leur lune de miel. Parvenus à la passerelle, ils durent se rendre à l'évidence : tous ces bagages ne pouvaient pas tenir dans le bateau. Véronique portait une robe en lin écru qui révélait en transparence ses longues jambes et la courbure de son dos. Éric était aux anges et fier de lui offrir ce voyage inoubliable. Elle était coiffée d'un grand chapeau parfaitement adapté au climat, mais pas à la pleine mer. Au moindre coup de vent, le couvre-chef partirait à l'eau. Le capitaine vint à la rescousse des Le Pen. Il expliqua qu'il fallait accepter de se séparer de quelques valises, car les cabines étaient exiguës, à peine la place de se retourner. Ici, on naviguait à l'ancienne.

Éric avait tant vanté les choses qu'il avait peut-être un peu exagéré la taille du bateau et son luxe. Il gagnait tellement d'argent qu'il ne se rendait plus compte de la valeur des choses, ni de leur taille : tout devait être à l'image de son colossal compte en banque. Quelques heures plus tard, après moult contorsions pour ranger les mallettes inutiles dans un coffre situé dans la cale, l'*Éryx II* prenait la mer. Voilà donc Éric et Véronique en croisière, d'évidence pas celle qu'ils avaient imaginée. Ils en avaient pourtant salivé à l'avance, rêvant de baignades dans des eaux turquoise à la rencontre de poissons multicolores. Plusieurs jours avant le départ, nus sur le lit de leur petit nid d'amour, ils avaient dévoré des yeux un livre consacré aux trésors marins de la mer des Caraïbes. Ils s'y voyaient déjà. Un voyage comme cela vous liait pour la vie, fabriquait des souvenirs à ne plus savoir qu'en faire.

La goélette avait gonflé les voiles. Jean-Marie était à la manœuvre, dans son élément. Les deux hommes avaient beaucoup de points communs, mais pas celui de la navigation et de l'amour de la mer. Éric était un homme de la terre ferme. Véronique, elle, semblait hermétique aux embruns, à la houle, aux claquements secs des vagues venant taper contre la coque et au bruit si caractéristique et presque enivrant du vent frappant les voiles. La croisière devait durer quinze jours, autant dire une éternité lorsqu'il faut partager son intimité dans dix mètres carrés.

Vent de côté, Michel Feuga, un navigateur expérimenté, faisait filer la goélette vers la Jamaïque, le seuil des Caraïbes. Une fois les taches du quotidien effectuées, il ne restait plus qu'à laisser s'égrener le temps, savourer cette liberté unique, la sensation d'être seuls au monde, allongés sur le pont, le visage enfoui dans l'azur. Quel choc pour Éric, entouré du matin au soir de tellement de monde, jour et nuit saoulé de bruit, et soudain seul ou presque face à lui-même !

La mer, à la longue, on s'en lassait. En préparant ses bagages, Éric avait hésité à prendre ses peintures et son chevalet. Il ne regrettait pas, vu l'état de l'océan, mais cela lui aurait fait passer le temps. Véronique se faisait bronzer, semblait absente. Ce n'était pas de la langueur, plutôt une forme de pédanterie qui consistait à ne jamais montrer son vrai visage, à ne jamais fendre l'armure par peur d'être démasquée. Si Carmen pouvait être avenante, Véronique, elle, était hautaine et froide, se la jouant dame du monde, quand chacun savait qu'elle devait son aisance à sa position horizontale dans des hôtels de passe.

Les premières criques étaient en vue, le bateau approchait des côtes sud des Antilles, le terrain de jeu de Michel Feuga : il connaissait par cœur les plages et les endroits secrets, autant de petits coins de paradis, oubliés des guides touristiques. Jean-Marie, Pierrette et Éric sautèrent dans l'eau tels trois gosses impatients. Véronique ne bougea pas. Impassible. Les trois nageurs la rassurèrent sur la température de l'eau, mais elle fit « non » de la main, comme si elle n'était pas de leur monde.

Le soleil se couchait sur les îles. Éric était assis en tailleur, les yeux tournés vers le rougeoiement de l'horizon. Le bateau avait jeté l'ancre. La mer était d'huile, les derniers rayons de soleil irisaient la surface de l'eau, créant d'éphémères reflets mordorés. Véronique était dans la cabine, elle se préparait pour le dîner, comme si elle allait partager la table de la reine d'Angleterre. Éric ne savait trop s'il devait être heureux – l'avait-il déjà été ? À courir après la gloire, on ne prenait jamais le temps de faire le point, toujours en mouvement, toujours à l'affût, toujours à avoir les yeux derrière la tête, on en perdait sa route.

Il se demandait au sommet de quel immeuble il pourrait admirer un tel coucher de soleil. De toute façon, à Pigalle, le soleil ne se couchait jamais.

Depuis que la croisière avait commencé, il dormait mieux et n'avait plus besoin de somnifères pour trouver le sommeil. Mais Pigalle remontait à la surface en bouffées. Devant cette beauté brute qui bientôt allait s'évanouir pour laisser l'obscurité envahir le ciel, sa vie défilait tel un diaporama : le visage de son père dans le fournil, sa mère avec sa valise à la main qui découvrait son nouvel appartement parisien, Andrée dont il se demandait ce qu'elle pouvait faire en ce moment, plus très sûr de l'heure qu'il était à Paris, Carmen figée derrière son comptoir, la poitrine avenante, sa voiture américaine avec laquelle il aimait filer loin avec dans son gros coffre des kilos de billets, de quoi subvenir à ses besoins le restant de sa vie. Il se voyait vivre vieux, assis sur son tabouret face à son chevalet. Cette idée lui plaisait, mais était-ce là son destin ? Il voulait croire à sa bonne étoile.

Le soleil venait de sombrer dans la mer, il n'était plus qu'une évocation, un infime rai de lumière qui pour l'honneur résistait à l'obscurité. Peine perdue… À mesure que le jour disparaissait, d'autres pensées chassaient les visions idylliques de sa propre vie. Il les repoussait, mais le visage de Léonie en larmes s'imposait à lui. Il allait devoir lui payer un avocat, régler son loyer en son absence si elle devait partir au « ballon », toutes sortes de menus détails qui lui déplaisaient au plus haut point. Voilà maintenant qu'il regrettait cet instant unique, celui d'être un homme seul et nu face à l'immensité du monde.

Au fond, il se plaisait mieux enroulé dans son manteau de fourrure, entouré de ses hommes de main. Il n'aurait pas dû quitter Pigalle. Partir, c'était prendre le risque de tout perdre. Si Léonie parlait, lui aussi partirait en prison. Était-ce la fraîcheur qui tombait ou la peur ? Il frissonna. Carmen devait nourrir sa vengeance. Et si elle profitait de son absence pour le frapper ? Il la craignait, mais il la combattrait s'il le fallait. Il n'hésiterait pas, si près du but… Mais lequel ?

Le bruit des assiettes et des couverts sur la table en bois le fit sortir de sa torpeur. Pas mécontent de revenir dans sa réalité.

Le Pen, avec son bandeau sur l'œil et sa barbe de trois jours, avait plus que jamais des allures de corsaire. Pierrette était joyeuse. Elle n'avait pas les filles depuis dix jours, elle soufflait un peu. Le dîner était simple, des salades, du poisson et du vin. Le Pen parlait de son nouveau parti, dont il était devenu le président même s'il n'en était pas à l'origine. Pour la première fois, les mouvements nationalistes d'extrême droite de tout poil, les royalistes, les anciens de l'Algérie française, les cathos tradi, les jeunes d'Ordre nouveau et du GUD, issus de la dissolution du mouvement Occident, tous étaient rassemblés sous la même bannière. Drôle de bestiaire aux idées bigarrées.

Mais tout cela n'irait pas bien loin s'il ne remplissait pas les caisses de ce tout jeune parti. Il le fit comprendre à Éric, subtilement, comme toujours. On échangeait, on bavardait. Pas un mot sur la débâcle électorale de 1972, où le FN n'avait recueilli que 2,3 % des voix. À peine une allusion à la campagne présidentielle de 1974, où le candidat Le Pen ne brilla pas non plus par son score : 191 000 voix et 0,75 % des suffrages, un échec cuisant à mettre sur le compte d'Ordre nouveau, qui avait roulé pour Giscard. Dans le dos de Le Pen, les dirigeants avaient monnayé leur participation aux meetings électoraux pour créer un parti concurrent du Front national. Mensonge, trahison. C'était la routine à Pigalle, où l'on ne pouvait compter sur personne. L'homme était un loup pour l'homme.

La politique, c'était un sujet de mecs, et il y avait deux femmes à table. Jean-Marie aurait bien aimé, comme Éric, pouvoir penser à autre chose. Mais la politique, comme Pigalle, était une maîtresse exigeante. Le nom de Giscard revenait souvent dans les conversations.

Le Pen n'avait toujours pas avalé ce coup de poignard dans le dos d'Hubert Bassot, un ancien de l'Algérie française, le chef d'orchestre de la campagne de Valéry Giscard d'Estaing. Pour gonfler ses troupes, Bassot allait non seulement piocher parmi les têtes brûlées du GUD, mais recrutait aussi chez les voyous, qui ne crachaient pas sur un ou deux billets et en profitaient pour élargir leurs réseaux en s'achetant au passage, en cas de victoire de Giscard, un peu de tranquillité. De fait, Giscard avait été élu, et le milieu avait le sourire. Botey comme tous les autres s'étaient mis à disposition de ses troupes et avaient ouvert le carnet de chèques, le prix à payer pour continuer à faire tourner ses bordels et ses cabarets, qui n'existaient que grâce à la mansuétude du pouvoir en place. Les hommes de Giscard tenaient désormais les rênes. Une ou deux fois, Botey entendit dans la conversation le nom de Lambert. Avec emphase, Le Pen lui associait le mot « ami ». Lambert par-ci, mon ami Lambert par-là. Véronique osa une question, histoire de participer un peu à la conversation :

« Qui est-ce, ce Lambert ?

— Lambert, c'est l'héritier des cimenteries, vous ne connaissez pas ce nom ? C'est un ami du mouvement, un nationaliste de la première heure. Il nous aide beaucoup, et notamment financièrement », souligna Le Pen, effaré par l'ignorance de Véronique.

Le mot « riche » sortit de sa bouche comme s'il extirpait de ses entrailles un lingot d'or, formant avec ses lèvres un drôle de rictus. Botey n'était pas pauvre, mais face à l'« ami » Lambert, il se sentait minuscule. Lambert était en effet beaucoup plus fortuné que Botey. Des usines sur toute la planète, fabriquant la matière première du monde moderne. Pierrette avait pris une mine de circonstance, comme recueillie. Elle se retenait d'en dire plus. D'un petit coup de menton, Botey l'encouragea à parler.

« C'est terrible, ce qui lui arrive », se tournant vers son mari pour savoir si elle pouvait poursuivre.

Le Pen jeta une épluchure de banane par-dessus bord, provoquant un petit plouf dans la mer calme. Tout le monde se demanda si les poissons mangeaient des peaux de banane… Cela provoqua un long silence. Pierrette reprit :

« C'est un garçon d'une grande sensibilité, il est à fleur de peau… Mais il est tombé dans l'alcool, il enchaîne les cures de désintoxication. C'est le drame de sa mère, avec laquelle il vit à Montretout, une magnifique propriété sur les hauteurs de Saint-Cloud.

— C'est tragique ce qu'il lui arrive, un garçon brillant… Il ne manque pas une de nos réunions, c'est un passionné », ajouta Le Pen.

Qu'ils étaient beaux, tous les quatre, sur ce bateau à l'autre bout du monde ! La Terre semblait s'être arrêtée de tourner. Le vin avait fait monter le rouge aux joues. Demain, les Bahamas leur tendraient les bras, on annonçait une météo parfaite. Rien ne pouvait leur arriver.

À quel moment sommes-nous arrivés au paroxysme de nos vies ? Un peu comme ces avions de voltige dont le pilote, tirant sur le manche, fait monter son appareil telle une fusée cherchant à traverser l'atmosphère. Le public au sol, la main devant les yeux, attend fébrilement l'instant où l'avion va atteindre son point de rupture, l'endroit où il ne lui sera plus possible d'aller plus haut. Quelques secondes de silence, le bruit des moteurs s'est tu, comme une hésitation, un choix de vie ou un renoncement. Puis l'avion redescend telle une feuille morte.

Éric était allongé près de Véronique. Il ne s'était jamais couché aussi tôt, lui qui était un oiseau de nuit. Il aurait aimé la toucher, mais la promiscuité freinait ses ardeurs. Les Le Pen dormaient à côté, séparés par une fine cloison. Le moindre froissement de drap s'entendait à l'autre bout du bateau. Véronique s'était endormie rapidement. Un éclat de lune apparut par le hublot. Il repassait sa soirée et s'étonnait de ne jamais parler cuisine ni pâtisserie avec les Le Pen. Peut-être aurait-il pu leur confectionner un gâteau, une petite douceur, histoire de leur montrer qu'il savait faire autre chose qu'empocher de l'argent sale ? La pâtisserie, cela lui semblait si loin. Il aurait pu faire une belle carrière.

*

Quand il retrouvait ses amis de la confrérie de Saint-Michel, il plongeait forcément dans une autre ambiance. Tous avaient réussi ou étaient sur le point de monter leur affaire, ils rêvaient d'étoiles, de gloire et de succès. Une petite bande joyeuse, reliée par la même passion : la cuisine. Et, quand un membre du groupe traversait des difficultés, on lui venait en aide. Botey avait décidé de donner un coup de main à Jean. Il tenait dans le 17e arrondissement de Paris une grande pâtisserie qui ne désemplissait pas, six salariés et sa femme à la caisse. Mais Jean était tombé dans le jeu comme d'autres sombraient dans l'héroïne. Il brûlait ses nuits et ses billets dans les tripots de la capitale, finissait au petit matin les poches vides et, de temps en temps, rentrait à pied, parce que à court de liquidités, ayant joué jusqu'à sa voiture. Jean travaillait pour jouer, il se consumait à petit feu, dévoré par cette pieuvre qui non seulement l'engloutissait, mais détruisait sa famille. Le couple avait volé en éclats. La boutique avait fermé pour éponger ses dettes, et le pâtissier des Batignolles s'était retrouvé sur la paille. Botey avait embauché Léonie, sa femme. Embauché n'était pas le mot juste, car elle était une de ses femmes de paille. Léonie n'avait pas eu le choix. Elle avait connu l'aisance, elle se retrouvait du jour au lendemain aux abois, découvrant une nouvelle clientèle, très différente de celle qu'elle croisait à la pâtisserie. Botey tendait la main à Jean pour lui éviter de terminer à la cloche, la pente naturelle des joueurs ruinés. Mais, à Pigalle, rien n'était gratuit.

Avant de partir en croisière, Éric lui avait proposé de prendre la direction du navire amiral de son groupe, le Rembrandt. À cette proposition, Jean l'avait presque embrassé, la joie se lisait dans ses yeux – grâce à son ami, il allait pouvoir se refaire, retourner jeter des jetons sur les tapis verts. Éric lui rendait sa dignité, mais creusait aussi sa tombe. En même temps, ce nouveau départ pouvait permettre à leur couple de se rabibocher. Léonie était une femme douce, aimante… Pourtant, malgré ses qualités, il lui était impossible de (re)construire une histoire avec un homme qui menait une double vie, d'autant plus que la maîtresse avait la forme d'un jeton de casino.

Il avait fallu lui expliquer les ficelles du métier, et surtout ses contraintes. Jean devait assurer la nuit, le moment le plus délicat dans la vie d'un hôtel rue Frochot. Éric essaya d'être le plus précis possible sur les clients à soigner, les notables ou les cadors de Pigalle, sur les filles à tenir à l'œil, en particulier celles inscrites sur la liste noire – interdites de Rembrandt –, sur les flics de la Mondaine à arroser au Dom Pérignon. Et puis il se montra ferme sur un point : hors de question de jouer dans les salles de la rue Frochot. D'abord parce que, dans ces endroits, on trichait pour plumer les pigeons, et surtout parce que, la nuit, il ne fallait en aucun cas déserter son poste à cause des bagarres, des types louches qui rôdaient à l'affût de quelques billets dépassant de la caisse. Jean, la main sur le cœur, comme le faisaient les toxicomanes, jura qu'il ne toucherait jamais à leur drogue et qu'Éric pouvait compter sur lui. Comme avec Léonie, Éric se garda bien de lui expliquer les risques du métier de gérant de paille. En cas de contrôle, de descente de police, il était officiellement le responsable légal de l'hôtel et devait en assumer toutes les conséquences. Si Jean lui avait posé la question, il aurait répondu qu'il pouvait risquer une nuit au poste, mais il ne serait pas allé jusqu'à lui parler de prison. Or, même si le danger n'était pas certain, il était bien réel.

*

Un coin de lune fit son apparition dans le hublot comme une petite corne de rhinocéros, longue, effilée telle une arme blanche. Il ferma les yeux en essayant de trouver le sommeil. Les premières images qui firent leur apparition, bien malgré lui, furent celles des Corses chez Giovanni. Partir à l'autre bout du monde et devoir se frotter aux angoisses qui minaient ses nuits à Pigalle… Cette menace à peine voilée était incompréhensible. Il vivait pourtant en bonne intelligence avec les Corses, payait ce qu'il devait sans jamais rechigner. Il en arriva à la conclusion qu'il y avait quelqu'un qui, derrière, tirait les ficelles. Les Zemour étaient-ils à la manœuvre ?

Les trois frères, des pieds-noirs débarqués d'Algérie en 1962, faisaient la loi dans le quartier du Faubourg-Montmartre. Racket, trafics en tout genre. Et s'il leur prenait l'idée de monter vers Pigalle ? Décidément, la nuit allait être longue. Plus il ruminait ces idées noires, plus il lui revenait d'autres flashs, des instants figés auxquels il n'avait pas prêté attention sur le moment et qui, à l'aune du silence de sa cabine, s'éclairaient d'une lumière nouvelle. Pourquoi les deux flics de la Mondaine avaient-ils été remplacés par deux gaillards en imper qu'il croisait de plus en plus souvent ? Dans un éclair, il se souvint d'en avoir vu un discuter avec une fille au bar du Rembrandt. Mais où était l'autre ? Dans les chambres, il cherchait à calculer la rentabilité réelle de l'établissement. Il lui suffirait de la comparer avec les déclarations de revenus pour découvrir qu'il y avait un gigantesque écart. Son cerveau tournait à toute vitesse, il appréhendait les trois étapes de la vérité décrite par Schopenhauer – sans connaître le nom de ce philosophe : « Toute vérité passe par trois étapes, d'abord elle est ridiculisée, ensuite elle est violemment combattue et enfin elle est acceptée comme une évidence. » Botey était en danger. Cela ne faisait pas l'ombre d'un doute. Il frissonna. Le rouge lui montait aux joues. Sa gorge se serra, sa trachée se tordit, son estomac se noua. Si la Mondaine ne le surveillait plus, c'est que son dossier était monté à l'étage du dessus, à la brigade financière : *Enfoiré de Giscard*, se dit-il. Et si Carmen se mettait à table en son absence ? « Mais pourquoi j'ai accepté cette croisière ? Qu'est-ce qui m'a pris de vouloir faire plaisir à Jean-Marie… » Mais il savait pourquoi il était monté sur ce bateau pour quinze jours. Par amour ! Véronique dormait d'un sommeil profond et paisible, contrastant avec l'angoisse qui tourmentait Botey. Sa beauté l'apaisa.

14

Les Bahamas furent une douce parenthèse. Un moment unique. Botey était bronzé. Véronique plus belle que jamais. Mais à peine furent-ils rentrés que Pigalle reprenait ses droits. « Le plus beau point de vue est à mi-pente », disait Nietzsche. Les angoisses de Botey se révélèrent prémonitoires, à la lumière crue des néons de la rue Frochot. Carmen le faisait suivre. Une bombe explosa dans le hall de son hôtel. Elle ne fit que quelques dégâts légers. Elle n'avait pas été posée pour tuer, mais pour le détruire à petit feu. Il ne dormait plus et se gavait de somnifères. Quelque chose avait changé, imperceptible, mais le sismographe de Botey notait d'infimes tremblements souterrains. La guerre était proche – pas celle que lui livrait Carmen, mais un combat plus grand et plus brutal…

Le 28 février 1975, elle éclata au grand jour.

Par un bel après-midi froid et ensoleillé, William Zemour, Z pour les initiés, avait rendez-vous en terrain neutre, au café J'ai du bon tabac, avec Louis d'Auteuil, proxénète notoire et proche du gang des Lyonnais. La police, informée de ce Yalta de la pègre, était en planque sur les lieux. Dix-huit policiers de l'antigang de Broussard avaient pris position. À quatorze heures, une BMW s'arrêta devant le bar le Thélème. Edmond Zemour, un oncle du clan, en sortit, accueilli par William. La suite : une fusillade digne des grandes heures de Chicago. Coup de poker ou coup de folie, les policiers, persuadés que les Lyonnais et les Zemour allaient s'entretuer, décidèrent de passer à l'action. Quand ils entrèrent au Thélème, pas de Lyonnais, mais le clan des Zemour presque au complet, avec hommes de main et seconds couteaux. On défourailla, les vitres tombèrent, les clients se couchant au sol. Quelques longues minutes entrecoupées de cris et de coups de feu, un déluge. Puis le silence revint. William Zemour était mort, touché par quatre balles dont une dans la tête ; son bras droit, Jojo Elbaz, avait été tué sur le coup. Edgar, l'autre frère Zemour, avait pris cinq balles dans le dos, mais il était vivant. Les Z étaient décimés, comme si une page du milieu se tournait. La presse en fit ses choux gras. Ils avaient été les rois de Belleville et de Montmartre, racketteurs, proxénètes, trafiquants, flamboyants caïds assis dans les plus beaux restaurants des Champs-Élysées – les Z venaient de passer leur tour. Mais la pègre a horreur du vide. Les Lyonnais étaient à l'affût. Ils avaient à leur actif une trentaine de cambriolages et de vols à main armée, sans jamais avoir été pris en flagrant délit. Ils avaient l'ambition d'élargir leur pouvoir jusque dans la capitale. Et puis il y avait aussi la « bande de la banlieue Sud ». Ils avaient moins de chemin à parcourir que les Lyonnais pour rejoindre Pigalle. Ils étaient une bande de potes, issus des quartiers pauvres et des gens du voyage, bien décidés eux aussi à prendre leur part du gâteau, et rien ne les arrêtait. C'était partout pareil, il y avait toujours des jeunots, plus malins que les autres, pour vous expliquer que vous étiez trop vieux, trop démodé, plus dans le coup, et essayer de vous mettre au rancart. Tout le monde sentait qu'il y avait une place à prendre, et c'est pourquoi tout le monde tirait sur tout le monde, à qui en tuerait le plus.

*

Le nouveau pouvoir se frottait les mains, il laissait faire la sélection naturelle. La gorge profonde de Botey à la préfecture de police ne lui annonça rien de bon. Des têtes tombaient, de hauts fonctionnaires passaient des lambris dorés au placard. Botey avait de quoi s'inquiéter. Giscard modernisait tout, même la police. C'en était fini de la Mondaine et de ses flics à l'ancienne, les seuls avec les RG à rédiger des notes blanches souvent tachées de champagne et de résidus de caviar, dont l'objectivité dépendait de l'épaisseur de l'enveloppe. Pour nettoyer les écuries d'Augias, Michel Poniatowski, le ministre de l'Intérieur, rebaptisa la Mondaine BSP, brigade des stupéfiants et du proxénétisme. Sigle ronflant, pour des policiers nouvelle génération chargés de lutter contre la prostitution, mais surtout contre la drogue, qui inondait Pigalle et rapportait plus que les filles. Le milieu s'était adapté. Les toxicos tombaient comme des mouches. Botey, lui, ne trempait pas dans la blanche, elle n'était pas dans sa culture et impliquait une logistique qu'il n'avait pas... Il se dit sournoisement qu'il pourrait peut-être échapper à la tempête répressive qui s'annonçait et continuer à empocher. Parce que personne ne pouvait lui reprocher de ne pas donner. Mais, avec cette guerre des gangs, qui serait en mesure de le protéger et combien cela lui coûterait-il ? À chaque changement de pouvoir, les malfrats, les caïds, les parrains passaient un nouvel entretien d'embauche. D'autant que ce qui l'inquiétait au plus haut point, ce n'étaient pas les menaces des Corses ou la perte d'influence des Zemour, mais la pression des policiers sur ses hommes. Le Basané, le Gitan, le Tatoué, tous y étaient passés, sans qu'il puisse savoir s'ils tenaient leur langue. L'air de rien, accoudés au comptoir, les flics en civil leur glissaient des petites phrases, sur le ton de l'humour : « Il est plus dans les clous, ton patron… Il devrait se méfier. » Ou, plus perfide encore : « Il a intérêt à recoller les morceaux avec Carmen, sinon elle va tout déballer, la grosse. » De fait, avec l'âge, la maquerelle s'était empâtée, ce qui n'avait pas échappé à Botey – mais il s'en moquait, puisqu'il ne partageait plus son lit. La notion du temps n'était pas la même lorsqu'on vivait à Pigalle. La justice dans ce quartier était beaucoup moins lente que dans les palais de justice, elle produisait moins de paperasse aussi, et personne ne pouvait faire valoir un vice de procédure.

On vous guettait un soir et on vous tirait dessus parce que vous aviez commis un acte jugé répréhensible par le tribunal invisible de la pègre. Dossier clos. Impossible de faire appel quand on avait la gueule dans le caniveau ou la tête ensanglantée posée sur le volant, le klaxon claironnant à tue-tête au milieu de la nuit.

Quand le pouvoir légal vous collait aux fesses, c'était beaucoup plus long, mais tout de même assez efficace – comme un supplice chinois. Interrogatoires informels, convocations, gardes à vue, avec les petites humiliations qui allaient de pair : dépôt de la montre, des lacets, des clefs de voiture et du portefeuille, jetés dans une petite boîte en bois rangée dans un placard par un flic blasé. Botey avait suivi ce *cursus honorum* telle une lente montée des marches vers la prison. Certes, il n'était pas le seul dans le viseur du pouvoir. Loin de Pigalle, dans le très chic 16e arrondissement de Paris, Fernande Grudet, dite Madame Claude, et ses hôtesses de charme triées sur le volet, et polyglottes, qui vendaient leur corps à une clientèle huppée, n'avaient plus la cote. Elle était, comme Botey, un « indic » de la Mondaine, mais aussi du SDECE, qui appréciait la qualité des informations recueillies sur l'oreiller par ses call-girls. Botey était un peu la version masculine de Madame Claude, en modèle réduit. Elle était petite et élégante, avec des allures de grande bourgeoise, lui était « court sur pattes », comme écrasé au sol. Ils avaient construit leur vie sur deux passions, le sexe et la bouffe – enfin trois, si on rajoute l'argent. Ils chancelèrent pour les mêmes motifs. La société avait changé.

Les Français réclamaient des villes propres. « Cachez ces seins que je ne saurais voir », semblait dire le ministre de l'Intérieur. On réprimait, on verbalisait, on fermait les cabarets et, dans un mouvement diamétralement inverse, les femmes s'affranchissaient. Elles avaient acquis depuis peu le droit d'avorter. Elles revendiquaient désormais celui de se prostituer librement. Botey et ses « pairs » de Pigalle observaient leur manège, inquiets. Les journaux relayaient leurs tribunes, où elles demandaient aux Français d'apprendre à mieux les connaître et à ne pas les considérer comme des délinquantes, mais comme des citoyennes à part entière. Elles racontaient à qui voulait l'entendre qu'elles ne faisaient pas ce métier de gaieté de cœur, mais parce qu'un jour elles avaient crevé la dalle et avaient accepté, en larmes, de vendre leur corps pour nourrir leur gosse. Marx était sur le seuil des cabarets et des hôtels de passe… Sans oublier le fisc, main aveugle qui exigeait qu'elles paient leurs impôts comme tout le monde. Sur le terrain, la police accablait les filles de procès-verbaux, de petites brimades pour les empêcher de travailler. Voilà pourquoi la pègre basculait vers la drogue : l'héro ou la cocaïne ne revendiquaient pas, ne réclamaient rien, vous les glissiez dans une pochette et les vendiez à prix d'or.

*

Botey avait toujours réussi à étouffer les affaires. Les dossiers sensibles restaient coincés quelque part, dans un bureau, puis il n'en entendait plus parler. En 1973, un homme grassement rémunéré était même parvenu à subtiliser son dossier fiscal. Envolé. Détruit. Un coup de maître qui allait se révéler payant.

Son commerce lui avait procuré un réseau unique, composé de juges, d'avocats, d'hommes d'affaires, de notaires et de professionnels moins prestigieux mais non moins influents – comptables, greffiers –, toujours disposés à lui donner un conseil, un tuyau anodin pour eux, essentiel pour lui. Il ne suffisait pas de connaître le P-DG d'une entreprise pour y être embauché : le portier était souvent mieux informé que le patron.

Jusqu'au 10 janvier 1975, Botey se croyait intouchable. Ce jour-là, pourtant, il vit revenir Jean, son gérant du Rembrandt, la mine déconfite, celle qu'il avait lorsqu'il venait de perdre au jeu. Malgré ses promesses, il avait continué à dépenser son salaire aux tables. Les traits tirés, il baissait la tête. Éric savait d'où il venait : du 36, quai des Orfèvres, les locaux de la police judiciaire. Sans dire le moindre mot, Botey avait compris : on l'avait cuisiné et il avait craqué. Comment lui en vouloir ? Comme pour Léonie, il s'était bien gardé de lui exposer les vrais risques de leur métier : celui d'être placé en garde à vue et de devoir payer une très forte amende – pire, de finir à Fresnes.

Jean s'effondra. Sans trop savoir s'il craignait pour lui ou s'il était vraiment gêné d'avoir mis son patron dans le pétrin. Il avait essayé de résister, de tenir tête aux trois inspecteurs qui se relayaient face à lui. Mais il avait cédé lorsque l'un d'entre eux lui avait lu le compte rendu d'audition de Carla, une habituée du Rembrandt, qui reconnaissait faire quotidiennement des passes dans l'hôtel, de jour comme de nuit. Il avait avoué, en essayant de ne pas tout dire pour sauver l'honneur, mais le mal était fait.

Ce fut ensuite au tour de Botey de grimper les marches du 36. Il avait passé quelques coups de fil à ses relations, juges, policiers, pour leur rappeler les risques qu'il prenait, lorsqu'il leur donnait une affaire. Tout le monde écouta, embarrassé, compatissant, mais ses arguments glissaient comme l'eau sur une toile cirée. L'échange fut bref. Les inspecteurs auraient même pu se passer de l'interroger… Ils savaient tout. Le dossier était clos. Il allait atterrir sur le bureau d'un juge d'instruction. Botey resta silencieux. Il se préparait déjà au face-à-face avec le magistrat. Et si, avec l'aide du ciel, ce dernier fréquentait Pigalle, qu'il aimât les femmes – ou les hommes, d'ailleurs –, il avait une petite chance de s'en sortir. Il fut inculpé, mais sortit libre du quai des Orfèvres.

Trois semaines plus tard, il recevait sa convocation chez le juge, fixée au 22 avril 1975. On ne voulait pas faire traîner cette affaire, visiblement. Botey était venu les mains vides, même pas une petite valise au cas où. Le juge Pia lui ouvrit la porte, lui tendit la main pour lui indiquer le fauteuil devant son bureau. Pia était un incorruptible, lui avait-on dit. Catholique pratiquant, austère à certains égards, il fumait la pipe pour réfléchir, et le seul loisir qu'on lui connaissait était la messe le dimanche et une balade digestive au parc de Saint-Cloud, lorsque la météo le permettait. Botey prit un ton mielleux pour indiquer que son avocat aurait quelques minutes de retard. Le juge ne répondit rien. Après lui avoir fait décliner son état civil, il entra dans le vif du sujet.

« À qui appartient l'immeuble du 5, rue Frochot ?

— Euh, c'est un peu compliqué…

— Nous avons tout notre temps !

— Le Rembrandt est une SARL de mille cinq cents parts, tenue à égalité par trois associés : Mme André Dubois, MM. Gilles Fleury et Baptiste Prévolt. »

Le juge ne lui laissa pas le temps de terminer sa phrase :

« Les deux associés ont indiqué ne pas s'occuper de l'hôtel, et votre gérant, Jean Courtebœuf, a précisé dans un procès-verbal daté du 12 février 1975, je le cite, qu'il était "un homme de paille". Enfin, après enquête des services de police, nous avons la preuve que des femmes de petite vertu vendent leurs charmes dans votre hôtel, monsieur Botey ! »

On frappa à la porte. Le juge s'agaça. L'avocat entra lentement, passant d'abord la tête comme s'il y avait un chien méchant derrière la porte. Il s'excusa piteusement, se courbant presque devant le juge.

« Vous arrivez à point nommé, j'étais sur le point d'inculper votre client pour proxénétisme hôtelier. »

L'avocat bredouilla quelques mots incompréhensibles, tout en fouillant dans sa sacoche en cuir, faisant mine de chercher un document.

« Qu'avez-vous à ajouter ? »

Son défenseur avait retrouvé ses esprits et sa contenance. Il se lança :

« Mon client est un honnête homme, monsieur le juge, il n'a aucune inscription à son casier et n'est en rien responsable des incompétences de son gérant qui aurait dû, je vous le concède, refuser l'entrée à ces filles venues se prostituer dans l'établissement. C'est de sa responsabilité et non pas de celle de mon client, qui est un chef d'entreprise respectable, qui possède une brasserie, un restaurant…

— Merci, maître, pour ces précisions, qui sont fort utiles. Le tribunal tiendra compte de la situation de M. Botey, mais les faits de proxénétisme hôtelier sont caractérisés. Le Rembrandt est un hôtel de passe, et cela est formellement interdit selon l'article 335 du code pénal, je vous passe le détail des alinéas : ils concernent l'exploitation de locaux commerciaux en vue d'y exercer des activités de prostitution, enfin vous connaissez cet article.

— Monsieur le juge, mon client n'a pas de responsabilité dans ces actes délictueux, je vous le répète. »

Botey se tourna vers l'avocat, comme pour lui demander de se taire – ce qu'il fit. La colère montait en lui. La loi était une implacable machine à broyer les hommes, avec ses codes et ses articles. Après tout, comment pouvait-on interdire à un homme qui ne baisait plus son épouse depuis des années de payer une femme pour assouvir ce désir primaire ? Combien de types, des grands, des petits, des beaux, des moches, des riches, des fauchés, des désespérés, venaient seulement pour parler, raconter leurs misérables petites histoires de disputes, de divorce, de trahison, d'engueulades minables avec leur femme ? Sur le lit, ils reprenaient vie, retrouvaient un semblant de dignité, qu'ils perdaient sitôt la porte de la chambre franchie. Ces quelques secondes de silence interrompirent le manège qui se tenait dans le bureau de ce juge, subtil jeu de duettistes entre les deux hommes en robe noire, tels deux musiciens concurrents et complices à la fois, l'un ne pouvant jouer sans l'autre.

Si Botey en avait eu le courage, il lui aurait raconté Pigalle, tel qu'il n'en avait jamais entendu parler. Il lui aurait dit que lui, M. Henri Botey, ne droguait pas ses filles pour les soumettre. Il les traitait avec égard, et les filles le respectaient sans avoir à le craindre ou à trembler dès qu'il apparaissait, ce qui faisait toute la différence avec les Corses et les pieds-noirs, qui confondaient caresses et poings américains. Mais comment faire entrer un juge entouré de tous ces codes et articles de loi formant une barrière de barbelés dans son univers à lui où tout était permis ? À coup sûr, Il se blesserait. Ils ne vivaient pas sur la même planète, et c'est aussi pour cette raison que Botey resta muet. Le juge incarnait l'ordre, Botey le désordre… Deux mondes irréconciliables.

Le 22 avril 1975, il passa, pour la première fois de sa vie, la nuit en détention. Aux yeux de la justice, il était un proxénète hôtelier. Placé sous mandat de dépôt, il monta, menotté, dans un fourgon de police, direction la prison de Fresnes.

Quarante minutes de route pour rejoindre ce sinistre endroit où s'entassaient la pègre et les voyous de la capitale. Un choc, pour Botey. On avait beau en avoir entendu parler… Pigalle raffolait des histoires de mitard : quelques verres, et les types au comptoir racontaient leur séjour, leurs petites magouilles, les matons véreux, les bagarres dans la cour et les trafics en tout genre. On enjolivait, on fanfaronnait, on jouait au dur. En général, quand un mec venait de sortir, il était intarissable, parce que Pigalle était le seul endroit où l'on pouvait se vanter d'être passé par la case prison. Ici, c'était une marque de prestige ; ailleurs, un boulet que vous traîniez toute votre vie.

Sur les ordres de Botey, son avocat contacta Véronique, qui, comme à son habitude, ne montra aucune émotion. Il appela aussi Carmen, par égard : elle était une de ses clientes et toujours associée avec Éric. Elle lui posa des questions juridiques, d'une très grande précision. Elle voulait tout savoir, et surtout si son nom avait été cité par le juge. Il fut un peu embarrassé pour lui répondre, son retard lui ayant fait manquer une partie de l'échange. Il lui répondit qu'à sa connaissance le juge ne l'avait pas citée nommément. Enfin, elle l'interrogea sur la date du procès. Il n'en savait rien. Il la salua poliment, prenant la voix de celui qui vient d'annoncer une mauvaise nouvelle et utilise toutes les nuances du langage pour adoucir la déception et la tristesse. Il eut l'impression, au ton de Carmen, qu'elle était inquiète ou bouleversée, mais ne réussit pas à trancher sur le moment. Le fait est que cette affaire braquait les projecteurs sur leur empire ; les ennuis ne faisaient que commencer.

L'information arriva jusqu'à Andrée par le bouche à oreille… Elle fit répéter plusieurs fois son interlocuteur. Ce n'était pas une rumeur. Son Éric était tombé, cela devait bien arriver un jour, lui qui avait toujours les yeux plus grands que le ventre. Sonnée, elle regarda par la fenêtre la rue Frochot qui scintillait. Elle aurait voulu que tout s'arrête maintenant, dans cet endroit qui avait creusé le tombeau d'Éric et le sien, car ce bonimenteur avait réussi à lui refourguer cinq cents parts. Son nom allait être cité au tribunal, elle serait définitivement salie par ces magouilles.

Elle essayait de l'imaginer sur la paillasse de sa cellule. Jamais ils n'avaient évoqué ensemble l'hypothèse de la prison. Toujours y penser, n'en parler jamais. N'empêche, seul, oublié du monde entier, l'un des hommes les plus puissants de Pigalle était assis sur un minuscule plumard recouvert d'une grosse couverture élimée. On lui avait donné un nécessaire de toilette, une serviette toute rêche et un bout de savon. Il réfléchissait. À quoi pouvait-on réfléchir en cellule ? À sa sortie. Dehors, son avocat avait déposé une demande de remise en liberté sous caution. C'était une question de jours, lui avait-il dit, en lui glissant une petite valise sur la table en formica de leur rachitique salle de réunion coincée entre quatre murs gris.

Entré le mardi 22 avril, Botey ressortit le mardi 13 mai 1975, trois semaines plus tard. Son avocat avait débloqué la coquette somme de cent mille francs pour payer sa caution. Les matons venaient de se mettre en grève. Alors qu'Éric était encore incarcéré, un surveillant, un dénommé Guedj, avait été tué par un détenu dans la prison de Brive, ce qui avait provoqué un mouvement de protestation et de solidarité envers le collègue et sa famille. Botey n'était pas considéré par les matons comme un dur à cuire : ce n'était pas un violeur d'enfant ni un détrousseur de vieilles dames. Mais il appartenait à la catégorie des personnalités du milieu, genre de détenu intouchable dont la porte restait ouverte plus longtemps que les autres. Lorsque la grève avait éclaté, les matons étaient venus lui expliquer la situation et leurs conditions de travail. Ils ne voulaient plus être des porte-clefs sur pattes et, surtout, ils demandaient des renforts en personnel ; les prisons étaient devenues des lieux de plus en plus dangereux. Botey les écoutait patiemment, sans oser leur dire que, si les prisons n'avaient pas été des lieux dangereux, les honnêtes gens du dehors auraient eu de quoi s'inquiéter... Depuis quand mettait-on en taule des enfants de chœur ? Mais il n'était pas question de jeter de l'huile sur le feu face à des matons cégétistes chauffés à blanc. Et puis il avait d'autres préoccupations. La date de son procès avait été fixée au 18 mai 1976. C'était rapide. Avaient-ils le moyen et le temps de faire disparaître son dossier ? Une petite erreur de classement, et son instruction passait dans les affaires déjà jugées ? Il fallait se pencher sur cette hypothèse. Il allait passer quelques coups de fil... Une certitude, les magistrats seraient incapables de retracer son passé fiscal. Monsieur Éric reprenait du service.

Véronique l'enlaça de ses longs bras graciles. Elle se pencha légèrement pour l'embrasser dans le cou. Elle sentait un parfum qu'il ne connaissait pas. Il lui raconta la prison dans ses grandes lignes. Un monde clos, disposant de ses propres règles, de sa hiérarchie, avec en haut les braqueurs de banque et tout en bas les violeurs et les pédophiles, traités comme des parias. Quelques mots sur la nourriture, déplorable brouet servi froid le plus souvent, le temps que le chariot arrive devant la porte de la cellule. Il n'insista pas : Véronique ne l'écoutait plus. Il aurait voulu lui dire qu'il avait sympathisé avec un maton à qui il avait proposé de venir prendre un verre à Pigalle, pour le remercier de lui avoir fait passer quelques messages pour le Basané et le Tatoué. Mais Véronique semblait tourneboulée, mélange de joie et d'excitation. Elle semblait vouloir lui dire quelque chose, mais n'y parvenait pas, comme si les mots se bousculaient à la sortie de sa bouche.

« Mais qu'est-ce qui t'arrive ?

— J'ai une bonne et une mauvaise nouvelle à t'annoncer, je commence par laquelle ?

— Arrête, j'ai pas la tête à m'amuser !

— Alors, mon loup, la bonne, c'est que le propriétaire de la maison de Tracy-sur-Mer a fini par accepter ta proposition ! Ça n'a pas l'air de te faire plaisir ?

— Si, bien sûr, mais avec le procès, Carmen..., je t'avoue que je sais plus trop où j'en suis et cette maison est passée au second plan.

— Mais tu vas pouvoir te reposer, aller à la chasse avec tes nouveaux fusils... C'est pas à Pigalle que tu vas pouvoir les essayer !

— C'est pas faux, encore que, parfois, je me dis que je devrais les sortir, ça calmerait les suceurs de sang qui me rackettent... Et la mauvaise nouvelle, au point où j'en suis ?

— La mauvaise, c'est que ta mère vient nous rejoindre et que nous ne passerons pas la soirée seuls ! »

Quelques minutes plus tard, Juliette entrait au Rembrandt. Elle accéléra le pas en croisant le regard de son fils. Elle l'embrassa, avec de gros bisous humides, lui passa la main dans les cheveux. Elle retrouvait son fiston. Entre ses bras potelés, il redevenait l'enfant qu'elle avait protégé à la mort de son mari. Sa fille était restée dans le maquis pour finir le travail que son père n'avait pas pu terminer. Éric était l'aîné. Avec Michel, son petit dernier né deux années après lui, en 1935, elle n'entretenait pas les mêmes liens. Lorsque son mari avait rejoint la Résistance, elle s'était retrouvée avec deux jeunes garçons sur les bras. Elle avait décidé de confier Michel à une tante et un oncle, élevant Éric comme un enfant unique, dans une relation fusionnelle, une complicité toujours intacte. Véronique se retrouvait spectatrice, exclue de ce cercle intime et passionné dont l'essentiel lui échappait. Elle se dit qu'on apprenait beaucoup d'un homme lorsqu'on l'observait avec sa mère. Éric avait perdu toutes ses défenses, son visage s'était transformé, ses traits soudain adoucis sous l'effet des baisers et des mots apaisants de cette maman si démonstrative.

Il était le seul et l'unique qu'elle aimait, il en était convaincu. Elle l'avait couvé, nourri comme un oisillon, elle avait entretenu cette flamme si dangereuse pour un enfant, celle de l'impunité. Elle le plaçait plus haut qu'il n'était. Elle lui avait inoculé le poison de l'orgueil et de la toute-puissance. Si elle avait choisi de garder Michel, son frère cadet, peut-être la vie d'Éric aurait-elle pris un autre cours. Il aurait découvert la rudesse du monde, se serait battu pour arracher son premier emploi, aurait monté son entreprise et aurait coulé une petite vie tranquille, sans avoir à se soucier de ses fins de mois. Au lieu de cela, Éric allait rejoindre le box des accusés, obligé de répondre aux questions froides et brutales du président de la cour, tel un élève indiscipliné et trop gâté dont les parents n'arrivaient plus à dompter le caractère.

Le procès fut une formalité. Il se tint à la date prévue, le 18 mai 1976. Éric monta les marches du Palais de justice comme un simple visiteur. Personne n'aurait imaginé à cet instant que cet homme bien mis, à la démarche plutôt élégante, allait être jugé par la dix-septième chambre correctionnelle de Paris pour proxénétisme. Comme prévu, après avoir lu les formules juridiques consacrées qui marquaient le début du procès, le président énuméra les faits. L'enjeu était faible. Tout le monde avait avoué, l'enquête de police était sans appel, et le délit de proxénétisme hôtelier caractérisé. Dans un ballet parfaitement orchestré, chacun prit la parole selon un ordre préétabli. Tout le monde avait un rôle à jouer. Son avocat reprit les mêmes arguments que dans le bureau du juge. *Il se foule pas, vu le prix que je le paie, il aurait pu faire un petit effort d'originalité !* pensait Botey, recroquevillé dans son box. L'homme en noir plaida l'erreur de jeunesse d'un homme jamais condamné et dont le casier était immaculé. Il concéda une « bêtise », celle d'un chef d'entreprise qui avait choisi de travailler dans un quartier où les filles de joie étaient plus nombreuses que les mères de famille… ce qui évidemment n'était pas sans créer quelques difficultés, voire des confusions. Le président leva le nez de ses feuilles, surpris par cette dernière phrase. L'avocat enchaîna sans insister sur cet argument fallacieux.

Andrée avait pris place dans la salle. Son nom fut évidemment cité. Elle regarda autour d'elle, pour voir si des visages se retournaient. La salle ne bougea pas. Elle attendit le verdict.

La seule chose qu'elle espérait, au plus profond d'elle-même, c'est qu'il ne regagnerait pas la prison. Si étrange que cela puisse paraître, même s'ils n'étaient plus ensemble depuis bien longtemps, elle aimait le savoir près d'elle. Parfois, il passait au Rembrandt sans même lui adresser la parole, mais elle le voyait, et cela lui suffisait.

Botey écopa d'une peine de quatre mois de prison avec sursis et de soixante mille francs d'amende. Il n'avait même pas besoin de passer à la banque pour régler la somme, il n'avait qu'à se servir dans le coffre du Rembrandt. Le tribunal ordonna la fermeture totale de l'hôtel pour une durée d'un an, ainsi que la confiscation du mobilier. La clientèle allait forcément partir à la concurrence, elle avait l'embarras du choix.

Il devait négocier avec Carmen pour transférer ses filles vers son hôtel. Même si elle constituait un bas de laine dans son dos, il pourrait tout de même récupérer une partie des recettes. La sentence était finalement plus clémente qu'il ne l'avait imaginé. De toute évidence, il lui restait encore quelques soutiens, quelques « amis ». « Ami » était un bien grand mot : disons qu'il y avait encore dans les institutions des anciens qui s'accrochaient et savaient quels services il avait rendus pendant la guerre d'Algérie.

Dehors, ses employés, condamnés depuis quelques minutes, se tenaient en grappe, entourés de leur famille. Ils attendaient rageusement l'arrivée du patron. Botey choisit de sortir par une porte dérobée, celle qu'empruntent les avocats lorsqu'ils cherchent à échapper aux journalistes. Après tout, personne ne les avait forcés à accepter cette responsabilité. Ils avaient pris leurs risques, à eux d'assumer leurs actes, pensait-il égoïstement en dévalant le petit escalier qui le menait à l'air libre.

Il n'en avait pas conscience pour l'instant, tout à sa joie de rentrer à Pigalle libre, mais Monsieur Éric entamait son chemin de croix.

15

Antoine était en retard. Alicia l'attendait fébrilement, toujours dans la chambre 42, dans un autre hôtel, rue Fontaine. Elle avait souhaité conserver son numéro de chambre par superstition, craignant que, dans le cas contraire, Antoine ne vienne plus la voir. Elle avait enfilé un peignoir : en cette fin novembre, il commençait à faire froid, et elle avait beau tourner le gros bouton en bakélite du radiateur en fonte, elle n'arrivait pas à se réchauffer. Au Rembrandt, Botey exigeait que les filles bénéficient de la température adéquate, c'était la moindre des choses. Mais Carmen, elle, était plus près de ses sous et donc plus avare sur le chauffage.

Alicia alluma une cigarette et contempla le plafond ; elle imaginait à quoi pouvait ressembler Antoine lorsqu'il travaillait. Avant que le Rembrandt ne tire le rideau et qu'elle ne soit obligée de changer de lieu d'exercice, Antoine avait entrouvert sa porte, dévoilant son histoire par bribes. Cela relevait un peu du jeu de piste, mais elle comprenait qu'il était une sorte d'espion à la solde de la France. Un espion qui n'hésitait pas à user de la force si nécessaire. Il lui raconta enfin comment il avait été exclu de la police nationale et comment il était devenu détective privé. Il n'entrait pas dans les détails, n'évoquait pas la Main rouge, ni ses opérations secrètes destinées à détruire ou à tuer un militant de la décolonisation. Il parlait toujours lentement, sur un ton presque monocorde qui ne révélait aucune émotion particulière, avec une petite pointe d'accent pied-noir, faisant traîner les dernières syllabes. Elle lui avait demandé spontanément comment s'appelait son agence. Il avait accepté de lui répondre parce qu'il suffisait d'ouvrir l'annuaire pour le trouver.

« L'agence Martini…

— Martini, comme Hélène Martini, l'impératrice de Pigalle, tu connais cette femme ?

— Oui, je la connais, mais ça n'a rien à voir. J'ai choisi un nom connu, facile à retenir ! Le Martini, tout le monde en boit, c'est presque un nom commun ! »

Elle s'était alors collée à lui, posant sa tête sur son torse dénudé comme si elle écoutait les battements de son cœur. Soudain tout excitée à l'idée que son Antoine exerce un métier pas comme les autres qui consistait à surveiller, suivre, photographier, renseigner et parfois même à assurer la sécurité rapprochée de personnalités plus ou moins louches. Une vie d'aventurier moderne au carrefour de la politique, du monde des affaires et du milieu. Antoine n'était pas un client comme les autres. S'il le lui avait demandé, elle l'aurait suivi au bout du monde, elle aurait plaqué sa vie de pute pour se donner tout entière à cet homme si secret – mais jamais il ne le lui demanda. De toute façon, avec ou sans lui, elle voulait arrêter, il y avait un âge pour tout. Et puis les filles achetaient à plusieurs leur propre appartement pour couper ainsi les ponts avec leur souteneur et empocher toute la recette sans avoir à la partager avec l'hôtelier, le maquereau. Sans compter qu'un type était en train de bidouiller un appareil qui allait révolutionner la vie quotidienne des filles de Pigalle. Il le baptiserait le minitel, et il allait littéralement tuer le délit de racolage. Plus besoin pour les clients d'aller traîner dans des quartiers louches pour se payer un peu de bon temps : en quelques minutes, il pouvait choisir une fille et fixer le lieu de rendez-vous, en toute discrétion.

Elle entendit des craquements sur les lattes usées du parquet du couloir. Elle tendit l'oreille. C'était lui. Il marchait plus vite qu'à l'accoutumée, sûrement parce qu'il était en retard, pensa-t-elle, alors chatouillée par de petits papillons dans le ventre. Lorsqu'il entra, elle comprit qu'il n'était pas dans son état normal. Pâle, lui qui avait le teint habituellement hâlé, plus agité que d'habitude.

« Mais qu'est-ce qui t'arrive ?

— T'écoutes pas la radio ? Ils ne parlent que de ça, sur Radio Luxembourg !

— Ben non, j'ai pas la radio, ici, et j'suis pas descendue… Je t'attendais ! Ben dis-moi…

— L'appartement de Jean-Marie a été soufflé par une bombe, cette nuit.

— Tu appelles Le Pen Jean-Marie, tu le connais ?

— Oui, je le connais, mais tu entends ce que je te dis ? L'immeuble a été soufflé !

— Oui, j'entends ! C'est tragique, mais qu'est-ce que tu veux que j'y fasse ? Déshabille-toi, viens t'allonger… Tu veux que je te serve une coupe ? »

Antoine accepta son invitation sans broncher. Habituellement, c'est lui qui menait la danse, mais aujourd'hui il était ailleurs, songeur et absorbé par cette étrange explosion qui visait non seulement le président du Front national, mais aussi toute sa famille. Le Pen et lui s'étaient connus à la Corpo de droit, à Assas. Le jeune Antoine était auditeur libre, Jean-Marie le président de la Corpo. Le courant était passé entre eux, ils devinrent amis. Chacun creusait son sillon, mais ils ne se perdaient jamais de vue.

Comme Éric, qui avait cherché à le joindre sans succès, il aurait aimé comprendre ce qui s'était passé à la villa Poirier vers quatre heures du matin dans la nuit du 1er au 2 novembre. Antoine se creusait les méninges, il avait gardé ses réflexes de flic et de barbouze. Il était allé voir sur place l'état de l'immeuble. Pas de doute, c'était un travail de professionnel. Il savait exactement combien il avait fallu d'explosif pour provoquer de pareils dégâts. Antoine était artificier, il savait de quoi il parlait. Car il ne suffisait pas de disposer de la matière première, encore fallait-il savoir s'en servir. Il estimait la charge à pas de moins de cinq kilos de dynamite posés sur le palier du quatrième étage, là où habitaient les Le Pen.

Le couple était rentré au milieu de la nuit d'un dîner chez leurs amis Le Chevallier. Vers quatre heures quarante-cinq, l'immeuble volait en éclats. La famille Le Pen était indemne. Un miracle. Assises au bout de leurs lits, effrayées et hagardes, recouvertes de poussière, les filles avaient les pieds qui pendaient dans le vide. Un faux mouvement, et elles plongeaient. Il n'y avait plus d'escalier, plus de façade. Les Le Pen en tenue de nuit descendirent par la grande échelle avec leurs enfants dans les bras. Pierrette avait juste eu le temps de jeter un œil dans l'appartement dévasté. Son regard s'attarda sur le canapé où Rainbow, le caniche nain offert par Botey, et le chat semblaient dormir d'un sommeil profond, figés pour l'éternité. Elle les appela, eux aussi faisaient partie de la famille. Mais elle comprit rapidement que les deux petites bêtes avaient fermé leurs yeux définitivement. Ils étaient comme enlacés, comme s'ils avaient voulu se tenir la main avant le grand saut dans l'inconnu. Elle n'arrivait pas à les quitter. Hormis les deux animaux, aucun mort n'était à déplorer. Un nouveau-né tombé du cinquième étage n'eut par chance qu'un bras cassé.

Alicia n'osait pas poser de questions ; elle ne lui demanda rien lorsque Antoine enfila son manteau et sortit précipitamment de la chambre sans avoir touché ni au champagne ni à elle, triste et frustrée de ne pas avoir reçu son élixir de la semaine. C'est ainsi que les Le Pen passèrent d'un modeste deux-pièces du 15e arrondissement à la villa de Montretout, à Saint-Cloud, avec son parc et sa vue imprenable sur Paris.

Quelques jours plus tard, Antoine, devenu détective privé, était officiellement mandaté par son ami Le Pen pour enquêter sur les commanditaires de l'attentat. La presse avait classé ce drame dans la rubrique « faits divers ». Le Pen n'était pas encore une vedette de la politique, juste un ambitieux à la tête d'un groupuscule promis à un bel avenir. Ce qui ne l'empêchait pas d'avoir des ennemis. Ainsi cherchait-on à éliminer celui qui s'apprêtait à mettre la main sur toute l'extrême droite française. C'était la première piste évoquée. Antoine n'y croyait pas une seconde. Cet attentat avait nécessité beaucoup trop de moyens et une logistique onéreuse qu'étaient incapables de financer les responsables du Parti des forces nouvelles. Un mouvement politique microscopique qui avait déjà bien du mal à acheter l'encre pour noircir ses tracts nauséabonds… Antoine cherchait dans une autre direction, persuadé que les commanditaires n'étaient pas des ennemis politiques de Le Pen.

Depuis plusieurs mois, la famille était embarquée dans une sombre affaire d'héritage. Son ami Hubert Lambert, avec sa petite tête d'oiseau et ses lunettes en métal cerclé à la Raymond Queneau, sur lequel Jean-Marie ne tarissait pas d'éloges, avait trouvé la mort le 26 septembre 1976.

Le Pen l'avait propulsé dans les instances dirigeantes du FN et lui avait accroché au revers du veston le titre pompeux de membre du comité central et conseiller national du parti pour les questions militaires. Tout le monde était aux petits soins et au chevet de ce garçon qui avait pris la forme d'un tiroir-caisse. Non seulement il buvait et fumait sans arrêt, mais en plus il se gavait de médicaments, prescrits par l'ami de jeunesse de Le Pen, Demarquet, devenu médecin. Personne ne savait si ces médicaments amélioraient sa santé ou si, au contraire, mélangés à l'alcool, ils le tuaient à petit feu. Cet héritier richissime avait été incapable de vivre sans sa mère, décédée deux mois auparavant. Hubert était un enfant dans le corps d'un adulte.

Quelques mois avant sa mort, le jeune homme, tombé sous le charme de Pierrette et Jean-Marie, avait fait du président du FN, devant notaire, son légataire testamentaire. Le Pen n'était pas encore riche, mais il était sur la bonne voie. Un autre Lambert, Philippe, le neveu héritier par filiation, se voyait dans l'obligation de partager la colossale fortune. Impensable. Il cria au complot, accusa les Le Pen d'avoir abusé de la faiblesse de son oncle. À la fin de sa vie, il n'était plus qu'une loque humaine. Une bataille juridique homérique débuta alors. Légalement, les Le Pen avaient le droit de venir habiter la propriété de Montretout. Philippe Lambert s'y opposait. Le Pen s'en moquait : il prit la décision d'installer sa famille à l'étage, Philippe Lambert disposant, lui, du rez-de-chaussée. La guerre était ouverte à coups de dépôts de plainte, de procédures en nullité de testament et de noms d'oiseaux lorsque les deux hommes avaient le malheur de se croiser. Le procès semblait inévitable, avec le risque d'un grand déballage sur la place publique, sans pouvoir empêcher le président du tribunal de s'interroger sur l'état de santé d'Hubert Lambert le jour de la rédaction du testament. En vérité, personne n'avait intérêt à en arriver là.

Jean-Marie était dans tous ses états. Il venait moins à Pigalle, forcément. Botey avait lui aussi la tête ailleurs. La prison, la fermeture du Rembrandt, son divorce d'avec Carmen, Véronique et ses longues jambes, et Pigalle qui mourait doucement comme un vieillard usé, occis à coups de sachets de blanche, de descentes de police, de fermetures administratives et de tapineuses jetées sans ménagement dans le panier à salade pour leur faire comprendre qu'elles n'avaient plus rien à faire ici.

Le Pen avait bien essayé de lui expliquer ce qui se jouait dans l'affaire Lambert. Il agrémentait ses propos de termes juridiques abscons, qui passaient au-dessus de la tête d'Éric. Selon lui, son ami se battait comme un beau diable pour récupérer le magot et, compte tenu de la somme en jeu, cela valait vraiment le coup. L'empereur des bordels de Pigalle savait ce que voulait dire « monter un empire » et se battre pour le conserver.

Ils n'étaient plus attablés au bar du Rembrandt, mais à quelques mètres de là, au Yellow Dog, dont Botey était, bien entendu, le propriétaire en sous-main – pourquoi changer ses habitudes ?

Botey essayait de savoir, comme tout le monde, qui avait voulu les tuer. Le Pen l'ignorait, la police également, elle piétinait. Le Pen lui glissa néanmoins une étrange histoire. Un soir, quelques jours avant l'attentat, il avait surpris deux types qui le surveillaient à quelques pas de la villa Poirier, son domicile. Depuis quelque temps, il ne se sentait pas en sécurité et ne sortait jamais sans son flingue coincé dans sa ceinture. Il décida alors de les prendre en chasse. Course-poursuite en voiture, pied au plancher comme dans les films. Le Pen réussit à les coincer à un feu rouge. Il sortit de la voiture en trombe, arme à la main. Les deux types se firent tout petits. Derrière la vitre, il brandit son pétard et les menaça. Le feu passa au vert, et les deux mouchards déguerpirent sans que Le Pen ait pu savoir pour qui ils travaillaient.

Botey écarquillait les yeux, impressionné par la témérité de son ami. Le Pen lui avait promis qu'il l'inviterait à Montretout dès que tout cela serait rentré dans l'ordre. Il lui fit une description idyllique de la propriété, un jardin de trois hectares surplombant la capitale sur lequel était posé un hôtel particulier de 430 mètres carrés. À son tour, Le Pen allait changer de monde – enfin, il l'espérait de toutes ses forces. Il allait enfin pouvoir recevoir, organiser des réceptions mondaines. Montretout allait être une vitrine, celle de son aisance et, à travers elle, celle du Front national, qui allait enfin devenir un grand parti politique. C'est bien connu, on ne prête qu'aux riches. Botey lui parla de sa nouvelle acquisition à Tracy-sur-Mer. Son Montretout normand. Une gentilhommière cossue, entourée de gazon taillé au cordeau avec vue imprenable sur la mer. Il allait enfin pouvoir se consacrer à ses passions, la chasse et la peinture.

Avant de partir, sur le pas de la porte, Le Pen prit une mine de circonstance pour lui annoncer que le petit caniche Rainbow était monté au ciel, la puissance de l'explosion lui ayant probablement provoqué une crise cardiaque, expliqua-t-il. Ses filles étaient en deuil.

Il avait bien sûr tout dit de l'affaire dans ses moindres détails à Antoine, son détective. C'était un peu comme avec un avocat : dans l'intimité de son bureau, il fallait se mettre à nu, sans pudeur. Il avait essayé d'être le plus complet possible. Il lui avait demandé de surveiller Philippe Lambert pour voir s'il n'était qu'un bon père de famille ou s'il avait un talon d'Achille qu'il pourrait exploiter. Antoine avait pris des notes, griffonné quelques détails et réclamé de pouvoir consulter les indices recueillis par la police judiciaire dans les décombres, résidus d'explosif, emplacement de la charge et détonateur. La nature de l'explosif était la carte d'identité des auteurs. Cette règle, tous les experts artificiers la connaissaient. Antoine faisait partie de ce cercle d'initiés. Il en était de plus en plus persuadé, les causes de cet attentat étaient à chercher du côté de ce violent litige autour de l'héritage des Lambert. La convoitise et la jalousie faisaient un bon mobile. Et si la bataille ne se jouait pas qu'à fleurets mouchetés ou par lettres d'avocats ? L'enjeu financier était tel qu'on pouvait aisément imaginer que tous les coups étaient permis. Antoine n'avait aucune preuve, aucun élément tangible pour soutenir cette thèse, mais son intuition le poussait à enquêter dans cette direction.

*

Avec cette histoire d'attentat, Alicia se languissait d'Antoine. La chambre 42 était bien triste, sans lui. Aucun autre client ne lui arrivait à la cheville. Pour passer le temps, elle aimait papoter avec Andrée, une femme si différente des filles du quartier. Discrète, douce et très méticuleuse, elle ne cherchait jamais à envenimer les querelles entre filles, toujours à se crêper le chignon pour un oui ou pour un non. Andrée parlait peu et d'une bien drôle de façon, comme si les mots sortaient de profil de sa bouche. En temps normal, elles prenaient leur café au Rembrandt, mais elles durent, elles aussi, changer leurs habitudes. Les cafés ne manquaient pas, dans le quartier. Elles se racontaient les petits potins du jour, sans jamais se dévoiler réellement. Chacune connaissait la place de l'autre dans la grande pyramide sociale de Pigalle. Andrée nettoyait l'argent sale qu'Alicia récoltait en vendant son corps.

Elles étaient deux petites mains, deux maillons de l'industrie du sexe. Alicia semblait fatiguée. Les épaules basses, elle qui d'habitude souriait à tout et pour tout donnait l'impression que la vie l'avait quittée. Pour la première fois, elle osa parler d'elle. Elle lui avoua qu'elle était tombée amoureuse d'Antoine, la dernière des bêtises quand on était une pute. Même s'il se racontait que des filles de Pigalle avaient quitté le trottoir au bras d'un de leurs clients. Des contes de fées se colportaient comme des mythes qui aidaient les filles à tenir et leur offraient une minuscule perspective d'avenir, un semblant d'espoir. Au ton de sa voix, Alicia semblait résignée. Son amour était à sens unique. Elle sentait bien que ce garçon était un animal sauvage, un spécimen farouche qui reculait à mesure que vous vous approchiez, n'hésitant pas à sortir les griffes lorsqu'il se sentait pris au piège. Il n'avait jamais été violent, indécent ni pervers. Il venait la voir avec une certaine joie, tel un chat allant à sa gamelle de lait, ronronnant de plaisir lors du festin, puis, une fois rassasié, repartait comme si rien ne s'était passé, indifférent au monde qui l'entourait. Son long monologue faisait écho à la propre histoire d'Andrée. À son tour, elle se livra comme jamais elle ne l'avait fait. Elle aussi attendait Éric – enfin elle l'avait attendu, parce qu'elle aussi s'était fait une raison. Elle lui raconta leur rencontre, leur histoire d'amour et sa chute, son accident cérébral, sa gueule cassée sur le mur de Pigalle. Autant Antoine serait mort pour défendre sa liberté, autant Botey cherchait la sécurité. Au fond, il était resté un enfant unique gâté par sa mère qui était toujours là pour le protéger et céder à ses caprices. Devenir un homme n'était pas donné à tout le monde. Et, malgré ces différences de caractère entre Antoine et Éric, les deux femmes rêvaient secrètement de la même chose, d'un miracle, celui de l'amour simple et sincère. Emportée par cette complicité nouvelle, Alicia, sans déflorer de secret, raconta qu'Antoine travaillait pour Jean-Marie Le Pen. Il enquêtait sur l'explosion de l'immeuble de la villa Poirier. Elle ne put aller bien loin, c'était à peu près tout ce qu'elle savait. Antoine était muet comme une tombe. La semaine dernière, il était passé en coup de vent. Ils avaient fait l'amour – enfin, si on peut dire, il n'avait même pas enlevé son pantalon. Puis, à peine l'acte terminé, il s'était rhabillé et avait quitté la chambre précipitamment. En boutonnant sa chemise devant le petit miroir de la salle de bains, il était sorti de sa réserve, comme s'il se parlait à lui-même. Il lui avait confié que son enquête avançait bien. Il avait rendez-vous avec un homme qui disait connaître les poseurs de bombe. Il s'étonnait d'être tombé sur lui aussi facilement.

« Parfois, tu creuses, tu planques des nuits entières, tu perds un temps fou, tu y mets toute ton énergie, et, d'autres fois, il suffit de se baisser et de ramasser l'information qui te tend les bras, comme un nourrisson abandonné… C'est fou, la vie ! »

Alicia l'avait écouté sans réussir à décrypter ce langage codé. Andrée ne cherchait pas à lui tirer les vers du nez. De toute façon, la jeune femme avait tout dit.

Elles en arrivèrent à se demander pourquoi Antoine et Éric se regardaient en chiens de faïence lorsqu'ils se croisaient. Chacune essayait de défendre son amoureux en le parant de qualités déformées par l'amour. Andrée s'accrochait à l'idée que son Éric était trop généreux, à toujours vouloir rendre service, il se mettait dans des situations infernales. Elle insistait beaucoup sur ses talents d'artiste, en cuisine mais aussi pinceau à la main, devant une toile. Alicia parut étonnée : elle n'imaginait pas ce petit homme doté d'autant de talents. De son côté, elle soulignait la force de caractère de celui qu'elle aimait. Plus solide qu'un chêne, effrayant de loyauté, redoutablement silencieux. Elles s'amusèrent à l'idée de les réunir autour d'un dîner en couple. Andrée au bras d'Éric, Alicia collée à son Antoine, comme le faisaient les Parisiens le vendredi soir pour se détendre et se raconter leur semaine de boulot.

Plus la confiance s'installait entre elles, plus elles s'enfonçaient profondément dans les catacombes de Pigalle, obscur dédale, lieu – ô combien ! – secret, dans lequel l'argent sale circulait pour réapparaître au grand jour sur un compte en Suisse ou dans des immeubles haussmanniens payés rubis sur l'ongle sans que personne trouve rien à redire à la transaction. Andrée vivait sous terre et guidait l'argent au bon endroit. Elle savait tout des montages financiers d'Éric, elle était au cœur du réacteur. Quand Alicia aborda l'amitié avec Jean-Marie Le Pen, elle décida de se taire. Elle avait évidemment son point de vue sur ce bonhomme qui aimait faire la fête aux côtés d'Éric, totalement hypnotisé par le charisme de son ami qui faisait le fier au volant de ses belles voitures. Seule une femme amoureuse pouvait déceler ce genre de petites manœuvres. Derrière cette fraternité virile, il y avait le pognon, moteur de leur amitié, c'était aussi évident que le nez au milieu du visage. Elle resta très évasive quand Alicia demanda des nouvelles de Jean, condamné avec Éric pour proxénétisme hôtelier. Car, entretemps, il avait dû trouver à la hâte de nouveaux « hommes de paille ». Heureusement que personne ne savait pour Pierre Durand, le meilleur ami de Jean-Marie. Son nom figurait dans l'une des gérances des établissements d'Éric. Pierre Durand était le gérant de la SARL du Blanc d'Écosse, auquel était rattaché le Yellow Dog, et pas depuis quinze jours, mais depuis 1972.

À la ville, Pierre Durand se présentait comme un catholique traditionaliste, gardien de l'ordre et de la morale, un chef d'entreprise à la tête de *Présent*, un journal d'extrême droite. Un homme cultivé, imprégné des pensées de Maurras. Il vivait dans un bel appartement de La Tour-Maubourg, face aux Invalides. Le soir, il changeait de visage et venait se frotter à la fange. Il plongeait dans la débauche, comme d'autres dans leur missel, à genoux au pied de leur lit. Pierre Durand s'était déjà associé avec Jean-Marie Le Pen dans la SERP. Il avait accepté d'être un prête-nom pour Botey, c'est-à-dire un « homme de paille », en échange de rémunération. Pourtant son aisance financière ne justifiait pas un tel choix. Dans cette affaire, il avait été probablement conclu un marché, un échange de bons procédés entre Botey le proxénète, et Pierre, le meilleur ami de Le Pen, pour servir les intérêts de tout le monde. Cependant, les centaines de milliers de francs dégagées par le Yellow Dog, un bar montant, ne tombaient pas intégralement dans les poches de Botey. Une partie servait à financer la structuration de l'extrême droite française. Et pendant que Pierre Durand fait l'homme de paille à Pigalle, il est aussi le trésorier adjoint du Front national.

Alicia et Andrée n'arrivaient plus à se quitter. Elles profitaient de ce bref moment de détente, si rare. Andrée levait la tête de ses livres de comptes, Alicia quittait son lit à ressorts. Alicia lui demanda si elle voulait l'accompagner au bureau de tabac de la rue Fontaine, elle n'avait plus de cigarettes. Andrée lui fit remarquer qu'il y en avait un plus près, rue Houdon. Alicia préférait celui de la rue Fontaine, où le cœur de Pigalle battait et venait cogner aux parois de la beauté et du sordide. Pour elle, la rue Houdon, ce n'était plus vraiment Pigalle. Andrée enfila son manteau, elles remontèrent la rue Frochot, passèrent devant les Folie's Pigalle, un cabaret à la mode – Madame Martini y avait fait accrocher en façade, et protéger par une vitre, des photos de danseuses dénudées qui se contorsionnaient sur scène, éclairées par des néons verdâtres.

Sur le ton de la conversation, Alicia demanda à Andrée si elle avait des nouvelles de Léonie. Elle feignit de ne pas avoir entendu sa question. En descendant la rue Duperré, évitant les filles qui tapinaient à cette heure-là, Alicia expliqua qu'elle avait croisé Léonie en larmes, assise sur la margelle de la fontaine de la place Pigalle. Si bouleversée qu'elle n'arrivait pas à aligner trois mots. Alicia avait compris qu'elle avait été convoquée au tribunal avec cinq autres filles de La Bohème, qu'elle était accusée de proxénétisme. Les preuves étaient accablantes, et elle allait être condamnée. Sauf qu'Alicia savait bien que celui qui devait payer était Éric, le vrai patron, celui qui tirait les ficelles en coulisses. Andrée ne pouvait pas l'ignorer non plus. Éric lui en avait parlé en utilisant une de ces petites phrases dont il avait le secret : « J'ai fait le nécessaire. » Ce qui signifiait : « J'ai demandé que la police ne creuse pas le dossier au-delà de Léonie. » « Faire le nécessaire », c'était graisser la patte aux bonnes personnes de façon que la justice, le jour du procès, n'oublie pas de mettre ses œillères et fasse plonger les petites mains à sa place.

Il y avait mille manières de mourir à Pigalle – par balle, au couteau, fondu dans l'acide, égorgé ou condamné sa vie entière à rembourser au fisc toutes les cotisations et les retards sur les consommations. Chaque jour, jusqu'à sa mort, Léonie allait se souvenir que sa vie misérable, elle la devait à Monsieur Éric, qui, comme pour tous les autres, n'allait pas lever le petit doigt pour elle. L'histoire était écrite, et Andrée le savait.

16

Pour pénétrer à Montretout, il fallait d'abord franchir une immense grille, élégante dentelle de fer forgé qui séparait le peuple du reste du monde. Une cité radieuse où résidaient une poignée de gens fortunés, des vedettes de cinéma, des grands patrons, des banquiers, des héritiers. Pour rejoindre la villa des Le Pen, il fallait emprunter une longue allée pavée, un peu cabossée, légèrement pentue, bordée de villas et de demeures somptueuses, comme autant de témoignages de réussites individuelles. Éric le savait. Ici, on devait rouler au pas pour éviter que la carrosserie ne s'abîme sur ces pavés hors d'âge. On remontait ensuite une grande allée sinueuse. Y passer comme un simple visiteur, c'était déjà se sentir important. Botey et Véronique avaient été invités par Jean-Marie et Pierrette Le Pen à l'une de leurs *garden-parties* avec chapiteaux dans le jardin, loufiats avec plateaux en argent couverts de coupes de champagne et un groupe de musiciens de jazz pour napper ce bonheur clinquant de quelques notes de swing.

Botey connaissait le chemin par cœur, mais il ne pouvait s'empêcher de tourner la tête à gauche et à droite pour admirer ces maisons aux façades impeccables et aux jardins où gambadaient quelques jeunes têtes blondes surveillées par la nurse jamais très loin. En vérité, celle qui connaissait le mieux le chemin, c'était Véronique. Elle aurait pu rejoindre la propriété des Le Pen sans se tordre la cheville, tellement elle était au fait des détails du parcours. Depuis qu'elle n'était plus obligée de vendre son corps pour gagner sa vie, elle avait du temps libre pour s'occuper d'elle. Quand Pierrette lui avait proposé de venir se faire bronzer dans leur solarium, elle avait dit « oui » sans hésiter. Le Pen avait investi dans cet appareil, venu des États-Unis, pour avoir le teint bronzé toute l'année. Le président du FN avait fait sien l'adage selon lequel il valait mieux « être riche et bien portant que fauché et malade », et avait rajouté : « Bronzé, très utile en politique ! » Les deux femmes en profitaient. Elles se déshabillaient et se posaient dans le plus simple appareil devant ce drôle d'objet, qui de loin ressemblait à un grille-pain. Réflexe de filles, quand les robes tombaient, on s'observait du coin de l'œil, on se comparait et on essayait de se rassurer en cherchant le petit détail ou le défaut dans le corps de l'autre, pour faire oublier les siens quelques secondes. Pierrette détaillait les longues jambes de Véronique, « plus attirée par les chaleurs artificielles que par les eaux turquoise de la mer des Caraïbes », se disait-elle en auscultant son dos qu'elle trouvait trop large et ses seins trop plats. Elles faisaient copine-copine en tuant le temps comme de grandes bourgeoises attendant le retour de leurs maris et compagnons. Car, si Éric avait réussi à divorcer de Carmen officiellement en décembre 1981, après un long bras de fer juridique, il ne s'était pas remarié avec Véronique, pour ne pas risquer de subir un jour ce qu'il venait de faire endurer à Carmen.

Carmen et Éric, c'était l'histoire inversée de la mante religieuse, quand le mâle dévorait la femelle. Avec Véronique, il savait quelle limite il ne devait pas franchir, et le mariage en était une. Le couple s'amusait, chaque fois, à essayer de deviner le nom des propriétaires qui se cachaient dans ces écrins de verdure et de luxe. C'était devenu un jeu entre eux. Véronique aurait aimé habiter là. Elle s'y sentait bien. Le couple avait bien la propriété de Tracy-sur-Mer, mais ils n'avaient pas le loisir d'en profiter comme ils le souhaitaient. La distance. Montretout n'était qu'à quinze minutes en voiture de Pigalle, cela changeait la vie.

Ils garèrent la voiture le long du mur d'enceinte de la propriété. Une enfilade de berlines étaient alignées comme de gros scarabées à la carapace luisante. Éric ne roulait plus en Ferrari, mais dans une grosse Mercedes, plus pratique pour rejoindre sa propriété normande. Cette soirée était telle qu'ils se l'étaient imaginée : chic, un brin décadente, des rires, de la musique, des mets savoureux, des stars de la télé, des navigateurs, des personnalités politiques, des avocats, des hommes d'affaires et des inconnus sur le point de devenir célèbres – le petit monde de l'argent et du pouvoir. Une soirée qui aurait pu – de loin – ressembler à une réunion de yachting sur le port de Saint-Tropez ou de La Trinité-sur-Mer. Tous profitaient des derniers rayons de soleil se frayant un chemin à travers les tours de la Défense. Les femmes étaient ravissantes, les hommes étaient en costume, avec une seule entorse au code vestimentaire : ils avaient retiré leur cravate.

Pierrette accueillit Véronique et Éric avec un large sourire. Elle savait recevoir. Pour les convives, Éric était un homme d'affaires, ce qui était évidemment une appellation plus convenable qu'empereur des bordels de Pigalle. Le statut de Véronique, quant à lui, était plus flou. Les proches de Le Pen connaissaient le pedigree de Monsieur Éric et, assez logiquement, imaginaient, perfides, le métier de sa compagne, certains s'autorisant dans le dos de leurs femmes des regards plus appuyés, d'autres se demandant, un peu embarrassés, s'ils n'avaient pas un soir croisé cette créature dans une chambre de Pigalle... Tous les invités se pâmaient devant la somptueuse maison, à la fois élégante et solidement enracinée dans le sol, qui dégageait une impression de puissance donnant à Le Pen un peu plus d'assurance – et de faux airs de châtelain porté par des générations d'illustres ancêtres. Tous avaient lu les journaux et avaient suivi ce feuilleton judiciaire qui avait opposé la famille Le Pen à Philippe Lambert. À l'époque, il ne faisait pas de doute que l'affaire se terminerait devant les tribunaux. Mais il n'en fut rien. Et cela étonnait. Comment avait-il bien pu se débrouiller ? Le Pen fit une accolade cordiale à son ami Éric. Il était justement en train d'évoquer ce sujet avec quelques convives qui buvaient ses paroles. Il se contentait de généralités rendues publiques par la presse. Après tout, cette affaire d'héritage, c'était de l'histoire ancienne. À quoi bon ressasser cette vieille antienne ? Et pourtant, il y avait toujours un égaré, un curieux, qui, après quelques verres, osait demander à Le Pen comment il avait réussi à faire plier Lambert. Et, de bonne grâce, il répondait d'une voix douce, enveloppé dans les habits du vieux sage, et expliquait doctement que tout pouvait se régler par le dialogue, entre hommes de qualité.

Botey pensait que Le Pen ne racontait pas tout. La vérité était tout autre, il pensait à une autre version de l'histoire. Elle parvint aux oreilles d'Éric de plusieurs sources. D'abord, par celle d'un flic qui traînait à Pigalle, suffisamment bien renseigné pour savoir que la Crim' avait reçu une lettre d'une agence de détective privé, l'agence Martini. Une lettre extrêmement précise. Les inspecteurs firent le lien entre l'homme assis derrière sa machine à écrire et l'habitué de la chambre 42. La lettre livrait sur un plateau le nom des deux auteurs de l'attentat. Le policier n'avait pas lu la lettre, mais son collègue lui avait donné un indice troublant : les deux poseurs de bombe travaillaient pour un homme riche.

Les policiers n'avaient plus qu'à frapper à leur porte à l'heure du laitier et à les embarquer au 36, ce qu'ils firent en toute hâte. Pour reconstituer la manière dont le détective avait cheminé vers ces deux hommes, Botey demanda à Alicia quelques explications. Il n'eut pas besoin d'insister très longtemps pour qu'elle se mette à table. Rien de plus cruel et venimeux qu'une femme qui se sent abandonnée. Elle avait attendu trop longtemps Antoine, et, même si le miracle s'était produit, il n'aurait pas eu la saveur de la nouveauté, du geste spontané. Alors elle parla.

Antoine, comme il le lui avait avoué, était entré en contact avec un homme connaissant les auteurs de l'attentat. Deux détectives privés comme lui. Il avait donné un premier rendez-vous à son agence pour leur faire miroiter une possible embauche, prétextant qu'il ne pouvait plus répondre à toutes les sollicitations. Avec la libération de la femme, les adultères explosaient, et avec eux les demandes de filatures. Un second rendez-vous fut pris dans un bar de Pigalle avec l'un des deux, le plus décidé à trouver rapidement de quoi gagner sa vie. L'homme venait d'un pays de l'Est, un solide gaillard qui avait reçu une formation militaire. Ils burent une première bouteille de whisky, pour lui délier la langue. Antoine en commanda une seconde pour déverrouiller son coffre à secrets. Comme le faisaient les filles dans les bars à bouchon, il s'était assis près d'une plante verte et jetait discrètement un verre sur deux dans le pot pour garder les idées claires. En face d'Antoine, le détective commençait à perdre pied doucement, ses idées étaient confuses, il se mettait à répéter plusieurs fois la même chose, il laissait traîner sa voix, il butait sur ses phrases. Soudain, la conscience de l'homme se fissura. Alors qu'il lui expliquait ses talents d'artificier, sa pensée dérapa pour riper sur un souvenir enfoui refaisant surface sous l'effet sournois de l'alcool. Il se souvenait d'avoir travaillé pour un homme très riche qui lui avait demandé de faire sauter un appartement à Paris. Antoine resta stoïque. Cet aveu éthylique signait sa culpabilité.

Il le laissa poursuivre et, quand le moment fut propice, il lui demanda s'il se souvenait du métier de ce riche client. Le type se passa la main dans les cheveux lentement, la laissa glisser sur son visage, comme s'il n'avait plus la force de la retenir. Sans surprise, vu son état, il ne se souvenait plus du nom de l'entreprise. En revanche, son cerveau gardait en mémoire son activité. Il possédait une grosse entreprise de construction. Antoine était persuadé de détenir la preuve que Lambert était à l'origine de ce drame qui avait failli coûter la vie aux locataires de la villa Poirier. Il alla transmettre cette information à Le Pen. Qui jubila. On allait peut-être pouvoir éviter le procès. Et, bien sûr, Antoine se couvrit en envoyant cette fameuse lettre à la brigade criminelle.

Voilà ce que Le Pen omettait de dire à toute cette bande de pique-assiettes. Voilà pourquoi le procès n'eut jamais lieu. Lambert et Le Pen enterrèrent la hache de guerre, en toute discrétion. Pour Lambert, les actifs de la cimenterie ; pour Le Pen, la villa de Montretout et un petit pactole, dont Pierrette déclarait qu'il était sagement caché en Suisse. À Pigalle, les gros bonnets avaient leurs entrées au pays du gruyère. Ils étaient accueillis comme des princes. Le Pen quitta le petit groupe agglutiné autour de lui. Il attrapa Éric par l'épaule. Ils s'éloignèrent des oreilles indiscrètes.

Le Pen avait suivi les derniers coups de filet de la police à Pigalle. 1982 était une année noire. Et cela ne disait rien de bon à Botey. Il ne le renierait pas, mais il fallait doucement couper les liens. Soulagé que son ami Pierre Durand ait quitté en 1979 son poste d'homme de paille au Yellow Dog. Si cela était arrivé aux oreilles des journalistes, quel scandale pour lui qui se préparait aux plus hautes fonctions !

Il pensait maintenant en politique, avec ses réflexes et ses propres codes de lecture. Pour la première fois en mai 1981, des socialistes et des communistes avaient pris le pouvoir, le coup de balai était radical. L'arrivée de Mitterrand sonnait le glas de tous ceux qui, de près ou de loin, avaient fricoté avec l'OAS et les gaullistes : tout le monde dans le même sac, car ils étaient tous des ennemis de la gauche. La même vermine. Combien, à Pigalle, avaient failli faire leur valise en voyant des ministres rouges monter le perron de l'Élysée ? Quelle humiliation, pour eux qui avaient tout donné, de leur temps et de leur fortune, pour ne jamais avoir à subir pareil affront ! Et voilà que les bolcheviks étaient aux manettes. Désormais, Le Pen regardait Pigalle avec une longue vue. Il avait troqué ses frusques de jeune fêtard pour des blazers bleu marine avec des boutons dorés qui lui donnaient une allure respectable. Éric, lui, vivait Pigalle avec un microscope collé à l'œil. Il avait fait de ce quartier un royaume dont il était le maître, mais aussi l'esclave. Car tout était en train de se casser la gueule.

Cela tomba de tout en haut. Sur ordre de Mitterrand, le patron de la police nationale et un juge d'instruction – et pas n'importe lequel, Jean-Louis Debré, fils de Michel – furent chargés de nettoyer le quartier. Quel choc, pour Éric, d'être obligé de répondre aux questions de ce fils à papa ! Avant de rédiger la Constitution de la Vᵉ République pour installer le Général sur son trône, Michel Debré avait milité ouvertement pour l'Algérie française. Avec Botey, ils étaient du même bord. Et voilà que son fils cherchait à lui briser les reins.

À force, Botey savait s'y prendre, avec les juges. Il écoutait, faisait ses yeux de chat, prenait une expression soumise et laissait le magistrat faire son numéro sans l'interrompre. Il n'avait pas osé demander son aide à Jean-Marie, par exemple d'agiter ses réseaux pour tenter de limiter les dégâts. Il restait très vague sur les procédures engagées à son encontre. Elles étaient lourdes de conséquences. Et puis sa séparation d'avec Carmen n'arrangeait pas les choses. Comme prévu, cela se faisait dans la douleur. Chacun avait pris un avocat. Chacun défendait sa propre stratégie, au risque de saboter celle d'Éric. Malgré ses soixante-sept ans, Carmen était bien décidée à se battre, elle n'avait pas le choix.

Les policiers avaient saisi ses fameux carnets, une mine d'or pour le juge d'instruction. Son ancien mari, Maurice, était mort depuis longtemps ; il n'avait plus rien à craindre. Bien sûr, elle aurait dû les détruire, mais, avec son cerveau de maquerelle, elle pensait naïvement qu'ils lui serviraient de monnaie d'échange, de moyen de pression, au cas où. Ses calepins étaient à ses yeux un trésor dont elle prenait grand soin… Avant d'être cuisinée par le juge d'instruction, elle était d'abord passée entre les mains des policiers, de la brigade financière et dans la foulée, entre celles des inspecteurs de la brigade des stupéfiants et du proxénétisme. Tous avaient des questions à lui poser. Elle avait face à elle une bande d'incorruptibles, fermés à toute négociation ou dessous-de-table. Elle ne comprenait rien à leur langage, à cette façon insolente et vulgaire de lui faire la leçon. Ils avaient listé ses établissements, la Casita, la Féria, la Paiva, l'hôtel Saint-Georges, en lui posant toujours la même question :

« Êtes-vous la propriétaire de ces établissements ?

— Non, je suis directrice artistique, je ne comprends pas ce que vous voulez savoir… »

Ce qui était licite quelques mois auparavant était maintenant prohibé. Aussi simple et absurde que ça. Alors, pour se défendre, Carmen avait sorti la grosse artillerie. Tous les maquereaux, tenanciers de cabarets et d'hôtels avaient joué un jour cette partition : « Si vous me coffrez, je balance les noms. » Les noms, c'étaient d'abord tous les notables qui, plus ou moins régulièrement, venaient se détendre dans les bordels de Pigalle. Les noms, c'étaient ceux des policiers qui fermaient les yeux sur ces activités illégales en échange d'enveloppes ou de cadeaux et qui pouvaient même avoir des parts dans des bars à filles. Plus grave encore, les noms de hauts fonctionnaires, d'hommes politiques qui profitaient de la manne des bordels pour nourrir la gueule vorace de leurs partis, toujours affamés…

Et, un jour, le couperet tomba. Pour détruire Pigalle, la police désossa la carrosserie du quartier. Mais elle avait trouvé encore plus efficace : fermer les robinets d'essence.

Sans argent à mettre dans le réservoir de Pigalle, plus de trafics, plus d'investissements, et le quartier partait à la casse. Carmen avait écopé d'un redressement fiscal de dix-neuf millions de francs. Elle était en larmes, jamais elle n'avait eu à subir pareil affront. Botey avait été condamné à peu près à la même chose. Mais lui gardait le sourire, parce que Mitterrand, malgré le grand ménage mené par ce magistrat zélé, avait laissé faire quelques fonctionnaires, toujours capables d'égarer un dossier ou d'autoriser Botey à payer sa dette à l'État en mensualités de mille francs – ce qui l'obligerait, compte tenu du montant, à vivre au moins trois cents ans. S'ils avaient été encore mariés, le fisc aurait fait un prix de gros, mais là, pas de ristourne, on payait plein tarif. Pour la police et l'administration, le couple Carmen et Éric était rayé de la carte – enfin le croyaient-ils.

De tout cela, dans ce beau jardin, Éric ne toucha pas un mot à son ami Le Pen. Ce n'était jamais plaisant de devoir avouer que l'on n'avait pas réussi à tromper l'ennemi et que l'on commençait finalement à vieillir. Mais Éric était avant tout un homme d'affaires qui savait tirer profit de ses échecs pour mieux rebondir. Que de chemin parcouru depuis sa première gérance du Shanghai avec Andrée ! Il était désormais lancé dans une nouvelle aventure, une lubie, celle qui allait définitivement le faire changer de catégorie. Il avait décidé d'acheter l'hôtel particulier de Madame Claude au 32, rue de Boulainvilliers, dans le très chic 16e arrondissement. Un coup de folie pour faire plaisir à Véronique, son grand amour.

Au milieu de cette petite foule bigarrée, issue de la bonne société, Véronique était élégante et détendue. À Pigalle, son attitude passait pour du mépris ; ici, on l'interprétait comme du raffinement. Elle aurait été parfaitement à son aise dans le lupanar de luxe qui avait accueilli pendant près de vingt ans tout le gotha parisien et international, venant goûter aux plaisirs discrets et parfumés de ce lieu ô combien érotique.

« Il est à vendre ? demanda Jean-Marie, estomaqué par cette nouvelle.

— Oui, je suis en négociation, mais c'est un peu compliqué, parce que, avec mes condamnations, je ne peux pas gérer en direct, donc il faut que je zigzague, si tu vois ce que je veux dire…

— Mais j'imagine que cela n'appartient plus à Madame Claude, ils l'ont plumée ?

— Oui, elle est sur la paille ! Mais tu sais ce qu'elle fait, enfin aux dernières nouvelles ? Elle a ouvert une pâtisserie à Miami ! Non, mais tu le crois, ça ? On fait le même chemin, mais à l'envers, elle termine là où j'ai commencé… C'est étrange, la vie. Elle et moi, on est reliés, en quelque sorte ! s'enflamma Éric.

— Elle vend des religieuses et des glands, elle est pas dépaysée… »

Les deux hommes partirent alors dans un fou rire que le champagne rendait un peu plus sonore encore. Éric osa à son tour lui demander s'il avait des nouvelles de l'enquête, par curiosité. Le Pen ne comprit pas tout de suite à quoi il faisait référence. Il reformula et évoqua clairement l'explosion de son appartement. Le Pen marqua quelques secondes de silence.

« La brigade criminelle n'a pas estimé suffisantes les charges contre les deux détectives ! Ils ont été relâchés, faute de preuve. Et puis, celui qui avait parlé à mon détective s'est rétracté, donc patatras.

— Incroyable, ce que tu racontes… Mais le mec avait avoué à ton détective ?

— Oui, mais totalement bourré, alors il a fait mine de ne plus se souvenir de rien.

— Donc, à ce jour, on ne connaît pas les auteurs de cet attentat ! Mais y avait la piste Sidos…

— Non ! Mais après tout, ce n'est pas grave, j'ai réussi à trouver un accord avec Lambert, il a foutu le camp d'ici et c'est le principal. »

Le Pen fit avec son bras une sorte d'arc de cercle pour montrer que c'était lui qui avait gagné. Il était devenu légalement propriétaire d'une petite fortune, alors évaluée à trente millions de francs : des avoirs bancaires et financiers, et des biens immobiliers, dont son hôtel particulier de Montretout, composé d'un bâtiment principal de 430 mètres carrés sur trois niveaux, de dépendances de 350 mètres carrés, sur un parc de 4 670 mètres carrés, une fortune pour l'époque.

Éric hésita à lui faire part des folles rumeurs qui couraient depuis quelques semaines dans la presse. Les témoignages du personnel de Montretout attestaient les visites régulières de Pierrette, de Jean-Marie et du docteur Demarquet.

Bien qu'il ne soit pas son médecin traitant, Demarquet le doc s'était mis à prescrire à Hubert de fortes doses de médicaments, antidépresseurs, et somnifères en tous genres que ce dernier avalait par poignées.

Pierrette s'était rapprochée d'Hubert et passait de longs après-midi dans la chambre du « malade » pour lui changer les idées. Certains témoins se souviennent. Dans une chambre surchauffée, elle « s'habillait léger » : « Elle portait un corsage noir et échancré et un pantalon blanc moulant », ce témoin trouvant en son for intérieur que « c'était une curieuse tenue de visite auprès d'un quadragénaire allongé sur son lit, en pyjama ». Devant le regard étonné de Jean Féraudy, meilleur ami d'Hubert, un ancien banquier devenu professeur de lettres, Pierrette Le Pen, embarassée, se justifiait : « Lorsqu'on est prêt d'Hubert, il faut être peu vêtue, à cause de la chaleur. »

Jean-Marie appréciait Hubert, il partageait avec lui des soirées très arrosées. Alcool et médicaments n'ont jamais fait bon ménage, Hubert en avait-il conscience ?

Certains de ces amis et le personnel de maison disaient qu'il avait perdu la raison. L'héritier n'avait plus aucune autonomie, incapable de rien, brûlé par l'alcool, les médicaments et le tabac, obligeant sa mère à dormir avec lui.

Le 21 janvier, Hubert rédige un nouveau testament, cette fois-ci en faveur de Jean-Marie Le Pen. Car, en ce mois de janvier, un médecin, ami de la famille, lui a diagnostiqué une polynévrite alcoolique et un début de cirrhose du foie.

Philippe Lambert, son cousin, installé au rez-de-chaussée de la villa de Montretout, assiste aux va-et-vient des Le Pen et de Demarquet. A-t-il appris ce revirement d'Hubert en leur faveur et à ses dépens ?

Ce qu'il ne sait pas encore, c'est que, le 9 janvier 1976, neuf mois avant la mort d'Hubert, Jean-Marie Le Pen avait fait miroiter au milliardaire précocement sénile un poste de ministre de l'Intérieur, lorsqu'il aura accédé à la plus haute marche du pouvoir. Hubert exultait, lui qui rêvait de gloire et de reconnaissance. Au lendemain de cette annonce, il exigea que l'on tapisse tous les murs de son bureau du drapeau bleu-blanc-rouge. Un mage consulté quelques mois auparavant lui avait prédit qu'il vivrait jusqu'à quatre-vingt-sept ans et qu'il aurait un destin national en 1977.

Personne ne sait d'ailleurs qui lui a confié le nom de ce voyant de pacotille.

Le sang monte à la tête de Philippe Lambert. Le même mois, il décide de passer à l'action et engage des détectives. Leur mission : recueillir les témoignages des proches, du personnel et des médecins au service d'Hubert et de sa mère. Des confidences accablantes.

Quant à Hubert, il n'a toujours pas été nommé place Beauvau. Le pouvoir est toujours en place. Jean Féraudy livrera à sa mort un témoignage prétendant que son ami, se sentant trahi par Le Pen et ses promesses intenables, souhaitait prendre de nouvelles résolutions testamentaires.

Le 24 août 1976, la mère d'Hubert Lambert décède. Le voilà seul ; les visites de Jean-Marie, Pierrette et du docteur Demarquet s'accentuent. Il ne le sait pas, mais sa vie ne tient plus qu'à un fil.

Des médicaments encombrent sa commode, tel un toxicomane : « Sa cadence des piqûres de Novobédouze m'effraie. Il en sera fait une quarantaine, à raison de trois ou quatre par jour », se souvient Jean Féraudy. Une pharmacopée que fournit en grande partie le docteur Demarquet.

Pierrette est aux petits soins pour Hubert, et vient quotidiennement le voir.

Cinq jours avant sa mort, terrassé par une crise d'angoisse, au milieu de la nuit, il appelle au secours son ami Jean Féraudy. D'après son attestation, ce dernier rapporte ce témoignage troublant : « Lorsque les Le Pen ensemble ou séparément sont présents, ils permettent à Hubert d'ingurgiter des quantités de médicaments qui lui semblent déraisonnables. »

Trois jours avant sa mort, Féraudy l'entend prononcer cette phrase : « Demarquet est un escroc et un con, je n'en veux plus. » Se sentant partir, il demande à un guérisseur venu de Malakoff de venir apaiser ses souffrances. Instantanément Hubert Lambert va mieux, il est transformé. Il a retrouvé l'appétit et crie au miracle. Un regain d'énergie de courte durée.

Le vendredi 24 septembre, il appelle une nouvelle fois son ami Féraudy. Il est cinq heures du matin. Ce dernier le veille jusqu'à huit heures, puis va donner ses cours. Pierrette prend le relais toute la journée. Jean Féraudy le découvre, le soir, en rejoignant la chambre de son ami. Il a le teint de cire, les paupières gonflées. Il s'est gavé des médicaments prescrits par Demarquet.

Quand les deux hommes se quittent en fin de soirée, Hubert le rassure : « Demain j'irai mieux, qu'elle ne se réjouisse pas trop vite. »

Ce seront les derniers mots que Jean Féraudy entendra de la bouche de son ami Hubert Lambert. Le samedi 25 septembre 1976, il meurt dans son lit.

Éric changea de sujet. Au loin, il reconnut Marine, sa filleule, qu'il voyait peu. Elle courait sur le gazon, toute à sa joie de vivre dans un si bel espace, elle qui avait connu la promiscuité de la villa Poirier. Montretout, c'était l'endroit idéal pour grandir lorsqu'on avait douze ans. La blondinette, un brin intrépide, vint saluer son parrain du bout des lèvres.

17

La nuit venait de tomber sur Pigalle. Une chape noire. Les néons poussifs des cabarets ne réussissaient plus à percer l'obscurité. Le rêve était en larmes.

La magie du lieu s'évanouissait doucement, et le monde moderne envahissait le quartier. Les riverains réclamaient des trottoirs propres, alors qu'ils étaient occupés par des punks aux cheveux cradots et coiffés en porc-épic, avec leurs grosses godasses montantes et leur musique de sauvages. La télévision et le minitel rose enfonçaient le dernier clou dans le cercueil de Pigalle. Circulez, braves gens… On voyageait assis sur son canapé et on pouvait trouver une femme en pianotant sur le clavier en bakélite de cet ancêtre de l'ordinateur.

Depuis quelques jours, personne n'arrivait à savoir pourquoi Monsieur Éric faisait cette tête. D'une humeur massacrante. Était-ce parce que le Gitan cherchait à s'affranchir, peut-être même à le doubler ? Ou la condamnation de Carmen à de la prison ferme ? Il ne voulait plus entendre parler d'elle, n'osait plus ouvrir les journaux, de peur de la croiser dans la rubrique faits divers. Chaque fois qu'elle était épinglée pour une affaire de proxénétisme, son nom était cité. Carmen et Éric, unis pour le meilleur et surtout pour le pire.

En 1984, elle fut seule à faire face à la justice. Elle jouait gros. La presse judiciaire ne manqua pas de rapporter sa petite comédie pour attendrir la cour. Elle pleurait, elle geignait, expliquait que, après le dernier redressement fiscal, elle était ruinée, qu'elle n'avait pas mis les pieds à Pigalle depuis des années. Personne ne la croyait. D'autant qu'un détenu malintentionné avait pris sa plume pour la dénoncer : « Elle n'est pas malade, ni ruinée, elle a un compte en Suisse et des affaires qui tournent. » Éric avait fait la même chose chaque fois qu'il était passé par la case prison, il avait continué à gérer à distance, comme tous les commerçants de Pigalle.

Les matons, c'était comme les flics, il fallait savoir leur parler avec des pascals dans les yeux. Cette histoire de compte en Suisse l'embarrassait beaucoup plus, il ne manquerait plus que la police fasse le lien entre elle et lui. Au temps de leur splendeur, ce compte en Suisse, c'était un peu comme un enfant, il était le projet d'une vie. Mais, ce 13 janvier 1984, le président de la quatorzième chambre correctionnelle voulait en savoir plus : les filles qui travaillaient dans les cabarets de Carmen n'étaient-elles là que pour faire boire les clients ou s'agissait-il de prostituées déguisées en entraîneuses ? Il avait évidemment sa petite idée sur le sujet. Carmen leva les yeux au ciel, réclamant la parole pour défendre son honneur bafoué :

« Il n'y a jamais eu de prostitution dans les bars quand je m'en occupais. Je ne tolérais pas même qu'un baiser s'échange ! »

Du bout des lèvres, elle concéda tout de même qu'elle n'était pas derrière chaque fille et que ses hôtesses faisaient bien ce qu'elles voulaient après le service. Les réquisitions étaient sévères. Cinq cent mille francs d'amende et un an de prison ferme. Carmen mettait un genou à terre, et il ne restait plus personne pour tendre la main à cette dame qui avait pris de l'âge et qui aurait déjà dû être à la retraite. D'autant que, avec Mitterrand, on pouvait dorénavant la prendre à soixante ans !

Non, ce qui justifiait l'état d'Éric était un événement intime dont il ne pouvait parler à personne. Sa mère avait décidé d'aller rendre visite à son frère, Michel. Quand elle le lui annonça, ce fut comme un coup de poing dans le ventre. Pendant toutes ces années et depuis sa plus tendre enfance, il avait pu profiter d'elle rien que pour lui et, égoïstement, il estimait que cette décision était une trahison. En 1942, elle avait fait le choix de le garder et de placer Michel. Pour lui, cela scellait une union irréversible et plaçait ce frère qu'il connaissait à peine hors du cercle familial. Pourquoi voulait-elle remettre en question ce lien et cette complicité qu'ils avaient tissés depuis tant d'années ?

Sa mère, elle, pensait autrement. Prise de remords, estimant qu'elle entrait dans la dernière partie de sa vie, elle se devait de rendre visite à ce fils dont elle s'était si mal occupée. Éric comprit qu'elle ne changerait pas d'avis. Juliette Botey avait beaucoup de qualités, mais elle pouvait se montrer butée. Son frère avait quitté la France pour la Côte d'Ivoire. Il dirigeait une société, tout ce qu'il y a de plus légal, plutôt florissante. À quatre-vingt-deux ans, Juliette allait faire le plus grand voyage qu'elle ait jamais entrepris pour embrasser le fils qu'elle avait abandonné quarante ans auparavant. Éric trouvait ce voyage absurde, inutile et suicidaire. Il s'y opposa, mais, comme prévu, elle s'entêta…

En vérité, il se sentait abandonné. À son tour de vivre les vicissitudes du manque, de la solitude, l'horrible sensation de n'être personne. Il avait atteint la cinquantaine et, pourtant, il avait l'impression d'avoir dix ans, de ne jamais s'être senti aussi vulnérable. Le voyage de sa mère l'avait rendu tellement triste qu'il ne se préoccupait même plus du nouveau procès qui l'attendait. Éric était devenu une figure du quartier, respecté et en apparence intouchable, mais la rançon de la gloire, c'était que le fisc avait décidé de ne plus le lâcher. Les limiers de la brigade financière cherchaient à mettre à plat le meccano juridique de Monsieur Éric, des sociétés anonymes emboîtées les unes dans les autres, avec des porteurs de parts bidons, tout un système si complexe et si noueux qu'eux-mêmes avaient un mal fou à évaluer l'étendue de son empire.

Sa mère décolla pour son ultime voyage. Et Botey retourna en prison, condamné à dix mois de détention et trois cent mille francs d'amende. Ses prête-noms et toutes les petites mains complices de ces magouilles écopèrent de peines plus légères et durent solidairement verser trente mille francs à l'association « Équipe d'actions contre la traite des femmes et enfants », qui était partie civile au procès. Botey était touché, mais pas coulé. Comme chaque fois, il prit son mal en patience et continua à gérer ses affaires à distance.

Lorsqu'il sortit de détention, Véronique le trouva vieilli. Il paraissait affecté, distant – plus le même homme. Il partit se réfugier dans sa propriété normande de Tracy, le seul endroit où il réussissait à arracher quelques heures de sommeil à ses tourments. Ce jour-là, il posa son chevalet, ouvrit sa palette et peignit, frénétiquement. Il avait commencé une toile que la prison avait laissée en jachère. Lorsqu'elle serait achevée, il la baptiserait *Le Photographe et son modèle*. Pendant ces mois d'enfermement, il l'avait mûrie, il avait imaginé les couleurs des tentures, cherché la bonne teinte pour la carnation de la peau. Il la voulait légèrement laiteuse, tirant doucement vers le rose. Il avait en tête une peinture figurative, mettant en scène un photographe dont on ne verrait que l'avant-bras et une femme nue, lascive, qui attendait le déclic de l'appareil. Il s'attelait à trouver la bonne nuance de bleu pour l'oreiller, placé en arrière-plan, à quelques centimètres du visage de cette femme aux yeux fermés qui semblait se pâmer devant ce photographe. Le froissé du tissu était d'une grande complexité technique. Il demandait beaucoup de maîtrise, mais, au fil du temps, Botey l'avait acquise. Il prit du recul pour contempler sa création, plutôt fier du résultat. Le tableau auquel il avait tant pensé en cellule était maintenant presque terminé, il prenait vie. La peinture était son jardin secret et un défouloir… La toile était telle qu'il l'avait rêvée. Elle représentait une scène classique, mais l'attitude de la femme, la position de son corps laissaient penser qu'elle attendait beaucoup plus de cet instant, comme si l'appareil photo n'était qu'un prétexte pour assouvir ses désirs à l'égard de l'artiste, seulement suggéré.

Le modèle était un savant mélange des femmes qu'il avait tenues dans ses bras, une image fantasmée de la créature idéale, sensuelle sans être vulgaire. Les cheveux, longs et souples, étaient ceux de Véronique, comme ses hanches et ses seins, même s'il les rendait plus beaux qu'ils ne l'étaient en réalité. Il resta quelques longues secondes devant sa toile, et décida d'ajouter un dernier élément : un chien. Il trouvait amusant de peindre ce détail presque incongru. Il créait un mystère. À qui appartenait-il ? Au modèle ou au photographe ? Selon le cas, il n'avait pas la même signification et laissait libre cours à l'imagination de celui qui regarderait sa toile. Il choisit un yorkshire, petit chien de salon, et réfléchit à sa position. Il le placerait au pied du lit, la tête tournée vers le spectateur. Il voulait lui donner un regard interrogateur, comme si l'animal se demandait ce qu'il faisait là, tout près d'une si jolie femme. Au moment où il s'apprêtait à réaliser la tête de l'animal, le téléphone retentit. Peu de personnes avaient ses coordonnées à Tracy-sur-Mer. Il posa le pinceau sur sa palette, s'essuya rapidement les mains, agacé d'être dérangé en pleine création. L'homme au bout du fil était un inconnu. Comment avait-il récupéré son numéro ? Il perçut un léger accent du Sud. L'interlocuteur faisait-il son possible pour le dissimuler ou celui-ci s'était-il estompé avec le temps ? L'échange fut bref. Le correspondant anonyme fut très direct : il lui demanda de céder des parts dans certains de ses établissements. S'il s'obstinait à vouloir les conserver, il en subirait les conséquences. « J'espère que tu vois ce que je veux dire », conclut l'homme, qui raccrocha sans laisser le temps à Botey de répondre. Mais à quels établissements faisait-il référence ? Céder à qui ? Choqué, il en oublia de retirer son tablier, tout maculé d'éclaboussures de peinture et de longues traînées noires et bleues, celles de ses doigts ayant frotté le tissu. Il sortit sur la grande terrasse pour essayer de retrouver ses esprits.

Au loin, la mer s'agitait. Des vagues se hérissaient sous la pression du vent, des chevaux d'écume se cabraient fougueusement pour tomber en lourds paquets blancs dans les flots. Botey était seul face au danger. Ce n'était pas une première. Il s'en était toujours sorti. Mais, cette fois-ci, ce n'était pas pareil. Il n'était plus habité par la même foi. Un mauvais pressentiment lui faisait craindre le pire. Pigalle avait tellement changé. Le code de l'honneur, c'était pour les vieux. Avec la crise économique et son corollaire le chômage, la nouvelle génération de caïds était prête à tout. Maintenant, Botey faisait figure d'ancien, dans le quartier. Il n'était pas devenu juge de paix, il n'en avait ni l'étoffe ni l'envie, mais, grâce au bénéfice de l'âge et à la sélection naturelle qu'opérait Pigalle, il avait acquis une certaine légitimité. Le vent faisait bruire les feuilles des arbres de sa propriété, qui ployaient douloureusement. Lorsque la bourrasque fut passée, ils reprirent leur position initiale. Paradoxalement, la violence des éléments l'aidait à essayer d'y voir plus clair.

Une conversation lui revint à l'esprit. Quelques jours auparavant, Picaud le Gitan lui avait demandé un rendez-vous. Botey avait trouvé cela étrange. D'habitude, les deux hommes se voyaient dans les bars du patron, au gré du hasard. Cette fois-ci, il s'agissait d'une rencontre officielle. Botey l'avait reçu au Yellow Dog. Ils s'étaient assis au fond de l'établissement presque vide, à une table privatisée par le gérant. Plus tard, il comprendrait que ce n'était pas du cinéma, et qu'à partir de cet instant sa vie ne tenait plus qu'à un fil.

Le Gitan, naturellement prudent, ne prit pas de gants pour lui expliquer que son heure était passée. Sans le dire aussi explicitement, il développa une théorie selon laquelle un tenancier ayant plus de vingt-cinq ans de Pigalle dans les jambes devenait une cible pour les jeunes loups. Bref, il fallait laisser la place à la nouvelle génération, dont Picaud estimait faire encore partie. Tout cela fut énoncé sur un ton très affable : il agissait pour son bien. Botey éclata de rire. Son homme de main essayait de le mettre au rancart… Picaud le regarda, estomaqué. Il enfila sa bière et posa son verre d'un coup sec. L'attitude de Botey le confortait dans sa stratégie. Le prétendu empereur était hors jeu, il appartenait à l'ancien monde, persuadé qu'avec deux ou trois enveloppes bien garnies, un ou deux coups de fil aux bonnes personnes sa vie reprenait son cours comme si de rien n'était, s'imaginant que tout cela pouvait durer une éternité. Avant de partir, Picaud lui précisa qu'il faisait tout cela pour Simone, sa compagne, gérante du Yellow Dog.

« Tu sais qu'elle a rien dit au tribunal en 1982, elle t'a couvert, et je trouve que t'as pas été très généreux avec elle…

— Ah, oui ? Elle a eu la gérance du bar et tout ce qui va avec, tu voulais quoi de plus ?

— T'es un grippe-sou, Botey, et ça va te perdre ! »

Éric ne tint pas compte de la menace, jugeant son homme de main trop fragile pour le faire sortir de la route. Il avait tort. Picaud ne parlait pas dans le vide. C'était une tête brûlée, capable de tout et même du pire. Botey pensait à une poussette. Derrière Picaud se cachait un gros poisson.

Les filles n'encombraient plus les trottoirs, les riverains étaient soulagés, mais le quartier était maintenant recouvert d'une fine couche de poudre blanche, et tout le monde plongeait son nez dedans. La cocaïne était partout et rapportait gros, beaucoup plus que les filles. Botey, avec ses gros manteaux de fourrure et ses montres clinquantes, travaillait à l'ancienne, comme un artisan. Il possédait un compte en Suisse et des toiles de maîtres, rien de plus classique. Au fil des ans, il était devenu une carte postale couleur sépia que l'on sortait d'une vieille malle et que l'on regardait avec nostalgie. Pendant ce temps, les gros bonnets trafiquaient avec la Colombie, faisaient valser leurs millions sur des comptes bancaires à l'autre bout du monde, flambaient à Portofino, dansaient à Saint-Tropez ou à Salvador de Bahia. Le monde leur appartenait. Botey avait, comparé à ces parrains de la drogue, des goûts plus simples. Il se plaisait à Tracy, assis sur son petit tabouret, prenait plaisir à recouvrir ses toiles de couleurs bigarrées, autant de traits et de formes qui l'aidaient à échapper quelques heures à cette vie dans laquelle il s'était lui-même emprisonné. Et puis ses soutiens dans la police n'avaient plus vraiment besoin de lui. Même eux utilisaient les grands moyens. Ils venaient par pure courtoisie lui demander un petit tuyau que la plupart du temps ils avaient déjà. Grâce aux écoutes téléphoniques, il n'était plus nécessaire de faire chanter un indic. Un casque, un policier pour le porter, un numéro fixe, et vous pouviez vivre jour et nuit avec les voyous et ramasser les plus belles affaires sans décoller vos fesses de votre bureau.

Botey se souvenait parfaitement de la date où Picaud avait définitivement coupé les ponts avec lui : le 19 juin 1986, le jour de la mort de Coluche, tué à moto sur une route des Alpes-Maritimes. Il parlait comme un communiste, mais il l'aimait bien, il le faisait rire. Quand Picaud était entré au Manhattan, le journaliste d'Antenne 2 relatait le drame qui avait fauché ce saltimbanque en pleine gloire. Botey pensait à sa mère, elle qui classait les hommes en deux catégories : ceux qui étaient nés sous une bonne étoile et les autres, les malchanceux. Obnubilé par la mort de cet homme qu'il avait croisé une ou deux fois à Pigalle, passablement éméché, entouré d'une bande de fêtards dans le même état que lui, il ne remarqua pas l'attitude de Picaud lorsqu'il s'installa au bar. Le Gitan ne se comportait plus en collaborateur mais en patron, sûr de son fait, presque arrogant. Le regard noir, il demanda un whisky sans glace. Botey passa de l'autre côté du comptoir, ce qui lui arrivait rarement. En temps normal, il évitait de prendre la place du gérant, car il pouvait y avoir un flic en planque déguisé en touriste – et puis il n'avait jamais aimé le métier de cafetier. Il se pencha vers Picaud pour mieux l'écouter ou lui éviter de parler trop fort.

« Qu'est-ce qui t'amène ?

— Tu n'as pas répondu à mes appels, mon patron s'impatiente.

— Quel patron ? Y a pas de patrons, à Pigalle, à la rigueur les Zemour, mais ils sont tous morts. Edgar est tombé y a trois ans à Miami !

— Écoute-moi bien, tes jours sont comptés, tu vas aller voir ton expert-comptable et tu vas revendre tes parts, je te donnerai les instructions, est-ce que je me fais bien comprendre ?

— Parfaitement ! Mais je me disais que tu ne pouvais pas être seul sur ce coup, t'as pas les épaules, t'as toujours eu besoin d'un mec au-dessus pour te dire quoi faire ! T'es juste une marionnette, même quand je t'ai vu monter sur des affaires, t'étais toujours un second couteau.

— Tu ne devrais pas me parler sur ce ton, si tu savais ce qu'on dit de toi... Tu es fini, Éric, mais tu ne le sais pas encore. »

Botey fit un petit geste de la tête en direction d'un homme installé à une table. Picaud ne l'avait pas vu en entrant. Mais, au premier regard, il comprit que Botey n'allait pas se laisser faire. Il s'était adjoint les services d'André Gau, que tout le monde à Pigalle appelait Dédé le Gode. Le visage rond avec une bouche en lame de rasoir et un nez busqué, le regard bleu acier, le type avait glissé une main dans son blouson en cuir, prêt à dégainer. C'était un professionnel, même si son surnom ridicule lui collait à la peau comme un mauvais souvenir. Dans la galerie de portraits des voyous, il était dans le haut du panier. Fiché au grand banditisme, il avait un temps traîné avec Mesrine, avait travaillé avec Marcel Bennacer, une des figures de la bande de la banlieue Sud, de jeunes voyous issus de milieux populaires, cherchant à s'assurer le contrôle des cabarets et autres lieux de fête de la capitale. André était un des survivants de la guerre des gangs qui avait opposé Gaëtan Zampa à Jacky le Mat, le parrain marseillais. Il se serait vanté d'être le bras droit de Zampa, ce qui, disait-on, aurait déplu au Mat, très lié à la bande du bar des Trois Canards. Un jour, ils firent descendre Dédé à la cave du bar de la rue de La Rochefoucauld, ce qui ne s'apparentait évidemment pas à une bonne nouvelle. On força son intimité en y enfonçant une bouteille pour que dorénavant il tienne sa langue et cesse de faire le mariole dans les bars de Pigalle. Certains poussèrent le vice jusqu'à préciser la marque de ladite bouteille, du Perrier, ce qui donnait une indication précise sur la forme de l'objet de torture.

Ces récits saupoudrés de rumeurs et d'élucubrations se faisaient sous le manteau, *mezza voce*. Comme pour Botey rebaptisé « Rase-mottes », personne ne s'avisait à utiliser son surnom en sa présence. On se contentait de l'appeler Dédé, mais tout le monde savait que Jacky le Mat l'avait crucifié en l'affublant de ce surnom humiliant : « le Gode ». Picaud n'ignorait rien de tout cela, cette histoire faisait partie de la culture de base du quartier. Il toisa Dédé, qui ne baissa pas les yeux. Il s'était renseigné : Picaud roulait en sous-main pour Jacky le Mat. Il allait pouvoir prendre sa revanche sur celui qui l'avait marqué au fer rouge, même si le pedigree du parrain pouvait lui faire craindre le pire. Il en avait informé Botey et lui avait expliqué que le Marseillais Jacky Imbert, dit le Mat, montait les voiles pour reprendre pied à Paris. La mère d'Éric l'aurait sans doute classé sans hésiter dans la catégorie de ceux qui sont nés sous une bonne étoile. Une vie comme un roman noir. Casier presque vierge, fou de canassons, il acheta avec son ami Delon un haras pour assouvir leur passion des chevaux. Il devint champion de France de sulky avant d'être interdit à vie de champ de courses. Sombre histoire de paris truqués. Il flambait, et rien ne semblait pouvoir l'arrêter… sauf peut-être Zampa. Il avait été l'un de ses plus proches, avant de s'affranchir pour voler de ses propres ailes. Un choix impardonnable : dans le milieu, s'affranchir, c'est trahir…

Le 1er février 1977, vers vingt heures, Jacky rentrait chez lui à Cassis, après une partie de belote. Il se gara sur le parking au pied de sa résidence. À cet instant, trois hommes cagoulés ouvrirent le feu. Vingt-deux balles le transpercèrent. Criblé, il pissait le sang de partout. On l'acheva d'une balle dans la tête. Mais Imbert était né sous une bonne étoile : mal en point, il survécut à cette mise à mort. Un œil en moins, le bras droit paralysé, un corps qui n'était plus qu'une grande cicatrice, mais, après plusieurs semaines d'hôpital, le Mat, que tout le mitan avait rebaptisé l'Immortel, était sur ses deux jambes. Sans emploi connu, Jacky le Mat touchait désormais quelques billets comme directeur artistique du Bus Palladium, rue Fontaine, qui avait été un temps la propriété d'Hélène Martini. Jacky avait un pied à Pigalle, qu'il connaissait comme sa poche, du temps où Zampa et lui étaient comme des frères.

Botey s'était gratté la tête, sentant bien que la partie allait être serrée. Il jouait maintenant dans la cour des grands. Combien pesait sa bonne étoile face à un type qui avait échappé au pire ? Hormis son colis piégé qui ne lui avait laissé aucun stigmate, il n'avait pas connu l'épreuve des balles. Depuis des années, il payait des hommes pour faire le sale boulot et recevoir les coups à sa place. Lors de cette discussion, Dédé le Gode avait évidemment fait monter les enchères. Protéger les intérêts de Botey était une chose, les défendre contre le Mat en était une autre. Dédé allait lui coûter cher, mais c'était le prix à payer.

Picaud se leva, jeta un billet sur le comptoir et sortit. Dédé retira la main de son holster. Botey souffla, même si l'inquiétude se lisait sur les plis de son front. Il ne s'agissait plus de filouter le fisc, de jouer les bonimenteurs avec la police, de jongler avec les chiffres, il était maintenant question de vie ou de mort. Cette fois, il était face à son destin. Il allait enfin savoir si sa mère avait raison. Il pensa à Véronique, qu'il couvrait d'or et dont il recevait si peu, toujours drapée dans ses silences, à jouer les grandes dames. Au fond, un cœur de pierre. Carmen occupait toujours ses pensées. Il s'en méfiait comme de la peste. Elle avait dû régler une fortune au fisc. Elle faisait courir le bruit qu'elle était ruinée et nourrissait une sourde rancune contre son ex-mari. Tout cela lui était revenu aux oreilles. Il tourna la tête vers la rue, regardant par le seul endroit où l'on pouvait distinguer quelque chose de l'extérieur. Il aperçut subrepticement Andrée, le visage fermé, qui claudiquait des dossiers sous le bras, tourmentée comme à son habitude par une facture de fournisseur en souffrance, ou par d'autres bricoles administratives insignifiantes aux yeux de Botey, mais essentielles pour elle. Elle était comme la charpente d'un édifice, une structure invisible qui donnait au monument sa force et parfois son élégance. Sans elle, Botey n'aurait été qu'une petite chose bancale. Dédé le Gode s'approcha du bar et le fit sortir de ses pensées.

« Il va falloir être prudent. Ces gens-là rigolent pas… »

18

Ce 10 avril 1987, les balles claquèrent. Un son sec comme celui d'un coup de fouet sur la peau d'un condamné. Elles rebondirent sur les façades de la rue Frochot pour venir mourir sur la place Pigalle. Les quelques filles se couchèrent sur le bitume froid qui leur glaça les cuisses, malgré la douceur de la saison, des clients s'abritèrent derrière la carrosserie des voitures, sans trop savoir s'ils étaient du bon côté de la barricade. Botey s'effondra. Quelques minutes auparavant, Monsieur Éric était au volant de son Austin, garée devant le Manhattan, l'un de ses établissements, au 1, rue Frochot. Une soirée comme les autres avec du champagne, du foie gras, des filles et de la musique. Véronique avait promis de le rejoindre, sans certitude. L'ancien établissement de Madame Claude ne marchait pas aussi fort qu'il l'avait espéré. Toujours le fisc, les policiers en planque, et Mitterrand qui ne désespérait pas de le faire tomber. Et puis Véronique n'avait pas la même aisance que Fernande Grudet. Il ne suffisait pas d'acheter un lieu, il fallait l'incarner, y mettre son âme, et Véronique semblait en être dépourvue.

Ce 10 avril, il était tout excité, parce qu'il était sur le point d'acheter un Modigliani. Ce n'était pas encore chose faite, mais il savait exactement sur quel pan de mur l'accrocher, dans sa propriété normande. Les convives l'avaient écouté, la bouche grande ouverte. Des peintres, à Pigalle, il y en avait eu des cargaisons. Cela faisait un siècle qu'ils avaient choisi le quartier pour nourrir leur travail. Pigalle leur offrait une palette de couleurs et d'émotions vives, un monde brut et sans fard qui, passé au filtre de leur art, se transformait en œuvre. Botey poussait, depuis des semaines, la porte d'un marchand de la rue Drouot. Le tableau était en vitrine. Il l'avait aimé au premier regard. Quelques années plus tôt, il avait acheté à ce même galeriste un Lorjou, un peintre anarchiste, dont il appréciait le style et certaines des idées. Ses amis n'en avaient jamais entendu parler, alors ils se taisaient et écoutaient le conférencier Botey. *Le Guide*, peint en 1961, était une toile colorée représentant le général de Gaulle en tenue d'apparat, le visage vert, le nez proéminent, marchant en s'appuyant sur une canne blanche, avec un pied, le droit, dans le vide. Le marchand d'art, qui connaissait la haine viscérale que Botey vouait à de Gaulle, ne lui avait pas livré le sens profond de ce tableau. Lorjou y dénonçait la guerre d'Algérie et sa cohorte de morts pour défendre une terre qui n'était pas la nôtre. Botey ne percevait que la manière peu flatteuse dont l'artiste dépeignait physiquement le président de la République en général d'opérette, et cela avait suffi à lui donner envie de sortir ses billets. Le galeriste avait même essayé de lui refourguer une lettre écrite par Lorjou en 1963, dont il conservait l'original. Un pamphlet contre de Gaulle et Malraux, son ministre de la Culture. Le peintre n'avait pas supporté d'être délogé de la péniche sur laquelle il avait installé son atelier d'artiste. Le marchand avait chaussé ses lunettes et lu la première phrase de cette lettre en tâchant d'y mettre le ton – pas question de bafouiller si près du but : « Le 12 juillet dernier, votre gouvernement, en arraisonnant ma péniche, a fait gagner à l'"homme du 18 juin" sa première bataille navale. » Botey avait éclaté de rire devant tant d'impertinence. Le galeriste souriait en posant ses lunettes, persuadé qu'il avait fait la vente. Quand il avait annoncé le prix, Botey avait demandé à réfléchir et quitté la boutique.

Un quart de siècle après la rédaction de cette lettre, Monsieur Éric achetait un Modigliani. Il entrait ainsi dans le cercle très fermé des collectionneurs d'art, ceux qui étaient en mesure de posséder des toiles de maîtres au prix extravagant. À mesure que ses bordels l'enrichissaient, ses goûts, ses choix artistiques évoluaient, se raffinaient.

Affronter Jacky le Mat relevait du même mécanisme. Grâce à ses millions, la peinture lui offrait la transcendance et lui permettait de s'élever au-dessus du niveau moyen. Mais, pour Jacky le Mat, cette même fortune en faisait une proie à dévorer. Lorsqu'il eut terminé sa conférence sur l'art, Botey se leva et décida de partir en faisant un geste en direction du gérant. Petit mouvement circulaire de la main voulant dire : « Tout ça, c'est à mettre sur mon compte. » Le reste de la tablée continua à boire. On s'amusait tellement plus quand c'était gratuit.

Botey « râlait sur le trottoir », comme le titra *France-Soir* le lendemain. Botey entre la vie et la mort devant son bar le

Manhattan, avec son enseigne verte, ses petites plantes en pot et son auvent marron en forme de capote de fiacre, pour donner à ce cloaque des faux airs de palace. Une petite flaque de sang entourait son corps recroquevillé. Touché au cou et au bras droit.

Coco fut la première à se pencher sur cette silhouette inerte, comme morte. Elle n'eut pas beaucoup de chemin à faire, parce que Botey s'était effondré sur son emplacement. Elle portait un long manteau blanc en fausse fourrure et un fourreau rouge laissant apparaître une partie de sa poitrine. Comme dans les films, elle repoussa ses longs cheveux en arrière pour éviter qu'ils ne viennent chatouiller le visage de Botey, posa sa main sur le cou et chercha son pouls. Elle ne sentit rien – en même temps, ce n'était pas sa spécialité. Elle resta ainsi de longues secondes. Le temps de retrouver ses esprits. Elle se souvenait d'avoir vu sortir Éric de sa voiture, faire deux pas sur le trottoir, et d'avoir aperçu une grosse moto roulant au pas avec deux hommes dessus, portant des combinaisons sombres et des casques noirs intégraux, à la visière teintée.

Tout s'était passé si vite. Le passager avait levé sa visière, sorti une arme et tiré. Deux coups, pas plus, la marque des professionnels. Le reste de la scène, Coco l'avait vu au sol, allongée sous une voiture. L'un des hommes avait dit : « Termine-le. » Ce qui voulait dire : « Descends et colle-lui deux balles dans la tête. » Mais, sans qu'elle sache pourquoi, la moto avait filé, remontant à grande vitesse la rue Frochot pour se noyer dans le trafic de la rue de Clichy. Fin de l'opération. Le danger passé, la rue avait retrouvé son calme, comme si de rien n'était.

Les filles époussetèrent leurs vêtements, et les clients, les voyous, les petites frappes prirent rapidement la direction de la bouche du métro Pigalle, avant que la police ne bloque la voie et ne se mette à contrôler tout le monde. Les flics trouvèrent deux douilles de 9 mm de marque Gévelot. Dans de tels cas, ils embarquaient tout le monde, pour faire quelques vérifications, parce que la police a horreur de rentrer bredouille. Quand les sirènes retentirent, à la lumière des gyrophares, ce fut comme si la rue Frochot s'était mise en grève. Presque tous les rideaux étaient tirés, sauf ceux du Baby Doll, le bar voisin du Manhattan, dans lequel Botey avait des parts.

Le patron gisant au sol, personne dans l'équipe n'avait osé prendre une décision. Le Baby Doll continuait à clignoter, projetant par intermittence des reflets roses sur le visage de l'empereur. Coco s'était posée un instant contre la façade argentée du Manhattan, pour reprendre son souffle, toujours sous le choc. Les amis de Botey s'étaient collés les uns aux autres. Petits essaims de fausse tristesse et de visages éplorés. Ils n'avaient rien vu, à peine avaient-ils entendu les coups de feu, trop occupés à rire que déjà ils échafaudaient des pistes à voix basse. Comme prévu, la police fermait la rue. Il ne manquait plus que l'ambulance, qui tardait. Botey n'avait pas bougé, plus personne ne semblait s'en préoccuper, comme s'il était devenu un second rôle après avoir tenu la vedette quelques minutes. Seule Coco essayait de lui prodiguer les premiers soins, autant qu'une péripatéticienne pouvait le faire. Elle lui allongea les jambes, découvrant un impact de balle dans l'épaule droite dont elle ne percevait pas le trou, mais juste un cercle rouge indiquant la zone où le projectile était entré. Elle hésita à lui faire du bouche-à-bouche, ce qui était déjà beaucoup plus dans ses cordes. Mais elle se ravisa. Soudain, Botey bougea une paupière, tenta d'ouvrir un œil, sa bouche se mit à remuer, sans qu'aucun son en sorte.

« Il est vivant ! » hurla Coco, provoquant un petit « ouf » de soulagement rapidement étouffé par la sirène de l'ambulance.

Deux hommes en blouse blanche sortirent à la hâte leur brancard, le déplièrent, posèrent les roulettes au sol et le firent glisser comme deux patineurs sur glace. Dans un mouvement rapide et précis, ils placèrent Botey sur la civière, qu'ils soulevèrent ensuite sur la structure roulante. Il ne restait plus qu'à l'introduire dans le véhicule, comme on enfourne une baguette de pain, et à filer vers les urgences de l'hôpital Lariboisière, où les deux ambulanciers effectuèrent les mêmes gestes.

La police surveillait l'opération. L'un des hommes, en tenue, avait gardé la main sur son arme, aux aguets. Il se donnait des airs de héros, regardait au loin, le menton haut, comme si les deux tueurs allaient revenir terminer leur travail et qu'il pût les arrêter en flagrant délit. Ce policier avait de l'ambition.

Botey avait la vie aussi dure que sa légende. Sa mère avait raison : il était né sous une bonne étoile, cela ne faisait plus aucun doute. Il fut opéré dès son arrivée. Il avait perdu beaucoup de sang, il fallait faire vite. Il n'était pas le seul à avoir eu de la chance : le plus souvent, ce type de munition très puissante traversait le corps ; or, cette fois-ci, l'os de l'épaule avait bloqué la balle, évitant qu'un passant – ou Coco – ne devienne une victime innocente de ce qui, aux yeux de la police, ressemblait fort à un règlement de comptes. Au bloc, l'opération fut couronnée de succès, même si le chirurgien passa beaucoup de temps à rafistoler les tendons déchiquetés. Botey partit ensuite en réanimation, enveloppé dans un épais brouillard provoqué par la morphine administrée à haute dose. L'hôpital était bien le seul endroit où Botey se droguait. Quand il retrouva ses esprits, deux inspecteurs étaient assis au bord de son lit, sachant parfaitement qu'ils ne tireraient rien de leur interrogatoire : dans ce genre d'affaire, personne ne parlait. Botey s'était redressé sur son oreiller pour avoir l'air présentable. Les deux messieurs firent leur travail à la manière de fonctionnaires blasés. L'un d'eux, plus malin peut-être, en tout cas plus incisif, posa cette question anodine en apparence :

« Savez-vous pourquoi ils vous ont raté ? »

Botey ne comprit pas le sous-entendu. Il marqua une longue pause avant de répondre, bêtement :

« Comment voulez-vous que je le sache ?... Je suis pas dans la tête de ces mecs.

— Voyez-vous, monsieur Botey, la raison pour laquelle ils vous ont raté, alors qu'il s'agissait de tueurs professionnels – je vous le dis de source sûre, car la balistique a fait des calculs d'impact et de distance –, c'est parce que vous êtes petit.

— Ah, oui... Et donc ?

— Vous auriez fait cinq centimètres de plus, ce n'est pas votre épaule qu'ils touchaient, mais votre tête, et nous ne serions pas là pour vous interroger, si vous voyez ce que je veux dire.

— On va dire que j'ai eu de la chance !

— Beaucoup de chance, mais vous n'en aurez pas une seconde fois. Vous êtes dans leur viseur, vous êtes devenu trop gros. On croit savoir qui vous en veut, mais il faudrait nous aider pour lui mettre la main dessus. Il y a eu une bagarre en juin 1986 avec la barmaid ou la gérante, la petite amie d'un dénommé Picaud, dit le Gitan, ça vous dit quelque chose ?

— Je vous le répète, je n'ai pas d'ennemis, je suis un chef d'entreprise, je travaille à Pigalle depuis trente-deux ans, tout le monde me connaît… »

Les fonctionnaires lui servirent leurs petites phrases traditionnelles de fin d'interrogatoire – « Si la mémoire vous revient, vous pouvez nous contacter à ce numéro » –, en lui déposant leur carte de visite sur le dessus de lit en tergal vert pomme. Enfin, pour conclure, ils lui fixèrent un nouveau rendez-vous : « Il faudra passer au 36 pour signer votre déposition, vous connaissez le chemin. » Botey les salua et replongea dans un sommeil médicamenteux.

Il reçut peu de visites. Il était devenu un paria qu'il fallait éviter, de peur de prendre une balle perdue. On aimait bien Botey quand il offrait à boire, on le fuyait quand on lui tirait dessus. Ainsi allait la vie à Pigalle. Pas même un coup de fil de son ami Jean-Marie Le Pen. Lui aussi avait discrètement quitté le navire. Botey, ses manteaux de fourrure et ses voitures de luxe, ça ne l'amusait plus. Il était devenu un homme politique de premier plan, dirigeant à la baguette ses trente-cinq députés FN à l'Assemblée nationale. Alors, forcément, Botey était devenu infréquentable. Le Pen avait toujours été un homme prudent.

Le lendemain, Dédé le Gode prenait la place des policiers. Le coup était évidemment téléguidé par Picaud et son patron Jacky le Mat. La technique des tueurs à moto était un héritage des Marseillais. Le premier à en avoir fait les frais fut Antoine Guérini, en 1967, dessoudé devant sa voiture par un motard et un tueur assis derrière. Ce meurtre inaugurait une longue liste macabre. Dédé proposa à Botey de renforcer sa sécurité. Il connaissait des hommes spécialisés dans la garde rapprochée. Dorénavant, il ne pouvait plus sortir sans ses gardes du corps. Éric accepta, peu convaincu par cette proposition. Il devrait débourser beaucoup d'argent sans être certain d'échapper à une nouvelle tentative de meurtre. Et puis ces coups de feu devant l'un de ses établissements faisaient fuir la clientèle. Bref, en un mot, il allait perdre de l'argent. Il demanda en retour à Dédé de trouver un arrangement avec Picaud. Il le connaissait bien. Lui aussi aimait l'argent. Il suffisait peut-être de lui proposer davantage que l'homme auquel il avait prêté allégeance. Dédé le Gode semblait dubitatif, mais il lui promit de prendre contact avec Picaud pour tenter de trouver un terrain d'entente.

Quand Botey revint à Pigalle, il le fit au bras de Véronique. On aurait cru qu'il rentrait d'un voyage autour du monde, le bronzage en moins. Ils traversèrent la place Pigalle et descendirent la rue Frochot comme deux propriétaires terriens de retour dans leur domaine. Botey avait envie de voir les regards estomaqués des chasseurs, des rabatteurs, des julots, des tenanciers, de tous ceux qui étaient persuadés que l'empereur avait perdu sa couronne et que sa place était à prendre. Ils se fourraient le doigt dans l'œil. Monsieur Éric était de retour. Dorénavant, Dédé le suivait comme son ombre, donnant à Botey une importance dont il se serait bien passé. Jean-Pierre Lepape n'était jamais très loin. Il était une jeune pousse de la bande de la banlieue Sud, une nébuleuse plus qu'une bande d'ailleurs puisqu'ils étaient nombreux à s'en revendiquer. Lui aussi cherchait à gagner quelques billets en assurant la protection de Monsieur Éric, qui, malgré ses réticences, avait mis le doigt dans l'engrenage des gardes du corps. Un drôle d'attelage, qui ne passait pas inaperçu à Pigalle.

Quelques mois passèrent dans le calme. Un calme tout relatif, car Picaud n'avait pas perdu l'espoir de se débarrasser de son ancien patron. Les approches d'André Gau n'avaient pas abouti. Picaud faisait le mort, jusqu'au jour où il proposa un échange téléphonique avec Botey. Était-ce la fin de ce duel qui pourrissait la vie d'Éric ? S'il pouvait en finir avec la désagréable impression d'avoir depuis des mois une épée de Damoclès au-dessus de la tête… Picaud ne fixa pas de date. Il indiqua qu'il le joindrait dans quelques semaines. Botey n'accueillit pas cette information comme une bonne nouvelle. Picaud était un vicieux, le genre d'homme à faire ses coups par en dessous, à toujours chercher la faille, la zone sensible chez son ennemi. Les cabines téléphoniques devinrent le terrain de jeu des voyous, des caïds, des gros bonnets. Tous se sachant sur écoutes, ils installèrent leur bureau dans une cabine, plus ou moins pratique pour sécuriser les échanges. Ainsi, quand Picaud demanda à quel numéro il lui serait possible de le contacter, Dédé sentit le piège. Il avait trop de métier pour se laisser avoir comme un bleu. Lui donner son numéro, c'était prendre le risque de se faire tirer comme un lapin.

Depuis que Monsieur Éric avait son aréopage d'hommes musclés et armés, il était intouchable criminellement parlant. Il allait bien chercher ses cigarettes au tabac de la rue

Fontaine, mais Picaud avait jugé l'opération trop risquée, très difficile à monter dans cet endroit grouillant. Il choisit par conséquent l'appel téléphonique. Il lui restait deux semaines pour savoir de quelle cabine Botey passait ses coups de fil, et ce n'était pas une mince affaire. Il eut alors recours à des petites mains venues de banlieue, dont la mission était de découvrir l'endroit. Il ciblait les cabines de l'avenue Foch : Botey avait acheté un bel appartement et plusieurs chambres de bonne pour toucher une clientèle huppée, sur cette avenue chic à deux pas des Champs-Élysées. Mauvaise pioche.

Il décida de le faire suivre. Cette tactique fut la bonne. Après quelques heures de discrète filature, ils découvrirent que Botey avait ses habitudes boulevard Bineau, à Neuilly-sur-Seine. La petite frappe qui le suivait constata qu'il passait souvent des appels téléphoniques dans une cabine, toujours la même, lorsqu'il sortait de son rendez-vous, probablement galant. Il ne restait plus qu'à lui proposer le rendez-vous. Les deux hommes se mirent d'accord sur la date du 10 décembre 1987 à vingt heures. On aurait cru qu'il négociait un match de boxe à la halle Carpentier. Officiellement, il était question d'enterrer la hache de guerre. Officiellement.

Cette fois-ci, Botey ne vint pas seul. Ce jeudi 10 décembre vers dix-neuf heures quarante-cinq, il était accompagné de Dédé le Gode assis à la place du passager. Porte de Champerret, ils firent monter Jean-Pierre Lepape à l'arrière. Comme prévu, Botey avait choisi la cabine téléphonique du boulevard Bineau. Au moment de partir, Dédé, qui était habitué à ce genre d'opération, avait demandé à son client s'il voulait s'équiper d'un gilet pare-balles. Botey avait fait « non » de la tête : il ne faisait pas partie du grand banditisme, il n'avait nul besoin de s'accoutrer comme si c'était le cas. À l'heure dite, les trois hommes sortirent de la voiture. Dire qu'ils s'attendaient à un guet-apens serait mentir. Mais Lepape était sur ses gardes, marchant en se retournant toutes les deux secondes pour vérifier que personne ne les suivait. Botey et Dédé le Gode s'engouffrèrent dans la cabine. Le corps de Dédé faisait comme une ventouse autour de celui de Botey, si bien que l'on peinait à le voir à travers les vitres, comme englouti par la corpulence de son garde du corps. Jean-Pierre était resté dehors, en couverture. On n'était jamais assez prudent en pareille circonstance.

Ce qui suivit ne dura en fait que quelques secondes, mais ferait couler beaucoup d'encre et vendre quantité de journaux. Il susciterait d'interminables palabres dans les cabarets de Pigalle et deviendrait le sujet central de toutes les conversations. Au fond, si on retirait les fantasmes, les inventions, les mensonges, les imprécisions, les rumeurs qui entouraient un crime, il n'y avait rien de plus banal qu'un meurtre commis par des professionnels de la gâchette. À peine avaient-ils refermé les deux portes battantes de la cabine, avant même que Botey n'ait compté sa mitraille pour la glisser dans la fente de l'appareil, qu'un homme surgissait de l'obscurité, comme arrivé de nulle part, une arme de poing à bout de bras, du gros calibre. Cet homme, c'était Picaud en personne, qui était venu faire le boulot. On n'était jamais si bien servi que par soi-même. Il leur avait tendu une embuscade. Lepape n'eut pas le temps de dégainer son arme que le tireur criblait la cabine. Les vitres explosèrent. Botey se replia sur lui-même, mouvement reptilien, ultime geste de survie. Dédé le Gode était transpercé d'impacts. De loin, on aurait pu croire qu'il était indemne, parce qu'il était resté debout, mais il était mort. Botey sentit le sang lui couler sur le visage, comme des gouttes de pluie chaude qui glissaient le long des cheveux d'André. Il était prostré, il osait à peine respirer. Lepape, lui, avait plongé à la recherche d'un abri et d'un angle de tir. À cet instant, Picaud pointait son arme sur lui pour le tuer, pas pour le blesser. Le pistolet s'enraya. Il dégaina un 6.35 pour finir le travail. Lepape était touché. Des fenêtres s'allumèrent. Des voisins criaient. Picaud regagna sa voiture à grandes enjambées, persuadé d'avoir rempli sa mission. Il se trompait. Sa cible était toujours vivante. Quelques égratignures sur le visage au moment où les vitres avaient explosé, mais son corps était intact. Lepape laissa s'éloigner la voiture du tueur avant de se lever et de constater les dégâts. Dédé le Gode semblait endormi contre le gros rectangle métallique faisant office de combiné téléphonique. Sa tête pendait, ses bras étaient ballants. En contrebas, coincé entre ses jambes, se trouvait Botey. On aurait dit un jeune chiot dans les pattes de sa mère. Ses mains étaient pleines de sang, son visage était constellé de minuscules gouttelettes rouges faisant comme des taches de rousseur, son nez était cassé.

Jean-Pierre aurait aimé évacuer le corps avant l'arrivée de la police. Il perdit un temps fou à essayer d'extraire Dédé de la cabine. Chaque fois qu'il essayait de tirer la porte, elle se coinçait dans les jambes de Botey. Il lui demanda de sortir par le bas, là où il n'y avait plus de vitre, un peu comme on s'extrait d'une voiture qui vient de faire un tonneau. Botey le regardait, mais ne bougeait pas, comme s'il était sourd. Jean-Pierre se pencha vers lui, lui tendit la main, lui parla doucement comme on rassure un enfant lorsqu'on cherche à le faire sortir de sa cachette. Botey lui tendit un bras. L'empereur était choqué, hagard, mais il était vivant.

Pour la seconde fois en six mois, il venait d'échapper à la mort. Là-haut, on avait considéré que son heure n'était pas encore venue. Ni la sienne ni celle de Lepape, d'ailleurs. En voulant relever le col de fourrure de son blouson, il sentit sous ses doigts un morceau de métal tiède. La balle tirée par Picaud était restée coincée dans l'épaisseur du cuir. Il se dit, non sans une pointe d'humour, que c'était de la bonne qualité. À la louche, il estima que, si la balle était passée deux centimètres plus haut, il serait mort. Deux centimètres qui venaient de lui sauver la vie et sa carrière de voyou qui ne faisait que commencer. Voilà ce qu'on appelait un destin.

La police ne tarda pas à boucler le quartier. L'affaire était prise très au sérieux, au sommet de la hiérarchie. L'homme enfermé dans le gros sac noir qui allait rejoindre les frigos de la morgue pour être autopsié n'était pas un inconnu des services. Il partait avec tous ses secrets et rejoignait l'au-delà des voyous. Botey et Lepape, eux, prirent la direction du 36. Botey entra dans le même bureau que six mois plus tôt, quand il était venu signer sa déposition après la tentative de meurtre au Manhattan. Cette fois, il ne resta pas muet. Lorsque le tueur avait donné le coup de grâce à Dédé, Botey avait aperçu le visage de Picaud. Il le donna sans hésiter, il fallait que tout cela cesse une bonne fois pour toutes, même s'il savait que Picaud n'était que le porte-bidon de Jacky le Mat. À cinquante-quatre ans, il aspirait à une autre existence. Il ne rêvait pas pour autant de vivre en châtelain. Il avait tisonné ses bûches enroulé dans un peignoir en soie, il entendait rester rue Frochot, mais voulait lever le pied. Ce n'était pas qu'il en ait réellement envie, mais la conjoncture et les derniers événements le poussaient à réduire la voilure, à rentrer dans le rang, à se faire petit, ce qui dans son cas était un jeu d'enfant. Il regardait Lepape, jeune marlou aux dents longues, répondre aux questions des flics avec insolence, le regard dur, comme si c'était lui le tueur. Il était une victime et se comportait comme l'assassin. Il faisait ses classes.

Botey fut pris en photo, pas sous son meilleur profil. Un gros pansement sur le nez et des yeux injectés de sang. Pour la première fois de sa vie, il entrait au fichier central. Puis il s'amusa à dresser mentalement la liste de ses établissements, pendant que le policier tapait sa déposition avec deux doigts. C'était pour lui une manière de se rassurer, tous ces noms lui tenaient chaud, ils étaient sa planche à billets, une planche sur laquelle il s'était crucifié. Il se mit à les compter sur ses doigts, comme le font les enfants quand ils calculent le nombre de bonbons qu'ils viennent de manger : le Yellow Dog, le Tiffany, le Sulky, le Lautrec et le Frochot. Voilà pour une main ! Le Chunga, le Curling, le Nord-Sud, le Babylone, le Manhattan, le Baby Doll. Voilà pour l'autre main ! Mais il en oubliait, c'est certain. Sur cette chaise inconfortable du 36, il avait posé ses deux paluches les doigts écartés, comme pour mieux appréhender l'étendue de sa puissance. On aurait dit Alexandre le Grand inventoriant son empire. D'autant qu'il lui fallait une troisième main, parce qu'il n'avait pas compté le Café de France ni sa brasserie le Magenta, deux établissements tout ce qu'il y avait de plus légal et honnête.

Botey était arrivé au bout de ses rêves. Le petit apprenti pâtissier était devenu riche, très riche. L'ascension avait été longue et dangereuse. Le sang sous ses ongles, celui de Dédé, qu'il n'avait pas réussi à nettoyer, en était la preuve, mais il était encore debout. Il se demanda s'il n'était pas temps de prendre sa retraite. « Mais pour quoi faire ? » lui demandait le diablotin posé sur son épaule gauche.

Il n'avait pas eu d'enfants… Enfin si, il en avait eu deux qu'il connaissait à peine, et ce n'était pas maintenant qu'ils étaient grands que Monsieur Éric allait entamer une carrière de papa poule. En vérité, il ne savait rien faire d'autre que s'occuper de bars et de cabarets. Cela l'amusait. Il choisit, dans cette ambiance de ruche, entouré de l'élite des policiers censés être les gardiens de l'ordre et de la morale, de poursuivre sa carrière en la laissant décliner en pente douce, sans à-coups… pour mourir sur scène comme les grands artistes. Enfin, c'est ainsi qu'il imaginait les choses. Mais, parfois, ce que l'on a dans la tête ne s'imprime pas sur les murs du monde réel.

19

Ce mardi 5 avril 2011, il faisait un temps de chien à Paris. Entre la photo de la PJ le visage bousillé et cette date, Botey avait œuvré à se faire oublier. Un peu comme Carmen en d'autres temps : surtout ne pas attirer l'attention, jouer petit et gagner sans risque, se faire passer pour un retraité sans défense. Mais cela n'avait pas suffi. Le pouvoir avait décidé de le faire disparaître définitivement de Pigalle.

L'Hôtel-Dieu n'était pourtant qu'à deux pas du 36, mais Gilles hésitait à sortir tellement il pleuvait fort – de grosses gouttes telles des hallebardes qui vous piquaient le visage et vous faisaient rebrousser chemin. Éric avait un téléphone portable, il aurait pu le prévenir qu'à cause du temps il reportait leur rendez-vous, mais évidemment on le lui avait confisqué. L'inspecteur regarda une dernière fois par la fenêtre et décida d'affronter les éléments. Il avait promis à Éric de lui rendre visite sur son lit d'hôpital, il ne pouvait plus reculer. Il lui devait bien cela… Il enfila son manteau, releva le col, fit un signe de tête au planton protégé dans sa guérite vitrée et se lança. Il ne mit pas longtemps pour arriver, presque en voisin. Il entra dans l'hôpital par le grand porche et grimpa tout en haut pour rejoindre les combles. La pluie faisait des claquettes sur les vasistas condamnés d'où on apercevait péniblement Notre-Dame. Éric avait été transféré ici, dans cette hôpital-prison, ou cette prison-hôpital, au choix, dans la salle Cusco. Aucun lien avec la ville péruvienne posée au milieu de la cordillère des Andes ; c'était le nom d'un professeur d'ophtalmologie. Des ronds-de-cuir, sans que l'on sache s'ils le récompensaient ou le sanctionnaient, avaient jugé utile d'associer son nom à cet endroit où l'on soigne et surveille, encore aujourd'hui, des détenus ou des mis en examen à l'état de santé fragile ne leur permettant pas de subir les assauts des juges d'instruction ou des policiers. Pendant la guerre, dans cette même salle aux murs défraîchis, les Allemands avaient torturé les résistants.

Gilles hésita à sortir sa carte – il était de la maison, après tout. Depuis quelque temps, il sentait une énergie négative autour de lui et de mauvaises ondes. Pendant que le fonctionnaire de police notait au stylo-bille ses nom et prénom sur un registre moche et austère de l'administration, Gilles se remémorait la manière dont ses hommes et lui avaient été écartés de l'enquête sur Éric Botey, c'est comme ça qu'il l'appelait dans le service. Plus rien ne filtrait. Les collègues du bureau d'à côté ne passaient plus la tête pour balancer une vanne ou raconter les derniers potins. Malgré tout, les murs avaient des oreilles. Gilles les avait bien vus partir habillés en touristes – short, pantalon en toile, appareil photo et même bob sur la tête, histoire de se faire passer pour des gogos, bons à se faire plumer dans les cabarets de Botey.

Il regardait le type qui n'arrêtait pas d'écrire et de remplir toutes ses cases, numéro de matricule, titre, service, tout juste s'il ne fallait pas lui fournir les numéros de sécu et de passeport, au cas où Botey aurait voulu se faire la belle dans les bras de Gilles. Quelle comédie ! Quand on savait dans quel état se trouvait Éric…

La BRP avait mis les grands moyens pour attraper l'un des derniers proxénètes de Pigalle, un vieux usé de soixante-dix-huit ans, fatigué et totalement hors circuit. Presque une année d'enquête, de filatures, d'interrogatoires, d'écoutes, comme si la police au grand complet s'était lancée aux trousses de Pablo Escobar. Quelque part dans un bureau du 36 ou du ministère de l'Intérieur, un type avait décidé de se faire le parrain de Marine Le Pen. Avoir le scalp de Botey présentait un double avantage : il nettoyait le quartier de ses derniers bars montants qui devenaient aussi rares que les rhinocéros en Afrique et, au passage, il faisait un croche-patte à la fille Le Pen, lancée à toute blinde dans la campagne présidentielle. Botey ne devenait qu'un prétexte pour embarrasser la candidate du Front national. Via des articles de presse bien sentis, on rappelait perfidement à cette femme politique d'extrême droite que son père lui avait fait un joli cadeau le jour de son baptême.

Gilles se sentait blessé et humilié. Au fond de lui, il trouvait minable de vouloir écraser une mouche avec un marteau. Pourquoi autant d'efforts pour attraper ce vieil homme ? Il aurait suffi de lui fermer ses « bouclards » et de lui demander gentiment d'aller barbouiller ses toiles assis face à la mer. Presque trente ans auparavant, lors d'un procès qui le condamnait pour proxénétisme, son avocat avait eu une de ces phrases dont seuls les pénalistes ont le secret, un viatique tellement contemporain : « Il est anormal que des policiers de la brigade spéciale aient pu ignorer pendant des années l'existence des bars et des hôtels spécialisés, surtout à Pigalle ! C'est comme si on s'étonnait de la présence à Lourdes de sœurs et d'ecclésiastiques. » Pigalle était le lieu de tous les excès, avec la bénédiction du préfet de police, qui savait parfaitement ce qui se passait dans ce quartier mouchoir de poche jusqu'au jour où le préfet décide de tout fermer.

Les grilles s'ouvrirent enfin. On le guida jusqu'à la chambre d'Éric à travers un long couloir sombre. Des fenêtres à barreaux sans rideaux, une chaise en plastique et une table de nuit en formica. Tout respirait la mort. Gilles s'approcha du lit, Éric lui souriait. Ils se connaissaient bien, depuis le temps. C'était un vieux monsieur qui tenait péniblement dans son lit. Les yeux cernés, un teint de craie et une grosse bouteille d'oxygène pour l'aider à respirer, Botey était déglingué de partout. Ça fuyait, ça toussait, ça geignait, ça se grattait.

« Oh, Gilles, quel plaisir de te voir ! Tu es venu, finalement, tu as dû prendre une belle saucée ! l'accueillit Botey d'une voix blanche et monocorde.

— J'ai eu le temps de sécher à l'accueil, il a mis trois plombes à remplir la feuille de renseignements, le poulaga de service. Comment tu te sens, aujourd'hui ?

— Pas pire qu'hier, pas mieux non plus ! État stationnaire, m'a dit le toubib ce matin. Donc, le départ pour le ballon, c'est pour bientôt. Ça sent le sapin, Gilles !

— Arrête tes conneries ! T'aurais dû décrocher avant, je te l'avais dit ! Tu t'es obstiné, ils vont te faire tomber, et je ne peux rien faire… Ils ont tout cloisonné ! On nous a bandé les yeux, on est dans le noir complet…

— T'inquiète pas, je sais que tu y es pour rien ! Je m'en suis toujours sorti. Après ce coup-là, je me range des vélos et je pars finir mes jours en Normandie ! dit-il avec un peu plus d'énergie que précédemment. À moins qu'ils me saisissent la baraque.

— Tu me le promets que tu décroches ?

— Oui, promis ! »

Il ne réussit pas à terminer sa phrase : soudain, il manquait d'oxygène. Gilles attrapa la grosse bouteille, et Éric plaça le masque sur son visage d'une main tremblante. L'ancienne vedette de Pigalle lui fit un clin d'œil. En retour, Gilles posa sa main sur celle d'Éric. Il sentit sous sa paume les os d'une main décharnée, la main d'un homme au bout du chemin. Gilles sortit d'un pas lent, en se disant que c'était peut-être la dernière fois qu'il le voyait. Il rumina de noires pensées. L'obscurité et la lumière menaient un combat entre les parois de son âme. Il était policier, la loi était la loi, mais dans ce cadre général s'intercalaient des nuances, parfois même des exceptions. Il n'était pas entré dans la police judiciaire pour se transformer en père la morale. Il était là pour réguler, petit chef de gare, et, tant que les autorités au plus haut niveau fermaient les yeux, il n'y avait aucune raison de faire la révolution. Et puis, pourquoi devrait-il avoir honte d'avoir passé de bons moments avec lui, à l'écouter lors de longs déjeuners lui raconter son Pigalle, le Pigalle qu'aucun policier n'avait connu ? Après tout, cela faisait partie du boulot.

À chacune de leurs rencontres, c'était un voyage dans le temps, une croisière exotique sur des mers dangereuses : les Zemour, les Corses, les maquerelles, les tapins et toute la faune qui se nourrissait sur ce juteux business. À la fin du repas, Botey aimait rappeler la petite phrase de Pierre Perret : « La France est prospère grâce à Lourdes et à Pigalle. » La formule s'était un peu usée, mais elle provoquait un rire de ralliement, leur cordon ombilical en quelque sorte ; car, s'ils n'étaient pas dans le même camp, ils vivaient dans le même monde. Éric était un joyeux conteur. Il ne négligeait aucun détail, par exemple la façon dont les filles mises à l'amende par leur souteneur s'organisaient entre elles pour financer la somme réclamée. Une solidarité de trottoir qui avait disparu depuis belle lurette. Ils avaient noué une relation particulière, presque filiale. Éric n'était plus celui qu'on lui avait décrit lorsqu'il avait intégré la Mondaine – un flambeur en voiture de sport qui exploitait des femmes. Il avait devant lui un vieil homme, habillé comme « M. Tout-le-Monde », qui allait même jusqu'à payer le parcmètre pour sa petite Peugeot 306 d'occasion. Comme il l'avait envisagé, il s'était replié sur la rue Frochot et ne conservait que La Bohème, le Mucha et le Lorelei, trois bars montants. La Bohème était un des premiers établissements qu'il avait possédés. Le Lorelei était une nouvelle enseigne qui succédait au Manhattan, devant lequel il avait failli mourir. Et le Mucha, lui, remplaçait le Baby Doll. Gilles commençait à bien connaître sa vie dans ses moindres recoins et ne comprenait pas pourquoi la société et la justice s'acharnaient sur ce vieillard.

Lorsqu'il fut rétabli, on le transporta comme prévu au Palais de justice, juste en face de l'Hôtel-Dieu, où il passa quelques longues heures dans le bureau de la magistrate. Elle n'était pas spécialement intéressée par les histoires mirobolantes de Monsieur Éric. Il incarnait la débauche, elle était la gardienne de la morale. Cette juge d'instruction était surtout bien décidée à le faire tomber définitivement. À l'occire une bonne fois pour toutes. Elle était le marteau, il était la mouche. Cette fois, elle ne voulait pas manquer sa cible. Le visage fermé, elle posa des questions de pure forme, car tout était écrit dans le dossier constitué par les policiers. Ils avaient travaillé comme des chefs… Des femmes poussaient les clients à boire en leur faisant dépenser des fortunes en champagne. Quel scoop ! Puis, lorsqu'ils étaient mûrs, les hôtesses passaient aux choses sérieuses et monnayaient leurs charmes. La juge tournait les pages du dossier, rajoutait une précision ou une petite vacherie du genre : « Les filles ont parlé, elles n'ont marqué aucune résistance pour dénoncer vos pratiques prostitutionnelles. » Botey hochait la tête pour lui faire plaisir et gagner un peu de temps. Car l'issue, il la connaissait : c'était Fleury-Mérogis ou Fresnes, pour de la détention provisoire. Enfin, sûrement par courtoisie, elle demanda à Botey de confirmer le tarif des prestations et celui des bouteilles. Botey répondait toujours la même chose :

« Madame le juge, sauf votre respect, je n'interviens pas dans la gestion de ces établissements, je n'y mets quasiment jamais les pieds, et les gérants connaissent leur métier. »

Et la juge répondait elle aussi la même chose, dans un douloureux dialogue de sourd :

« Oui, oui, bien sûr, vous m'avez déjà dit tout ça, j'ai bien noté, monsieur Botey. »

Après toutes ces simagrées, la magistrate usa d'un ton sévère, masque de fer, lèvres pincées. Elle fit tomber le couperet : Éric Botey était placé en détention provisoire en vue d'une mise en examen pour proxénétisme aggravé. Il ne marqua aucune émotion, sachant depuis le début qu'il ne pourrait échapper à ses griffes – pas cette fois-ci. Avant que le gendarme ne lui passe les menottes pour rejoindre le fourgon cellulaire, la magistrate ne put s'empêcher de lui enfoncer un peu plus encore la tête sous l'eau en lui administrant une leçon de morale sur la manière dont il traitait les femmes. Si la guillotine avait encore existé, elle l'aurait fait monter elle-même à l'échafaud.

Il retrouva donc l'humidité d'une cellule, la promiscuité, le bruit des clefs, la bouffe froide, les premiers mots avec son codétenu, les mêmes phrases entendues déjà il y a presque trente-cinq ans lors de son premier séjour en prison :

« T'es là pour quoi ? »

Lorsque Botey eut terminé de raconter sa petite histoire, son voisin de cellule, dont il allait partager l'intimité plusieurs semaines durant, lui adressa cette réponse, qui lui fit prendre conscience de son âge :

« Tu vois, avec tes cheveux blancs et ta tronche de papy gâteau, j'étais persuadé que t'étais un pointeur. Je suis soulagé que tu sois un maquereau, parce que tu sais ce que prennent les tripoteurs de gamines… »

Voilà comment se terminait la vie de celui que les journaux avaient pompeusement baptisé l'empereur de Pigalle. Et bien entendu, sans que personne sache qui avait sournoisement balancé l'information, la presse fit ses choux gras de la mise en examen du parrain de Marine Le Pen, pour attirer le chaland. Botey n'existait plus, comme effacé de l'histoire. Les articles étaient tous illustrés non d'une photo de lui, mais de Marine Le Pen. N'eût été son statut auprès de la petite fille devenue grande, personne n'aurait écrit une ligne sur sa disgrâce. Qui aurait pu s'intéresser à lui ? Pour vendre leurs papiers, les journalistes en avaient fait des tonnes sur sa mise en examen, derrière laquelle devait se cacher un immense réseau de prostitution… Aucun d'eux n'avait compris que les trois « bouis-bouis » pour lesquels il tombait n'étaient que broutilles au regard de la véritable étendue de son empire. Mais qu'importe, ces articles n'avaient d'autre but que d'obliger la candidate du Front national à sortir de son silence. Comment une femme qui prétendait diriger la sixième puissance du monde pouvait-elle avoir pour parrain un proxénète renommé ? Elle s'exprima, se contentant de dire la vérité. Son parrain, elle ne l'avait quasiment jamais vu. Juste une fois, lorsqu'elle avait huit ans, il lui avait offert une peluche. La gamine avait dit merci à ce petit monsieur bizarrement habillé et qui avait l'air d'être un copain de son père. Même Jean-Marie trouvait Éric un peu pingre, en tout cas moins généreux avec sa fille qu'il ne l'avait imaginé en le choisissant.

Du fond de sa cellule, Botey avait quant à lui acquis une petite notoriété. Enfin, à ses risques et périls. Car être le parrain de Marine Le Pen quand on était en prison, c'était un peu jouer à pile ou face. Pile : on lui demandait si Le Pen était sympa. Face : on lui faisait comprendre qu'il n'avait rien à faire là. Pour des détenus venus de banlieue, son amitié avec un facho faisait de lui un paria. Pendant ce temps, dehors, la magistrate et les policiers arrêtaient un à un ses femmes et ses hommes de paille. Ses comptes en banque étaient bloqués, ses propriétés, ses tableaux saisis par le fisc, et ses liasses de billets rangées scrupuleusement dans des scellés qui devaient servir de pièces à conviction. La justice suivait son cours sans accroc.

Comme toujours, Botey racla les fonds de tiroirs pour payer sa caution et s'offrir le droit de retourner se balader dans les rues de Pigalle. Les demandes de remise en liberté dépendaient évidemment du bon vouloir des juges qui, pour justifier leur refus, brandissaient le risque de collusion entre les mis en examen. Pour cette affaire, il fallait bien le reconnaître, les risques étaient mineurs. Tout le monde avait parlé sans résistance ou presque. Il n'y avait pas de véritables zones d'ombre à éclairer. Hormis, peut-être, l'étendue exacte de la fortune de Botey. Lui-même ne savait plus très précisément ce qu'il possédait. Il avait investi un peu partout sur des coups de tête, parfois sans trop réfléchir. L'affaire semblait entendue : Éric Botey serait prochainement condamné pour proxénétisme aggravé, comme il l'avait été vingt ans auparavant. La magistrate pouvait refermer le dossier et expédier son ordonnance de renvoi dans l'attente du procès. La juge le fit mariner pendant plusieurs mois, avant de lâcher la bride.

Tel un chat qui à l'instinct retrouve le chemin de sa gamelle, Botey retourna rue Frochot. Le quartier avait changé. Il n'était pas parti bien longtemps, mais l'âme de la rue s'était envolée. Les rideaux du Lorelei, du Mucha et de La Bohème étaient baissés, comme s'ils avaient les paupières closes. Ces bars étaient tombés dans le folklore. Des touristes posaient devant les cabarets décrépits, vestiges de Pigalle, comme d'autres se faisaient photographier devant le Parthénon ou le Colisée. Il ne restait plus rien, même le bitume avait été refait. Il monta dans son appartement. Des scellés barraient la porte. Sa vie n'était que poussière. Il attrapa sa valise, celle qu'il traînait depuis la prison, toute petite mais déjà trop lourde pour lui. Il remonta la rue Frochot lentement, d'abord parce que chaque pas était une souffrance et puis parce qu'il savait que c'était la dernière fois qu'il l'arpentait. Des femmes qui tenaient de minuscules poussettes le contournaient, de jeunes livreurs à vélo accrochaient leur engin avec des cadenas avant de sonner chez le client. Pigalle marchait avec une canne, c'était un vieillard subclaquant. Pendant quelques instants, il fut l'archéologue de sa propre vie. Toute son histoire défilait, une bobine en super-8 aux images passées. Des filles affublées comme des catins dont il connaissait l'histoire et le nom, Véronique qui s'était évaporée comme l'effluve d'un parfum de mauvaise qualité, Carmen et son gros nez, sa belle américaine qu'il garait juste devant le Rembrandt. Elle était là, il la voyait, il n'avait plus qu'à monter dedans et filer sur les routes, les cheveux au vent. Les passants ne le regardaient pas. Il n'était plus rien. Il fouilla dans la poche de son manteau, palpa son portefeuille pour en jauger l'épaisseur. Lui pour qui l'argent n'avait jamais été un souci se mettait à compter ses sous. Il lui restait quelques billets. En passant devant La Bohème, il se souvint d'Andrée. Comment aurait-il pu l'oublier ? Elle restait des heures à l'étage, dans ce petit bureau qu'elle éclairait même en été, à compter, à ranger, à classer, à faire le sale boulot pour que Monsieur Éric puisse frimer et faire le beau au bras de filles toujours plus jeunes et plus grandes que lui. Elle avait beaucoup enduré. Mais elle était toujours dans son cœur. Il se souvint qu'elle était partie s'installer à la campagne, dans le Berry. Il avait rangé cette information dans un coin de sa tête, sans trop savoir ce qu'il allait en faire. Elle avait toujours aimé la nature, les grands espaces, la vie simple au contact des fleurs et des arbres. Quand ils vivaient ensemble, il tenait cela pour de la coquetterie et s'en moquait. Aujourd'hui, il regrettait cette façon de ne jamais l'avoir écoutée vraiment, elle qui, au contraire de toutes les autres femmes, ne l'avait jamais abandonné.

Il aurait aimé faire un dernier tour à Drouot, flâner dans les salles des ventes, chiner une dernière fois, se laisser séduire par une lampe à huile ou un vieux guéridon, sentir l'odeur de l'encaustique et se laisser bercer par le baratin des commissaires-priseurs guindés et hautains. Qu'allaient devenir ses toiles ? Pas les toiles de maîtres pour lesquelles il avait déboursé des fortunes, mais les siennes, peintes avec sa sueur et son âme. L'angoisse l'étreignit. Elles étaient sa vérité, l'essence de sa vie. Avec la peinture, on ne peut pas mentir, elle révèle par touches de couleurs votre inconscient. La plupart de ces tableaux étaient entreposés dans sa propriété de Tracy-sur-Mer. Un sentiment désagréable le traversa. Il imaginait les moqueries de la magistrate, entourée de ses laquais, en regardant ses œuvres, pendant la perquisition. Cette idée lui brûla le ventre. On pouvait tout dire de lui, il pouvait tout encaisser, mais des méchancetés sur sa manière de peindre lui arrachaient le cœur.

*

Quand le taxi s'arrêta devant une maison d'un quartier pavillonnaire de Vicq-sur-Nahon, un village du Berry, Éric regarda autour de lui pour se familiariser avec ce nouvel environnement, si différent de Pigalle. C'était donc ici qu'Andrée habitait. Pas de doute, elle aimait la campagne. Il sortit ses billets, les fripa légèrement sous ses doigts, comme au temps de sa splendeur, pour savoir si c'étaient des vrais ou des faux. Il avait conservé ce geste que font tous les commerçants de Pigalle. Le taxi lui proposa de porter sa valise jusqu'à la porte. Botey s'extirpa avec difficulté du véhicule.

Il chercha la poignée de la grille. Il n'y en avait pas. Il tira un loquet en métal emberlificoté dans du fil de fer et entra. Il fit ensuite quelques pas devant ce pavillon sans âme au crépi blanc moucheté, coiffé de tuiles Redland, et se posta devant la porte d'entrée. D'une main lourde, il frappa. Une clef tourna dans la serrure, et la porte s'ouvrit. Andrée était là, devant lui, souriante, émue évidemment. La veille, Éric l'avait appelée. Il cherchait un abri. Il avait pensé à elle. Spontanément, elle s'était dit qu'il n'avait pas changé. Il savait toujours la trouver quand il était dans le besoin et l'oubliait aussi vite qu'il était venu. Il tenait une valise et portait des vêtements banals. De loin, sans connaître son pedigree, on aurait pu croire que ce vieux monsieur était un ouvrier à la retraite. Un homme marqué par le labeur, tellement son visage était ridé. Ils se sourirent, timidement. Elle le fit entrer. Plus de cinquante ans après leur histoire d'amour, son Éric revenait dans sa vie. Elle avait pleuré toutes les larmes de son corps lorsqu'il était parti vivre avec Carmen. Elle s'était effondrée de douleur et avait manqué mourir de chagrin. Elle en conservait aujourd'hui encore de légères séquelles, car, malgré ses efforts, elle n'avait pas réussi à retrouver une diction parfaite. Un demi-siècle venait de s'écouler, et Andrée et Éric revenaient à leur point de départ, seuls au monde. Comme si, secrètement, ils s'étaient donné rendez-vous pour terminer leur vie sur une île déserte. Et Vicq-sur-Nahon en était une. Elle lui offrit sa chambre. Il refusa. Elle insista. Éric accepta. Il posa sa valise au pied du lit. Au fond d'elle, une petite lumière brillait. C'était elle qu'il avait choisie, elle était finalement l'élue de son cœur. Une version romantique de cette histoire, une petite bluette à laquelle Andrée s'accrochait. Elle n'avait pas eu d'enfants, pas d'aventure assez solide pour entreprendre de bâtir une famille. D'ailleurs, comment aurait-elle pu faire une place à Éric si elle était devenue mère et grand-mère ? Si étrange que cela puisse paraître, on aurait dit qu'elle l'avait attendu toute sa vie, sûre qu'un jour le miracle aurait lieu sans qu'elle le réclame, sans qu'elle l'espère, juste par la magie du destin.

Les jours s'écoulaient lentement. Éric sortait de temps en temps faire une balade. Ils prenaient leurs déjeuners et leurs dîners en tête à tête – ce qu'ils n'avaient jamais pu faire auparavant –, comme deux personnes âgées. Ils étaient enfin ensemble, sans aucune tentation, ne se souvenant que des jours heureux, ne conservant que le meilleur. Andrée voyait bien l'état de santé d'Éric se dégrader. Elle le regardait partir lentement. Elle regrettait, au plus profond d'elle-même, de ne pas avoir eu la force, le caractère, l'énergie pour le garder près d'elle. Elle avait échoué. Ce qu'ils auraient pu être heureux ensemble, mon Dieu, s'il n'avait pas été dévoré par l'argent et la gloriole !

Par un beau dimanche de printemps, le 5 juin 2013, Éric Botey ferma définitivement les yeux. Il « lâchait la rampe », comme on dit à Pigalle. On lui avait prédit une mort brutale, mais il partit comme un honnête quidam, dans un lit – et pas n'importe lequel, celui d'Andrée.

Pendant les heures qui précédèrent cet instant ultime, Andrée resta à ses côtés, le veilla jusqu'au bout, lui tint la main, déposa quelques caresses sur sa joue ridée, lui prodigua des mots doux et apaisants, ceux qu'une mère chuchote à son enfant.

Ce livre est une histoire vraie, celle d'un homme célèbre à Pigalle qui préférait la discrétion à la lumière. Une trajectoire classique comme il y en eut beaucoup dans ce quartier.

D'ailleurs, il ne se laissa pas photographier. Aucune image de lui, aucun cliché où Monsieur Éric s'exhiberait au milieu d'un parterre de vedettes et de starlettes dans un de ses cabarets enfumés. Un proxénète à l'ancienne, Monsieur Éric.

Choisir de raconter le destin tragique de cet homme, petite main de l'extrême droite aux doigts d'or, c'était se plonger dans la petite histoire pour dévoiler la grande : de Gaulle, l'OAS, les liens ambigus entre le pouvoir et les voyous de Pigalle.

Je voulais d'abord remercier Andrée. Elle fut l'une des premières compagnes de Monsieur Éric. Elle m'a ouvert sa boîte à souvenirs, des moments intimes, tout ce qu'elle a partagé avec cet homme, le bon et le mauvais.

Jean-Marie et Pierrette Le Pen ont, eux aussi, accepté de me raconter la manière dont Monsieur Éric était entré dans leur vie. Comment il devint, un peu par hasard, le parrain de Marine Le Pen. Ils m'ont confié leurs souvenirs, des souvenirs en pointillé, avec des trous parfois volontaires, parfois liés au fait qu'il s'était écoulé cinquante ans et que certains détails s'étaient émoussés, parce qu'aussi on ne peut pas tout dire…

Lorsqu'ils ne pouvaient pas me confirmer des points précis, je m'immergeais dans les archives de la préfecture de police de Paris. Je voulais remercier Agnès Masson, conservatrice générale du patrimoine, ses équipes, ses documentalistes, et en particulier Charly Biotteau pour l'intérêt qu'il a porté à mon projet. Ses conseils et son expérience furent pour moi un précieux soutien.

Je n'oublie pas les équipes des Archives de Paris, qui malgré la crise du Covid-19 et le confinement ont réussi à répondre à mes demandes. Je remercie particulièrement Boris Dubouis qui a fait un très gros travail de recherche dans les archives judiciaires.

Merci également à Noëlle Meimaroglou et à ses équipes aux éditions Robert Laffont pour leur professionnalisme, leur rigueur et leur passion.

Je voudrais enfin saluer toutes celles et tous ceux qui, tout en souhaitant rester dans l'anonymat, m'ont apporté un éclairage, des documents, des anecdotes qui m'ont permis de dessiner le portrait de cet homme à la vie chaotique, qui révèle une époque, des méthodes, une certaine manière de vivre, de faire de la politique… À jamais engloutie.

pcа
cmb
édition pré-presse
livres numériques

44400 Rezé

Imprimé en France par CPI
en janvier 2022

MIXTE
Papier issu de
sources responsables
FSC® C003309

FSC
www.fsc.org

L'éditeur de cet ouvrage s'engage dans une démarche
de certification FSC® qui contribue à la préservation
des forêts pour les générations futures.

Pour en savoir plus :
www.editis.com/engagement-rse/

N° d'édition : 63275/01 – N° d'impression : 3047092